*이 도서의 국립중앙도서관 출판시도서목록(CIP)은 e-CIP홈페이지(http://www.nl.go.kr/ecip)와 국가자료공동목록시스템(http://www.nl.go.kr/kolisnet)에서 이용하실 수 있습니다. (CIP제어번호: CIP2014011181)

일러두기

1   이 책은 2007년 출간된 『영화로 읽는 정신분석』의 개정증보판입니다.

2   2부의 내용은 아래 글들을 수정 및 보완하여 구성하였습니다.

「우리들의 천국을 위하여: '매트릭스Matrix'론」, 『문학과 사회』 65호, 2004, 446~457쪽.

「한국 영화의 현재: 잃어버린 신화를 찾아서」, 『문학/판』 12호, 2004, 244~251쪽.

「문화◇지젝: 실재적 환상과 전복적 행위」, 『여름비평이론학교 강의록』 제7강, 45~49쪽(2004년 8월 19일, 고려대학교).

「2월의 가족영화 '말아톤': 위대한 사랑, 어머니! 어머니!」, 『NEXT』, 2005년 2월호, 140~143쪽.

「초현실주의와 정신분석 – 장 콕토의 영화를 중심으로」, 정신분석과 인문사회학회 겨울학교 프로시딩, 48~53쪽(2005년 2월 17일, 경희대학교).

「2005년 여름나기: 이열치열 복수열풍」, 『NEXT』, 2005년 6월호, 120~123쪽.

「킨제이 보고서: 모두들 하고 있습니까?」, 『NEXT』, 2005년 8월호, 98~111쪽.

「그림형제: 미로에 빠지다」, 『NEXT』, 2006년 1월호, 180~183쪽.

「스타워즈 에피소드Ⅲ 시스의 복수: 시간의 흐름을 뛰어넘은 영웅의 신화」, 『2006 '작가'가 선정한 오늘의 영화』, 도서출판작가, 2006, 146~150쪽.

「햄릿과 영화: 호레이쇼를 기다리며」, 『현대 비평과 이론』 26호, 2007 가을/겨울호, 13~25쪽.

「'다크 나이트'에 나타난 진실 게임: 당신은 인생의 주인공입니까?」, 『작가가 선정한 오늘의 영화』, 도서출판작가, 2009, 181~189쪽.

「'박쥐'에 대한 정신분석적 소고: 욕망, 그 치명적 윤리학을 위하여」, 『쿨투라』 14호, 2009 여름, 155~160쪽.

「'취화선', 그 비극적 탄생을 위하여」, 경희대 대학원신문 『대학원보』 183호, 2011년 12월 5일자.

「그 여자, 역사가 망각한 정신분석가 슈필라인」, 『한겨레신문』, 2012년 6월 5일자.

「웨인과 베인은 대극의 합일을 이룰 수 있을까?」, 『씨네 21』 864호, 2012.

영화로 읽는 정신분석

김서영의
치유하는 영화읽기

은행나무

우리의 기도

너무나 어려운 문장들과 철학적 개념들로 치장되어 있는 2014년 서문이 부끄럽습니다. 생각은 변함없지만, 표현 방식이 정말 안타깝네요. 철학 전공자가 아니면 이해할 수 없는 저 말들을 왜 썼을까요? 잘난 척하고 싶었던 건 아니었습니다. 저는 그때 제가 뭘 하고 있는지 질문 자체를 하지 않았습니다. 눈을 뜨고 있지만 아무것도 보고 있지 않았고, 제가 하는 말들이 제 생각을 잘 요약한다고 믿었습니다. 7년이라는 세월이 감사하게 느껴지는 순간입니다. 제가 조금은 자란 모양입니다.

저는 여전히 프로이트와 융을 함께 공부하고 있습니다. 2014년 이후 180여 번의 대중 강연들을 진행하며 참 많이 배웠습니다. 채플린의 「키드」를 함께 분석하는데, 한 분께서 이렇게 말씀하셨습니다. "자선 병원에서 나온 어머니의 눈빛에 초점이 없었어요."
코미디 영화 속 허구적 장면에 대한 설명인데, 이 짧은 분석 속에
인물에 대한 이해와 공감이 고스란히 녹아 있었습니다. '이제 어
떻게 사나' 생각하는 어머니의 눈빛 속에서 우리는 언젠가 어머
니께서 느끼셨던 그 막막함을 함께 나누었습니다. 강연들을 통해
진정으로 한 인물을 이해한다는 것이 무엇인지, 함께 생각을 나
눈다는 것이 얼마나 큰 변화를 이끌어 낼 수 있는 힘인지 배울 수
있었고, 그렇게 또 하루를 가꾸며 조금씩 앞으로 나아갈 수 있었
습니다. 매회의 강연들은 모두 하나의 기도였던 것 같습니다.

코로나 시국이지만 어제도 비대면 강연을 통해 53명의 참여자분
들과 생각을 나누었습니다. 한 분 한 분 눈을 맞출 수는 없는 상
황이지만, 그럼에도 우리는 이 환상 공간 속에 함께 모여 생각을
나눌 수 있었습니다. 그 속에서 소통과 나눔의 노력들이 지속되
었습니다. 프로이트는 언제나 '그럼에도 불구하고'를 강조합니
다. '그럼에도 불구하고' 방법을 찾아야 하며, '그럼에도 불구하
고' 내 몸과 마음을 보살펴야 하고, '그럼에도 불구하고' 삶을 향
해 나아가야 한다는 것입니다. 프로이트는 이를 위해 우리가 나
르시시즘의 벽, 이기심의 벽을 넘어야 한다고 말합니다. 우리가
함께 있다면, 세상이 지구의 무게만큼 무겁게 느껴지는 순간 서
로에게 어깨를 내어줄 수 있습니다. 삶의 에너지를 모아 치유적
인 세상을 함께 만들어나갔으면 좋겠습니다. 늘 최선을 다하겠습

니다.

원고를 수정하며 2017년 미투 운동에서 성폭력 가해자로 지목된 김기덕 감독과 관련된 부분들을 모두 삭제했습니다. 봉준호 감독의 「살인의 추억」, 최양일 감독의 「피와 뼈」와 관련된 글은 불편하게 느끼실 수 있는 부분이 감지되어 삭제했습니다. 마지막으로 지난 개정판에서 추가했던 제 논문은 2014년 서문에서와 같이 쉬운 내용을 어려운 이론과 용어로 전달하고 있다는 느낌이 들어 다시 제외했습니다.

한 권의 책을 함께 키워가며 은행나무 출판사와의 인연이 얼마나 큰 행운이었는지 끝없이 실감하게 됩니다. 아이를 키우듯 책의 성장을 이끌어주시고, 열린 마음으로 원고와 책을 어루만져주시는 손길에 감사드립니다.

2021년 10월

배반을 통한 복귀

이 책이 출간된 지 7년이 지났습니다. 당시 썼던 서문을 읽어 보니 참 처절한 느낌이 드네요. 아무도 인정해 주지 않는다는 설망감, 그럼에도 불구하고 할 수 있다는 확신, 알 수 없는 불안, 근거 없는 믿음으로 참 복잡해 보입니다. 매우 힘들었나 봅니다. 지금은 많은 것이 달라졌습니다. 우선 주위에 사람들이 많아졌습니다. 그들은 제 자신도 장담할 수 없는 일들에 대해서조차 늘 제가 할 수 있다는 확신을 가지고 있습니다. 아직도 제 자신에 대해, 미래에 대해 불안하지만, 가슴속 깊은 곳에는 묵직한 든든함이 존재합니다. 물론 힘든 일들이 있고 일 자체의 분량도 제 역량을 초과할 만큼 많지만, 그런 상황에 압도되지는 않습니다. 두 주먹 꽉 쥐고 턱에서 '뚝' 하는 소리가 날 때까지 이빨을 앙다물고

부들부들 떨며 무엇인가를 해내는 습관이 사라졌습니다. 먹고 토하는 일은 7년 전 서문에서 말씀드렸듯이, 아주 오래전 셰필드에서 끝난 이야기고, 신경안정제도, 「빈집」 보던 날 이부영 선생님을 뵌 후 지금까지 잊고 있습니다. 분노에 휩싸여 모든 에너지를 소진시키는 소모전을 언제 마지막으로 치렀는지도 기억에 없네요. 한마디로 덜 힘들어요.

변하지 않은 건, 여전히 제가 모든 것을 걸고 공부하고 있다는 점입니다. 제 방향성 역시 변하지 않았습니다. 저는 여전히 프로이트와 융을 함께 공부하고 있습니다. 올해 말에는 하나의 꿈을 프로이트의 정신분석학과 융의 분석심리학으로 분석하는 책이 출간됩니다. 당시 제가 가지고 있던 확신과 믿음은 일말의 흔들림도 없이 굳건합니다. 7년 동안 제 방향성에 대한 많은 질책과 조언과 질문들이 있었습니다. 예를 들어 특강을 할 때 한 청중은 가차 없는 정신분석, 상상계를 걷어내야 하는 정신분석을 제가 이 책에서 어머니의 어조로 풀었다고 비판했습니다. 그때 저는 이렇게 답했습니다.

책이 상당히 편안해 보이고, 다소 안락한 느낌이 있는 듯 보이지만, 사실 이 책은 중심을 전복시키는 폭력적인 이론적 기반 위에서 나오게 된 결과물입니다. 그 기반의 핵심은 '프로이트에 대한 배반'이라고 할 수 있습니다.

사실은 이 책을 쓰게 된 제 내면의 이론적 기반을 말씀드리고자 2014년판 서문을 다시 쓰고 있습니다. 그런 방식의 배반과 복귀는 제가 지젝이라는 스승에게서 배운 전략이었습니다.

　　25세에 지젝을 처음 만나고 17년이 지났습니다. 그동안 지젝이라는 스승은 제가 어떻게 정신분석에 접근해야 하는가를 알려 준 길잡이였습니다. 슬라보예 지젝은 라캉의 정신분석을 대중화시킨 이론가로서 그가 바디우와 함께 한국을 방문했을 때의 열기를 통해 그 인기를 짐작할 수 있습니다. 스타 철학자죠. 그런데 지젝의 글은 매우 허술합니다. 프로이트를 인용할 때도 자주 틀리고, 영화 인용도 그 줄거리가 틀리는 경우들이 있습니다. 정밀한 독서를 하는 사람이 아니라서 하나의 주제 속으로 깊게 파고들고자 하는 사람들은 그의 책 어느 부분에서인가 반드시 실망하게 됩니다. 그런데 그 정치하지 못한 책들을 따라가며 제가 배운 하나는 그가 언제나 '배반을 통한 복귀'라는 운동을 도모한다는 점입니다. 그것은 흔들리지 않는 지젝의 기반입니다. 그는 헤겔을 배반함으로써만 우리가 진정 헤겔로 복귀할 수 있다고 생각했고, 레닌을 배반함으로써만 진정 레닌으로 복귀할 수 있다고 믿었죠. 한 이론가에 대한 지나친 충실함은 유사반복에 지나지 않는 아류로 끝날 확률이 높으며, 그 이론가에 대한 진정한 복귀는 오직 그를 배반함으로써만 실천될 수 있다는 것입니다. 그가 들뢰즈를 통해 프로이트를 배반하며, 들뢰즈라면 결코 접근하지 않을 영역으로 나아가 들뢰즈보다 더욱 들뢰즈적인 방식으로 프로이트에게 복귀하는 모습은 정말 한 편의 극영화에 못지않은 감동과 스릴을 선사합니다. 그 중심에는 '신체 없는 기관'이라는 개념이 있죠. 그는 이러한 방식으로 프로이트와 들뢰즈를 동시에 배반하며 들뢰즈와 프로이트로 복귀합니다. 그건 사실 라캉이 프로이트로 돌아가는 방식이기도 했습니다. 라캉은 프로이트를 배반하며 프로이트로 복귀했죠. 지젝은 바울이 예수로 복귀하는 방식역시 이와 같다고 설명합니다. 바울이 열두 제자 중 한 사람이 아니었기 때문에, 즉 그가 '밖'에 있었기 때문에 그러한 복귀가 가능했다는 말입니다. 물론 그 근본 기반은 헤겔의 대논리학입니다. 그래서 지젝에게 모든 배반은 결국 헤겔로의 복귀로 귀결되죠. 저는 지젝의 방식을 통해 프로이트로 돌아갔습니다. 프로이트에 대한 가장 큰 배반은 융을 통해 다시 그 자신으로 복귀하는것입니다.

이론적 근거에 대해서는 의심이나 불안이 전혀 없습니다. 조금은 불안하다고 말하는 게 자연스러울 텐데 이론적 기반에 대해서만큼은 제 안에 그런 불안이 없네요. 정신분석과 분석심리학의 (배반을 통한) 연대가 치유에 도움이 된다는 확신, 성이론은 구조가 아니라 내용이라는 확신, 그렇게 해야만 정신분석의 새로운 실천이 가능해진다는 확신이 있습니다. 항상 지금까지와 같이, 백만인을 위한 정신분석, 그 꿈의 프로젝트를 위해

지침 없이 나아갈 것입니다. 나를 인정해 주고, 내가 최선을 다할 수 있는 세상에 나를 받아들여 준 광운대와 사랑하는 학생들, 동료들 그리고 이 책이 다시 태어날 수 있도록 응원해 준 독자들과 은행나무 출판사에 감사의 마음을 전합니다.

2014년 4월
김서영

* 세월호의 우리 아이들을 생각하며, 어떤 일도 적당히 하지 않겠습니다. 쉽게 가지 않겠습니다. 정도에서 벗어나지 않겠습니다. 최선을 다해 가르치고, 최선을 다해 일하고, 최선을 다해 세상을 바꾸겠습니다. 약해지지 않을 것입니다.
박지영 씨, 양대홍 사무장님, 남윤철 선생님, 최혜정 선생님, 정현선 씨, 김기웅 씨 그리고 정차웅 학생, 당신들의 이름을 기억하겠습니다. 여러분들께 부끄럽지 않은 삶을 살겠습니다. 고맙습니다.

들어가는 글

나에게 영화는 신경안정제이며 항우울제이다. 약의 도움을 받지 않고 학위과정을 마칠 수 있었던 것도 영화 덕분이다. 석사 과정을 시작한 지 열 달이 된 어느 날 거울에 비친 내 모습에서 이상한 부분을 발견했다. 목과 어깨를 가로지르는 뼈가 사라진 것이다. 가슴 위 목 주위를 아무리 눌러도 빗장뼈가 나오질 않았다. 분명 그 어디엔가 쇄골이 있었던 것으로 기억했는데 그 당시 거울 앞에서는 사라진 뼈가 당최 나타나질 않는 것이었다. 급한 마음에 시내의 큰 상점에 가서 체중계를 찾아 몸을 얹었다. 마지막으로 기억하는 내 몸무게에서 17킬로그램이 붙어 있었다. 혼잣말로 '어, 이거 고장 났네' 하며 다른 세 개를 더 시도해 보았지만 고장 난 건 기계가 아니라 내 몸임에 틀림없었다.

심장이 죄어오고 옷들이 모두 작아질 때, 그때도 나는 무슨 일이 벌어지고 있는지 눈치 채지 못하고 있었던 것이다. 시장에서 과자 한 박스를 사다가 위장에 통증이 느껴지기 시작한 후에도 한참을 더 먹고 밤새 토하는 일이 더욱 잦아지고 있을 무렵이었다. 이과를 나온 내가 우리말로도 한 번 써보지 못한 논문들을 영어로 써내고, 정신분석학, 그것도 난해하기로 악명 높은 라캉의 정신분석학을 공부하자니 늘 낭떠러지 끝에 선 느낌이었다. 사실 모두 그만두고 싶은 마음뿐이었다. 1996년 내 척추에서 밀려나온 디스크 4, 5번은 통증을 동반한 악마적인 속삭임으로 나를 포기하게 만들고자 노력했다.

"다 그만둬! 넌 능력이 안 돼. 네 인생을 한 번 생각해 봐. 이제 다시는 예전으로 돌아갈 수도 없지. 물론 지금 상황을 극복해낼 수도 없겠지. 하루에 네 시간도 못 앉아 있으면서 어떻게 공부를 하겠어? 인간으로서도 그리고 한 사람의 여자로서도 넌 끝장난 거야! 너 아니? 이제 넌 사랑받을 가치도 없어!"

그런 소리가 들릴 때면 시장에서 과자 한 박스를 샀다. 토할 때까지 먹고 방 안에서 이리저리 뒹굴었다. 아마도 그것은 몸이 괴로울 때 마음의 고통을 잠시 잊을 수 있었기 때문에 사용했던 궁색한 전략이었을 것이다. 그러나 문제는 이 때문에 일상생활 자체가 힘들어지기 시작했다는 것이었다.

혼자서는 안 되겠다는 생각으로 병원을 찾았을 때 의사가 내게 건네준 건 「효과적인 다이어트에 대한 지침」이었다. 병원을 나오자마자 지침서를 구겨 쓰레기통에 던져 넣고 조용히 앉아 생각하기 시작했다. '나를 보살펴야 한다. 그게 내 전공이 않은가? 내가 공부하는 것이 정신분석학이 아니었던가! 나를 고치지 못한다면 이 이론을 세상 어디에서 누구를 위하여 쓸 수 있겠는가?' 상담을 받거나 약에 의존하는 대신 나는 프로이트의 이야기에 귀를 기울이기 시작했다. 정신분석을 공부하며 익숙해진 질문들─"무슨 굉장한 일이 벌어지겠니? 원하는 걸 해! 참지 마! 억지로 하지 마! 네 몸과 마음이 편안했던 순간에 대한 기억들을 떠올려 봐. 뭘 할 때 기뻤니? 언제 행복했니? 네가 좋아하는 게 뭐니?"

성신분석은 잘못 간 길과 망가진 순간들과 숨겨진 이야기들을 듣고 보고 알아내는 과정이다. 그 과정의 중심에 우리가 진정으로 원하는 것을 찾아가는 여정이 포함되어 있다. 우리 모두 억지로 하는 일과 기쁘게 하는 일이 얼마나 다른지 알고 있다. 내 경우 나를 기쁘게 하는 것은 영화였다. 무슨 굉장한 일이 생기겠는가? 뭐가 그렇게 꼭 정해져 있단 말인가? 왜 정신분석과 직접적으로 연결된 것이 아닌 일을 할 때는 죄책감을 느껴야 하는가? 하고 싶은 대로 하자는 생각에 비디오 도서관에서 하루에 영화를 6, 7개씩 빌려 보기 시작했다. 그런데 이상한 것은 영화에 몰입할수록 정신분석 이론이 더욱 가깝게 느껴졌다는 사실이다. 나는 얼마 후 본격적으로 정신과와 영화학 대학원을 오가며 논문을 진행할 수 있게 되었고, 박사과정을 시작한 지 1년이 되었을 때 드디어 원래의 몸무게와 잃어버렸던 쇄골 두 개를 되찾게 되었다.

두 번째 위기는 귀국 후 발생했다. 셰필드 대학에서는 3년 동안 장학금을 받았고 영국 라캉학술지는 내 논문을 기꺼이 실어주었지만 정작 모교에서는 아무도 나를 알아주지 않았다. 모교로부터 버림받았다는 느낌이 증폭되며 그동안 믿어 왔던 가치와 신념이 송두리째 흔들리는 위기를 맞게 되었다. 그때 내가 쓰러지지 않았던 첫 번째 이유는 나를 인정하고 믿어 주신 선생님들이 계셨기 때문이다. 내가 무너지지 않을 수 있었던 두 번째 이유는 이 시기에 분석심리학을 만났기 때문이다. 이부영 선생님께서 쓰신 책들을 읽어 가며 울고 웃는 동안 나를 치유할 수 있는 에너지를 느낄 수 있었다. '대극의 합일'을 실천하며 그동안 내가 받아들이지 못하고 있던 사람과 상황을 대면하여 끌어안을 수 있게 되었다. 그것은 정신분석과는 또 다른 치유적인 영역이었고 정신분석만으로는 도달할 수 없는 지점이었다. 『융과 영화』라는 책을 통해 분석심리학적인 영화비평에 익숙해지게 될 즈음에는 머릿속에서 그동안 조용히 구석자리를 지키던 영화들이 재배열되며 그 치유적 효과를 새롭게 드러내기 시작했다.

　　　　　*　　*　　*

지금도 괴로울 때는 어김없이 영화관을 찾는다. 그리고 매번 어떤 영화는 정신분석적으로, 또 다른 영화는 분석심리학적으로 보며 영화의 세부로부터 치유적인 에너지를 받고 조금은 회복된 마음으로 영화관을 나서게 된다. 나는 이러한 방식을 '정신분석적 영화비평'이라고 부르고 싶다. 분석심리학 역시 프로이트가 평생에 걸쳐 고민한 치유에 대한 이야기이기 때문이다. '영화와 정신분석'을 가르칠 때 가끔 학생들이 내게 "선생님은 좋겠다"는 말을 할 때가 있다. 정신분석적 영화비평이 유행처럼 번지는 요즘 정신분석적으로 영화를 읽는 것이 쉬우니 편리하겠다는 말이다. 그런데 사실 그건 내 한계다. 나는 영화를 정신분석적으로밖에는 보지 못한다. 뭘 보든 정신분석의 고통, 분노, 치유에 대한 이야기로밖에는 보이지 않는 것이다. 인물과 함께 웃고 울고, 그 혹은 그녀의 등을 쓸어내리고 그들에게 나 자신의 머리를 기대기도 한다. 그러다 보면 영화 속 장면의 세세한 부분들이 가슴을 뚫고 지나간다. '정신분석적 영화비평'이란 내가 영화를 보는 유일한 방식이다. 영화를 보고 나면 괴롭던 마음이 안정된다. 이제 영화와 정신분석에 관한 이야기를 독자와 공유하며 언젠가 잃어버린 누군가의 쇄골을 되찾아 주고 싶다.

　　언제나 나를 믿어 주시고 내가 지쳤을 때 붙들어 주신 황재

우 선생님, 정윤식 선생님, 남영철 선생님, 민승기 선생님, 이상임 선생님, 김다은 선생님, 오한샘 선생님께 감사드린다. 그분들의 은혜에 보답하기 위하여 항상 모든 것을 걸고 공부할 것이다. 가장 어려운 시기를 극복해 낼 수 있도록 도와주신 이부영 선생님과 박신 선생님께 감사드린다. 융을 만난 후 라캉 속에 갇혀 있을 때보다 프로이트를 더욱 실천적으로 해석할 수 있게 되었다. 한 권의 책으로 그간의 이야기들을 전할 수 있도록 도와주신 은행나무 출판사에 감사드린다.

2007년 6월
김서영

1. 정신분석 이야기

치유적인 영화 읽기

한 편의
영화가
할 수 있는 일

통계는 한 사람의 인생과 고통을 말하지 못한다. 몇 명이 본 영화, 몇 년도에 상을 받은 영화, 몇 주 상영된 영화로 좋은 영화를 정의하는 것은 본말이 전도된 상황이다. 얼굴 없는 관객 천만이 본 영화에 대해 이야기하기보다는 천만을 만든 각각의 경험들에 대해 질문해야 한다. 그 한 사람의 관객에게 이 영화가 의미하는 바는 무엇이었을까? 우리가 자주 저지르는 실수 중 하나는 "남들도 다"이다. "다른 엄마들은 다 하니까 나도." 아이를 생각하지 않는 어머니의 변명이다. 어머니는 그 말을 되풀이하며 아이의 반복되는 호소를 듣지 않는다. 상황이 심각해졌을 때 그녀는 다시 말한다. "미안하다. 이렇게까지 될 줄 몰랐다. 다른 엄마들이 다 그렇게 하니까 그냥 그랬던 건데……." 전체 속에서 한 사람이 사라지는 경우다. 상대방이 원하는 것, 그 혹은 그녀가 말하는 것을 듣는 일은 그리 어렵지 않다. 그런데도 우리는 자주 "다들"이라는 말 속에서 내가 지금 듣고 있는 말을 흘려 버린다.

이와 달리 한 사람의 경험에 초점을 맞추는 것이 정신분석이다. 2013년 9월 25일 발표된 통계청 사회조사 자료에 따르면 10대에서 30대까지 사망원인 1위가 자살이라고 한다. 2012년 한 해, 자살에 의한 사망자수는 1만 4160명이었다. 하루에 38명이 자신의 인생을 포기한다는 뜻이다. 정신분석은 38이라는 숫자를 벗겨내고 한 사람 한 사람의 고통 속으로 들어간다. 그 사람을 돕지 못한다면 정신분석 이론은 무용지물이다. 정신분석 공부를 하며 항상 나를 괴롭게 만드는 고민이 있었다. 내 능력에 관한 것이다. 과연 내가 무엇을 할 수 있단 말인가? 나 같이 한계가 많은 사람이 과연 "백만 인을 위한", "대중을 위한"이라는 말을 할 수 있을까? 사람들에게 도움이 될 수 있을까? 허리가 아파 오던 어느 날 나는 통증 뒤로 숨어 마음속 두려움을 외면하려 했다. 그 정도의 통증은 며칠 후면 사라진다는 것을 알고 있었지만 오히려 더 많이 아프기로 했다. 당시 나는 책들을 접고 공부를 완전히 중단한 채 병원에 다녔다. 하루하루 나쁜 것들만을 회상하며 더 우울해졌는데, 이상한 것은 내 생활이 엉망이 되면 될수록, 나를 포기하면 할수록 마음속 두려움이 사라져 갔다는 것이다. 나는 아픈 사람이니 도움을 받아야 되는 상황이며 더 이상 나 자신의 능력에 대해 불안해할 필요가 없다는 생각에 마음이 편해졌다. 내가 어렵게 만들어 놓은 것들을 파괴하기 시작했고, 그동안 쌓아 두었던 것들이 그렇게 하나 둘 무너져 갔다. 그런데 난감한 상황은 허리가 웬만해진 다음이었다. 왜냐하면 내가 떠났던 바로 그 자리에서 다시 시작해야 했기 때문이다. 유일한 차이는 어떠한 생산적인 일도 하지 못한 채 시간이 너무나 많이 흘러 버렸다는 것이었다. 그저 나를 파괴하는 데만 시간을 써 버렸다는 사실이 난감하기 그지없었다. 그 시간 동안 꾸준히 뭔가를 했다면 그렇게 난감하지는 않았을 텐데……. 그러나 이미 시간은 흘러 버렸고 두 번째 실수는 하지 않겠다는 다짐으로 다시 생활을 시작해야 했다.

불가능하다는 생각 때문에 모든 것을 포기하고 싶어질 때가 있다. '나 같은 것이 뭘 하겠는가? 이런 조건으로, 이런 상황에서, 나 같은 게 어떻게……' 이때 최악의 선택은 내가 이미 만들어 놓은 작은 부분들마저 모두 망가뜨려 버리는 것이다. 어차피 아무 것도 안 될 거 뭐 하려 가지고 있나. 다 부숴 버리고 파괴해 버리고 없애 버리자는 마음으로 나 자신으로부터 모든 것을 박탈한다. 그리고 나 자신을 학대하기 시작한다. 안타까운 일은 긴 괴로움 끝에 겨우 정신을 차리고 무엇인가를 다시 해보려고 할 때, 내가 떠났던 바로 그곳으로 돌아가게 된다는 사실이다. 그때는 그 순간이 최악이라고 생각했었는데, 지금은 오히려 그때 시작했다면 좋았을 것이라고 땅을 치게 된다. 나 자신을 괴롭히는 동안 아무것도 하지 않은 채 시간이 너무 많이 흘러 버렸고 그 시간 동안 내 몸과 마음이 망가졌다. 시간을 잃고 다시 돌아간 곳에서 그때와 동일한 상황을 대면하게 된다. 가장 지혜로운 선택은 그 괴로운 시간이 약이 되게 만들어 두 번째 실수를 하지 않는 것이다. 더 나아지지 않을 것이라는 두려움에 아예 가지고 있던 모든 것을 포기하는 것처럼 어리석은 일은 없다.

2차대전이 끝난 직후 폐허가 된 도시에서 감독들이 영화를 찍을 계획을 세운다. 조건이 안 되니 그냥 다 내던지고 포기해 버리는 것이 좋을까? 그들은 이 불가능한 상황에서 영화를 만들기 시작한다. 노동자가 연기를 하고 조명 없이 촬영하며 세트 없이 무너진 건물들을 배경으로 삼았다. 배고픈 사람들, 직장을 잃은 사람들을 주인공으로 음울한 도시, 음울한 이야기를 고스란히 영화 속에 담았다. 이러한 영화를 이탈리아 네오리얼리즘이라고 부른다.

우리는 영화 속에서 역경을 극복한 현실의 인물들을 만나기도 하고 꿈을 이뤄 내는 가공의 인물을 소개받기도 한다. 꿈이 좌절되었을 때 시련을 극복하는 인물을 만나기도 하고 불가능을 극복하고 성공을 이루는 기적을 체험하기도 한다. 잊고 있었던 어머니의 사랑을 기억하거나 나 자신의 모습을 돌아보기도 한다. 평생 미치도록 좋아하게 될 음악을 만날 수도 있고 가슴 떨리는 사랑이야기를 듣게 될 수도 있다. 등장인물의 고민을 공유하기도 하고 나와 다른 사람들을 관찰할 수도 있다. 머릿속에서 상상할 수 없던 이미지를 만나거나 정치, 사회, 역사 및 문화에 관한 새로운 해석을 볼 수도 있다. 여느 사람들과 같이 여리고 약한 모습을 보여 주지만 위기에 처했을 때 거인의 모습으로 변신하는 사람들을 만나기도 하고 분노와 미움과 증오에 사로잡힌 이들을 보게 되기도 한다. 이미지로 전달되는 이야기는 쉽게 마음속에 스며들어 우리가 가진 개인적 기억에 합류한다. 이제 대중이라는 이름을 해체하고 한 사람의 관객 속으로 들어가 영화와 정신분석의 이야기를 시작해 보자.

히스테리와 강박증
불완전함을 위하여

자크 라캉(1901~1981)이라는 프랑스의 정신분석가에 의하면 우리는 예외 없이 모두 신경증 환자들이다. 즉 누구나 히스테리 또는 강박증을 가지고 있다는 말이다. 히스테리적 구조의 전형적인 사례는 라스 폰 트리에의 「브레이킹 더 웨이브」나 루이스 브뉘엘의 「욕망의 모호한 대상」 등에서 찾아볼 수 있고, 강박적 구조의 특성은 마틴 스콜세지의 「에비에이터」 또는 제임스 L. 브룩스의 「이보다 더 좋을 순 없다」를 통해 엿볼 수 있다. 이해준의 「김씨 표류기」와 성시흡의 「플랜맨」에도 강박적 구조를 가진 인물들이 등장한다.

히스테리적 성향을 띤 사람은—임의로 그 사람을 A라고 부르자—자신이 바라는 것보다는 다른 사람이 바라는 것에 더 관심이 많다. A는 다른 사람에 의해 욕망되기를 바란다. 상대방이 절실히 원하는 바로 그것이 되고자 하며 자신이 그런 위치에 배치되어 있는지 끊임없이 확인하려 한다. A는 고민한다. '그/그녀는 나를 원하고 있는가? 내가 여전히 매력적인 사람인가? 그/그녀는 나를 욕망하는가? 그/그녀가 나 이외의 다른 어떤 것, 다른 어떤 사람을 원하고 있지는 않은가?' A는 자신의 배우자 또는 연인을 완벽하게 만족시킬 수 있는 바로 그 한 사람이 되고자 한다. 영화에서 미지의 여인에게 매혹당하는 남자의 이야기는 히스테리적 소망과 흡사하다. 영원히 욕망되는 것, 물론 그것은 불가능하다. 욕망은 생리적으로 언제나 우리로 하여금 자신의 손이 미치지 못하는 미지의 대상을 추구하게 만들기 때문이다. 온 힘을 다히어 그것을 손으로 부여잡는 순간 대상은 예전의 매력을 잃게 된다. 그러고는 곧이어 다른 것, 다른 사람이 눈에 들어온다. 어쩌면 좋은가? 사실 A는 이러한 욕망의 비극적인 생리를 매우 잘 알고 있으며 다른 사람이 자신을 애타게 욕망하도록 만들기 위해 하나의 전략을 사용한다. 그것은 상대방을 만족시키지 않는 것이다. 아무리 양손으로 꽉 잡아도 완전히 소유되지 않는다면 자신이 영원히 욕망될 수 있기 때문이다. 즉 A의 논리는 다음과 같다. '내가 당신에게 내가 가진 모든 것을 다 준다면 당신은 완벽하게 만족될 거예요. 나는 그런 것들을 가지고 있답니다. 하지만 그렇게 하지 않겠어요. 아직 내겐 다른 어떤 것들이 있답니다. 그것들은 당신을 완전히 충족시킬 수 있는 것이랍니다. 그러나 아직은 안 돼요.' A는 자신이 미지의 매력을 가지고 있다는 인상을 심어 주기 위해 노력한다. 그리고 끝없이 완벽한 합일의 순간을 '지연' 시킨다. 바로 이것이 A의 전략이다.

강박적인 성향을 가진 사람은—이 사람을 B라고 부르 자—위와는 반대로 자기 자신을 이미 만족된 상태로 간주하고자 한다. B는 자신에게 부족한 것이 없다고 믿으려 노력한다. 즉 자 신은 다른 어떤 것, 다른 어떤 사람을 필요로 하지 않는다고 생각 하는 것이다. B는 스스로를 틈새라고는 전혀 없는 깔끔한 원과도 같이 모든 것이 정돈되고 통제된 개체로 인식한다. 물론 그것은 불가능하다. 통제되지 않는 일들이 수시로 발생하기 때문이다. 아무리 문을 걸어 잠그고 자신만의 공간 속에 숨어도 그 통제된 공간에 침입하는 외부인이 나타난다. 아무리 그 사람을 밀어내고 다시 나만의 방식으로 내 작은 세상의 질서를 바로잡아도 또 다 시 다른 무엇인가가 내 공간에 침입한다. 제발 좀 아무도 없는 곳 에서 혼자만 있었으면 좋겠다. 내가 만든 법칙과 질서대로 살 수 만 있다면 내 세상은 완벽해질 텐데 도무지 그렇게 할 수가 없다. B는 자신이 임의로 만든 규칙을 완벽하게 지키지 못하기 때문에 아직 완전한 만족감을 느끼지 못하는 것이라고 믿는다.

그러나 전면에 배치된 순진한 생각들 뒤에는 치밀한 계산이 숨어 있다. A와 B는 모두 완벽한 만족, 완전한 충족감이라는 것이 가능하지 않음을 이미 너무나도 잘 알고 있다. 상대방은 언제나 손 안에 있는 것 이외의 또 다른 어떤 것을 욕망할 것이며 세상의 누군가가 어김없이 내 작은 공간에 뛰어들어 그 질서를 박살 낼 것이다. '지연'과 '불가능성'은 이 견딜 수 없는 괴로운 사실들을 어떻게든 조금이나마 견딜 만한 것으로 만들기 위해 사용하는 전략들이다. 완벽한 순간을 끝없이 지연시키거나 지키는 것이 불가능한 규칙을 정하는 것이다. '그 순간만 오면' 상대방을 만족시킬 수 있다. '이 규칙만 따르면' 내 세상은 완벽해진다. 그러나 우리 대부분은 섬광 같은 합일의 순간이 지나고 상대방의 시선이 우리를 지나 다른 곳으로 옮겨 갈 때 그리 놀라지 않는다. 이미 알고 있었으며 예측했던 고통이기 때문이다. 그러나 그럼에도 불구하고 A는 다시 질문한다. '내가 당신을 만족시키나요?' 그러고는 상대방이 원하는 모든 것이 되어 줄 수 있다는 환상을 펼쳐 놓는다. 물론 상대에게서 무엇인가를 갈망하는 눈빛을 감지한다면 A는 다시 '지연'이라는 전략을 구사하며 슬며시 그/그녀의 시선을 피한다. B는 자신만의 완벽한 세상이란 불가능하며 언제나 무엇인가에 의해 파괴될 수밖에 없음을 너무도 잘 알고 있지만 그럼에도 불구하고 틈새가 보이는 족족 달려가 그것을 메우기 위해 안간힘을 쓴다. 그러고는 '나는 아무것도 필요하지 않아', '난 지금 이대로가 좋아'를 되뇐다.

　　누구에게나 '환상 속의 그녀'가 되고자 하는 여자는 진정한 사랑을 알지 못하는 사람이다. '지연'이라는 전략만으로 산다면 항상 누군가의 시선을 받을 수 있을지는 모르지만 한 사람을 진정으로 사랑하는 것도, 한 사람의 사랑을 온전히 받는 것도 어렵게 될 것이다. 환상이 깨지는 것을 두려워하여 끝없이 지연시킨다면 결코 사랑은 이루어지지 않는다. 어느 순간 자신의 전략을 던져 버리고 일상으로 뛰어들 때 그녀는 비로소 현실에서 사랑할 수 있게 된다. 히스테리 전략을 구사하는 사람이라도 자신이 그동안 공들여 만들어 온 환상 각본을 무너뜨릴 수 있는 용기를 가지고 있다. 문제는 선택이다. 우리는 사랑하는 사람과 함께 하루하루의 일상을 헤쳐 나가는 데 사용해야 할 에너지를 온통 상대방의 욕망의 대상이 되기 위해 소진해 버릴 수도 있다. 시간이 낭비되고 해답 없는 질문이 반복되며 끝없는 게임이 지속된다.

언제나 항상 365일 24시간 서로의 시선을 느끼며 격렬한 사랑을 할 수는 없다. 무엇이든 반복되는 것은 처음과 같은 격렬한 감정을 불러일으키지 못한다. 그러므로 한 대상에 대한 영원한 욕망이란 환상 속에서 그려 볼 수밖에 없는 욕망의 극한값일 뿐이다. 소모적인 질문을 던지며 에너지를 소진할 것인가 아니면 용기 있게 불안을 견디며 일상을 헤쳐 나갈 것인가?

「브레이킹 더 웨이브」에는 히스테리적 구조를 가진 한 인물이 등장한다. 베스의 삶은 그녀의 남편인 얀을 중심으로 운용된다. 얀을 볼 수 없을 때면 그녀는 그를 기다리고 그리워하며 그만을 위해 하루하루를 살아간다. 사고로 얀의 전신이 마비되었을 때 얀은 베스에게 다른 남자들과 관계를 가지도록 요청하는데, 베스는 이를 남편이 원하는 것으로 해석하여 그의 말에 따른다. 자신의 몸을 성적으로 학대하는 것이 남편을 위하는 길이라고 믿게 된 베스는 결국 이 위험한 선택에 의해 목숨을 잃게 되고 그녀의 장례식 후 얀은 기적적으로 회복된다. 이 영화는 히스테리의 전략이 성공한 사례를 그리 조심스럽지 않은 방식으로 가정한다. 배우자가 원하는 바로 그것이 될 수 있다는 것이다. 이 영화에서는 완벽한 만족이 가능하며 영원히 욕망의 대상이 되는 것 역시 가능하다. 베스라는 인물 자체는 지연이라는 전략을 사용하고 있지 않지만 사실 얀과의 성관계가 불가능한 상황 자체가 '지연'이라는 코드를 설정하고 있다. 히스테리적 욕망의 끝을 가정해 보는 경솔한 시도이다.

지연의 전략을 가장 잘 구사하는 영화인 루이스 브뉘엘의 「욕망의 모호한 대상」은 영화의 처음부터 끝까지 실패하는 성관계를 반복적으로 제시한다. 콘치타와 성관계를 가지려는 마티유의 애달픈 시도는 어김없이 좌절되고 두 사람은 끝내 한 번도 성관계를 가지지 못한 채 영화의 마지막 장면에서 사고로 모두 죽게 된다. 만약 영화가 관객들을 위해 멋진 한 판의 정사장면을 담고 있었다면 우리는 결코 잡히지 않을 때 더욱 간절히 원하게 되는 욕망의 모호한 생리를 이해할 수 없었을 것이다.

이제 강박증으로 넘어가 보자. 대학시절부터였던 것 같다. 강박적으로 일을 처리하는 습관 때문에 나는 무슨 일을 하든 시간이 엄청나게 많이 걸리곤 했다. 모든 틈새를 막고 가능한 모든 것을 확인하고 다시 확인하려니 항상 시간이 모자란다. 수업이나 영화평론에도 대개 지나치게 많은 정보가 들어간다. 항상 객관적으로 판단했을 때 세상 어느 누구도 그 이상의 질문을 생각해 낼 수 없을 것이라는 생각이 들 때까지 자료를 모으고자 한다. 물론 그것은 불가능하다. 시간이 정해져 있지 않다면 멈추지 못하는 것, 그것은 내 병이다. 그러니 늘 누구에게나 시간이 없다고 말하게 된다. 함께 밥 한번 먹는 시간도 애를 써야 낼 수 있다. 논문을 마칠 때까지만 해도 상황 탓을 했지만 사실 상황이 아니라 내 강박적 규칙이 문제였다. 한 편의 영화에 대한 평론을 청탁받으면 일단 감독이 그 이전에 연출한 영화들을 찾아본다. 흐름을 읽은 후 그 영화를 만들 당시 감독의 정신세계의 지도를 그려 본다. 방향성을 예측한 후 문제의 영화를 보고 그 이후 작품들을 마저 본다. 영화에 원작이 있다면 원작과 영화를 비교하여 각색을 분석한다. 그 후 감독에 관련된 책자나 전기를 가능한 두 권 이상 비교하며 읽고 마지막으로 영화를 다시 보며 장면분석을 한다. 그러면 머릿속에 구와 같은 입체 지도가 그려진다. 어디쯤 있는지, 얼마나 갔는지, 왜 그렇게밖에 할 수 없었는지, 왜 그런 일이 있었는지 대강의 맥이 잡힌다. 이렇게 해서 몇 페이지짜리 영화평을 쓰고 나면 초주검이 된다. 「매트릭스」 시리즈라면 영화와 관련된 국내외 저서들을 모두 읽고 「애니 매트릭스」를 보고 〈엔터 더 매트릭스〉 게임 매뉴얼을 읽은 후 분석을 시작한다. 「살인의 추억」이라면 봉준호 감독의 이전 영화들을 보고 원작인 희곡 「날 보러와요」를 읽고 연극을 본 후 영화와 비교분석한다. 어떤 인물이 사라졌나, 왜 사라졌나, 어떤 인물이 창조되었나, 왜 새 인물을 만들었나, 어떤 역할을 맡겼고 그 새로운 역할에 의해 변화되는 부분은 무엇인가, 봉준호 감독이 그 인물을 필요로 한 이유는 무엇인가……. 이와 같은 강박적 규칙은 영화평론뿐만 아니라 강의에도 적용된다. 세상 어느 곳에 숨어 있는 전문가들이라도 모두 그 강의제목이라면 이러이러한 내용이 들어가야만 한다고 입을 모을 바로 그 내용들로 수업을 구성하려고 노력한다. 2시간의 수업을 위해 초주검이 되도록 준비한다. 만약 내가 스스로 만든 엄격한 규칙들을 깨뜨리지 못한다면 나는 결국 결코 나를 만족시키지도 못할 나만의 규칙들 속에 갇혀 생활 자체를 잃게 될 것이다. 요즘은 조금씩 '대강 하는 법'을 배워 가고 있다. 그냥 대강 그쯤 하는 것을 배우지 못한다면 나는 무너질 수밖에 없다. 나 자신을 아무리 닦달해 봐야 지금 이 수준에서 나오는 글에는 한계가 있다. 시간이 흘러 자연스럽게 내가 변하고 조금 달라진 눈으로 영화를 보기 전에는 아무리 죽을 노력을 해도 지금의 한계를 벗어나기 어렵다. 이것은 박사논문을 제출한 후 느낀 것이기도 하다.

아무리 완벽한 논문을 쓰려고 안간힘을 써도 그때는 보지 못하는 부분들이 많았다. 시간이 지난 후 다시 보면 쉽게 보이는 것들이 당시에는 눈에 띄질 않는다.

완벽할 수는 없다. 모든 것을 통제하고 조절하며 그것을 방해하는 모든 요인들을 배제하는 것은 불가능하다. 이것을 깨닫지 못한다면 우리는 결코 다른 사람을 우리의 인생에 받아들일 수 없다. 자신의 작은 세상을 깨뜨리며 타인을 받아들이는 용기, 그것이 바로 사랑이다. 강박증의 경우 이 과정 자체가 힘들다. 라캉의 정신분석에 의하면 강박증 환자를 히스테리화하는 것이 치유의 첫 단계이다. 히스테리보다 강박증이 더욱 심각한 상태라는 뜻이다. 적어도 히스테리는 다른 사람의 존재를 받아들이고 욕망의 게임에 동참하고 있기 때문이다. '히스테리화'란 다른 사람을 인식하도록 만든다는 뜻이다. 그것은 질문을 시작하게 되는 순간이기도 하다. 히스테리는 적어도 질문을 한다. 문제가 있음을 인정한다는 뜻이다. 그러나 강박증의 경우 질문 자체를 하지 않는다. 그러므로 그들이 분석가를 찾는 경우도 드물다. 강박증 환자가 도움을 청한다면 그 사람은 이미 히스테리화되고 있는 상태이다. 이와 같이 강박증과 히스테리는 신경증의 양상들로서 그 사이에 오갈 수 있는 통로가 열려 있다. '이것 아니면 저것'이 아니라는 뜻이다. 물론 첫 면담에서 분석가는 강박증, 히스테리, 공포증, 도착, 정신병 등에 대한 진단을 내려야 하지만 강박증과 히스테리의 경우 쉽게 하나가 다른 하나로 전환된다.

「에비에이터」에서 우리는 하워드 휴즈의 강박증을 묘사하는 장면들을 자주 만나게 된다. 악수를 회피하고 피가 날 때까지 손을 씻는 모습은 병균에 대한 공포처럼 보이지만 사실 이것은 자신이 만든 세상을 무너뜨릴 수 있는 틈새에 대한 공포에 다름 아니다. 강박증을 가진 사람이 자의적으로 만들어낸 자신만의 공간은 어김없이 무엇인가에 의해 방해받는다. 강박증의 히스테리화는 자신이 무엇인가를 결여하고 있으며 다른 사람 역시 결여된 부분을 가지고 있다는 사실을 받아들이는 과정을 뜻한다. 이때 비로소 적극적으로 욕망의 게임에 동참하게 되며 다른 사람을 받아들일 수 있게 된다.

「이보다 더 좋을 순 없다」에서 강박증 환자인 멜빈은 그의 모든 일상에 특정 규칙을 부과하여 생활을 통제한다. 어떤 테이블에 앉아야만 하고 길을 걸을 때는 길바닥의 금을 밟아서는 안 되며, 특정 방식으로만 음식을 먹을 수 있다. 그러던 그가 캐롤이라는 여자를 만났을 때 비로소 자신의 문제를 인식하게 된다. 이것은 매우 중요한 순간이다. 강박증 환자가 자의로 분석가를 찾는 경우가 극히 드문 것은 문제를 인식하는 것 자체가 자신이 만든 세상에 생채기를 내는 행위이기 때문이다. 분석가를 만나야겠다는 생각은 자신의 세상이 불완전하다는 사실을 인정하는 것이다. 그러나 멜빈은 한 여자를 자신의 인생에 받아들이기 위해 그의 세상을 용기 있게 열어젖힌다.

우리는 모두 불완전하다. 그것을 인정하는 것이 너무나 힘겹기 때문에 어떤 사람은 히스테리의 전략을 사용하고 또 다른 사람은 강박증의 전략을 사용한다. 즉 자신이 다른 사람을 완전히 만족시킬 대상이 될 수 있다고 믿거나 또는 자기 자신이 결여되어 있지 않은 척하는 것이다. 그러나 두 경우 모두 결국 자신들의 전략이 실패하는 지점을 경험하게 된다. 라캉에 의하면 이것은 병리적인 현상이 아니라 우리 모두가 이미 익숙한 일상이다. 문제가 심각해지는 지점은 우리 자신들이 불완전할 수밖에 없다는 사실을 받아들이지 않을 때이다. 불완전함을 견디는 사랑이 완전함을 목표로 하는 사랑보다 강하고 자신의 불완전함을 인식하는 사람이 완전한 인간이라는 환상을 추구하는 사람보다 훨씬 강하다는 사실을 잊어서는 안 된다. 완전한 사랑과 완벽한 인간이란 인생의 중심에 똬리를 뜬 불완전한 틈새를 가려 덮는 허상에 불과하며 이에 집착할 때 일상을 견뎌내는 것이 더욱 어려워진다. 라캉의 정신분석학은 불완전한 것이 완전한 것보다 더욱 완성된 경지이며, 부족한 것이 완벽한 것보다 더욱 견고한 것임을 강조한다. 욕망의 움직임을 두려워해서는 안 된다. 무엇인가가 결여된 우리 자신의 모습을 부정해서는 안 된다. 그 불안한 느낌들을 피해서는 안 된다. 그러한 두려움과 불안을 느낄 때 비로소 우리는 진정으로 나 자신에 대해 이야기할 수 있는 성숙한 존재가 된다. 불안을 보듬고 감싸 안아야 한다. 내 중심에 배치된 불안은 나를 변화시키고 성숙하게 만드는 보석이다. 그것은 결코 내 약점이 아니다. 불안을 견디는 용기가 모든 것의 시작이다. 이를 라캉의 언어로 바꾸자면 우리는 상상계를 넘어 상징계로 이행해야 한다.

강박적 구조

에비에이터

강박증을 가진 사람이 자의적으로 만들어 낸 자신만의 공간은
어김없이 무엇인가에 의해 방해받는다.
강박증의 히스테리화는 자신이 무엇인가를 결여하고 있으며
다른 사람 역시 결여된 부분을 가지고 있다는 사실을 받아들이는 과정을 뜻한다.
이때 비로소 그는 적극적으로 욕망의 게임에 동참하게 되며
다른 사람을 받아들일 수 있게 된다.

이보다 더 좋을 순 없다

강박증 환자가 분석가를 만나야겠다고 생각하는 것은
자신의 세상이 불완전하다는 것을 인정하는 것이다.
멜빈은 한 여자를 자신의 인생에 받아들이기 위해
그의 세상을 용기 있게 열어젖힌다.

상상계를 넘어서
상징계로
허상을 넘어서

앞에서 살펴본 히스테리와 강박증은 상상계의 두 가지 전략들이다. 간단히 요약하자면 상상계는 유치한 가식적 영역이며 상징계는 성숙한 현실적 영역이라고 할 수 있다. 라캉의 정신분석학 이론에서 자신의 불완전함을 받아들이는 세상은 상징계를 뜻한다. 장밋빛 세상에 대한 꿈, 영원히 행복하게 사는 공주, 완벽한 사랑은 상상계의 영역이다. 허상으로 만들어진 상상계라는 영역은 우리에게 도시의 후미진 구석에도 편안한 보금자리가 있고 돈이 없어도 낭만이 넘치는 생활을 즐길 수 있다고 속삭인다. 어떤 영화들은 이 거짓 이미지를 유지하기 위해 갖은 애를 쓰는 반면 다른 영화들은 그러한 깔끔한 이미지에 상처를 내고 현실을 드러낸다. 전자는 상상계적인 영화이며 후자는 상징계로 이행한 영화라고 할 수 있다. 우리는 영화 자체를 상상계적인 영화와 상징계적인 영화로 나눌 수도 있고, 이와 같은 방식으로 감독의 성향을 구분할 수도 있으며, 이러한 경향들이 한 감독의 작품 속에서 어떻게 드러나는가를 분석할 수도 있다.

상상계적인 영화들의 가장 두드러진 특징은 이들이 현실의 모습을 가려 덮는다는 것이다. 도시는 항상 청결하고, 여자는 언제나 아름다운 옷을 입고 있으며 직업은 필수가 아니라 선택이다. 노동을 하지 않아도 돈이 넘쳐나고 일에 관련된 이야기는 서사의 양념으로 가끔 뿌려진다. 그는 언제나 그녀밖에 모르고 그녀는 일편단심 그만을 기다린다. 적시에 도우미가 나타나고 한탕에 인생이 역전된다. 운도 따르고 재수도 좋은 선남선녀의 이야기는 스트레스 해소의 수위를 넘어 우리의 일상이 남루해 보이도록 만든다. 상상계적 영화들은 프레임 한 장 한 장 모두 안전그물을 쳐 놓는다. 무슨 일이 일어나도 절대로 위험할 수 없다. 즉 이들은 끝까지 가는 영화들이 될 수 없다. 그러므로 일정 수위를 넘어서지 않는 것이 이들의 또 다른 특징이다. 깔끔하고 예쁜 프레임 속에 착하게 찍혀 있는 24장의 사진들은 진실에 대한 어떤 고민도 하지 않은 채 대충 적당한 이미지들로 1초를 채운다.

이와는 반대로 실제 현실은 더욱 극적이다. 모든 것을 걸고 미쳐서 하는 일들이 있고 믿음과 신념이 강압적 규칙을 파괴하기도 하고 한 번도 본 적 없는 새로운 이미지들이 나타나기도 한다.

이들을 담아내는 장면들은 영화를 한 발 앞으로 나가게 만들며 이때 새로운 영화사가 창조된다. 그리고 이 영화들에 의해 현실이 변화되기도 한다. 이제 기존의 영화들 속에서는 한 번도 소리 내지 못했던 인물들이 역할을 부여받고 자신들의 이야기를 들려 준다. 상징계의 영역으로 이행한 영화들은 상상계가 가려 덮고자 하는 현실의 치부를 드러낸다. 프랑스 뉴웨이브의 기수인 프랑수아 트뤼포는 「400번의 구타」에서 조용히 가출소년을 따라가며 배고프고 추운 소년의 뒤로 쇼윈도 속 화려한 상품과 벽에 붙은 스키여행 포스터, 고급 식당의 잘 차려진 식탁을 보여 준다. 소년을 프레임 밖으로 밀어놓고 화려한 배경의 이야기만을 멋들어지게 늘어놓는 것이 상상계적인 영화라면 카메라의 시선을 바꾸어 보이지 않는 사람들의 이야기를 담아내는 것이 상징계적인 영화다. 세상이 만든 생채기와 상처 입은 사람들의 이야기를 용기 있게 들려주는 상징계적 영화에는 현실의 모습을 드러내는 진실과 함께 그것을 바꿀 수 있는 에너지가 배어 있다.

채플린의 영화를 기억해 보자. 그의 영화들은 그저 우스운 광대의 귀여운 놀이로 넘겨 버리기에는 너무나 무거운 이야기들을 담고 있다. 그는 자신의 영화 속에 집이 없고, 빵이 없고, 일이 없는 사람들의 고통을 웃음과 함께 고스란히 담아낸다. 상상계적인 공간에 갇힌 영화들은 결코 100년 후까지 기억될 수 있는 고전을 만들어 낼 수 없다. 그 안에 진실에 대한 고민이 없기 때문이다. 언뜻 보기에는 그저 재미있기만 한 「키드」는 자선병원에서 아이를 낳은 여자와 쓰레기 더미 옆 더러운 거리 한 켠에 누인 갓난아기, 생존에 필요한 기본적인 것들이 하나같이 부족한 생활을 웃음과 함께 펼쳐놓는다. 「황금광 시대」에서 삶은 구두를 먹는 장면과 빵이 구두가 되어 춤추는 장면은 비극적인 현실을 희극적으로 표현한다. 「위대한 독재자」의 힌켈은 히틀러의 연설을 우스꽝스럽게 재현하고, 유대인 이발사로 분한 채플린은 'Jew'라는 글자를 당시의 영화들 중 처음으로 프레임 속에 담았다. 채플린은 빈곤, 실직, 폭력, 불황에 대한 이야기를 인간에 대한 믿음과 함께 담아낸다. 그의 영화들은 상상계의 허상을 깨뜨리며 현실의 진실에 다가선다.

상상계의 허상을 가장 멋들어지게 가꾸어 내는 영역의 하나로 월트 디즈니 사에서 만든 애니메이션들을 들 수 있을 것이다. 일례로 「인어공주」, 「미녀와 야수」를 가능하게 만든 기술적 발판의 역할을 했던 「올리버와 친구들」을 생각해 보자. 제목에서 알 수 있듯이 이 만화영화의 원작은 찰스 디킨스의 소설 『올리버 트위스트』다. 영화가 시작되면 우리는 이 경이로운 각색에서 올리버가 한 마리의 고양이로 바뀌었음을 알게 된다. 뉴욕을 무대로 고양이와 개들의 사랑과 우정을 보여 주는 감동적인 드라마는 인간과 동물의 따뜻한 연대로 막을 내린다. 뉴욕의 후미진 골목이나 위험한 거리는 모험과 낭만으로 채워지고 거리에는 어디든 먹을 것이 넘쳐난다. 1830년대 런던의 비참한 풍경은 어느덧 정감 넘치는 개와 귀여운 아기 고양이, 섹시한 여자 고양이로 바뀌어 있다.

디킨스의 소설은 초기 산업자본주의의 폐해와 당시 노동자들의 비참한 삶을 중심에 담고 있는 소설이다. 1960년, 자신 역시 런던의 이스트 엔드에서 태어난 라이오넬 바트가 이 소설을 원작으로 작사, 작곡, 각색을 하여 「올리버!」라는 아름다운 한 편의 뮤지컬을 무대에 올렸고, 이를 바탕으로 1968년 캐럴 리드가 고전으로 남은 영화 「올리버!」를 만들었다. 영화 「올리버!」에서 가장 먼저 눈에 띄는 것은 테크니컬러의 선명한 색상을 통해 더욱 강조되는 더러운 옷들이다. 대부분의 인물들이 더러울 뿐만 아니라 여기저기 해어진 누더기를 걸치고 있다. 이 영화는 디킨스가 치를 떨었던 19세기 런던의 모습을 그대로 드러낸다. 아름다운 선율로 '멋진 삶'에 대해 노래할 때조차 가사 속에 뿌리내린 단어들은 쥐, 전염병, 죽음, 빈곤이다. 장의사와 운구행렬, 작은 관들은 아이를 돌볼 수 없었던 당시의 비참한 상황과 높은 유아사망률을 말해주고 있으며, 곰팡이 핀 음식, 썩은 물이 고인 웅덩이, 그대로 방류되는 하수는 대책 없이 가속도로 전개되는 공업화와 도시화의 어두운 모습들을 그려낸다. 이 영화의 주인공은 돈과 기계이다. 물론 요즘도 여전히 현실의 모습을 가려 덮는 상상계적 영화들과 이를 그대로 드러내는 상징계적인 영화들이 함께 제작되고 있다.

이제 사회에서 개인으로 범위를 좁혀 보자. 상상계란 모든 것이 통제되고 조절될 수 있다고 믿는 허구의 세상이다. 이 영역에서는 모든 것에 대한 정답이 있으며 항상 편하고 쉬운 해결책이 결말을 장식한다. 그러나 실제로 우리의 인생을 들여다보면 정답을 찾게 되는 경우보다는 아무도 답할 수 없는 어려운 문제들을 직면하게 되는 경우가 더욱 빈번하다. '왜 태어났을까? 어떻게 해야 하나? 왜 그런 일이 일어났을까? 왜 그 사람을 만나게 되었을까? ……' 어떤 일이 생길 때마다 이전의 결론들은 극적으로 그 모양새를 뒤바꾼다. 믿었던 사람이 나를 배신하고 반대로 오랫동안 미워했던 사람이 도움을 주기도 한다. 굉장해 보였다가 만만해지고 낮추어 깔보았다가 존경하게 된다. 나 자신에 대해서도 마찬가지다. 작고 초라한 듯 느꼈다가도 정말 괜찮은 사람이라고 자평하기도 한다. 무엇이 진실인가? 분명한 것은 쉬운 답을 얻기 위해 이렇게 복잡한 진실의 모습에 인위적으로 가위질을 해서는 안 된다는 것이다.

착한 사람, 나쁜 사람, 선과 악, 정상과 비정상, 사랑과 미움, 문명과 야만을 명확하게 구분하고 이쪽이 저쪽보다 우월하다고 정의하는 영화들은 상상계 속에서 쉬운 해답을 제시한다. 한 사람의 마음속 생각들을 따라가기보다 다수의 기준과 편견과 판단들을 적용하는 작품들은 모두 상상계의 감옥에 갇힌 영화들이다.

상상계라는 영역 속에 사는 사람은 타인의 기준 속에 나를 밀어 넣고 그 불편한 모습이 나 자신이라고 굳게 믿는다. 여기서 문제는 생산적인 일에 사용할 수 있는 에너지를 남의 기준에 따라 정의한 자신의 이미지를 가꾸기 위해 소진하게 된다는 것이다.

영화를 볼 때 치유적인 효과를 가장 강력하게 경험할 수 있는 경우는 한 영화 속에서 상상계적인 구조가 상징계로 이행하는 변화를 느낄 수 있을 때이다. 영화 「사랑의 블랙홀」의 주인공 필 코너스는 취재차 들른 마을에서 같은 날이 끝없이 되풀이되는 시간의 덫에 걸리게 된다. 다음날 아침이 되어 있어야 할 시간이 마술에 걸린 듯 다시 그 전날로 돌아가 버리는 것이다. 그 마을에서는 모든 것이 반복되는 똑같은 하루가 매일 같이 다시 시작된다. 이것이 바로 상상계의 구조이다 상상계의 감옥 속에서는 변화가 불가능하다. 언제나 한곳에 잡힌 상태로 어떤 것도 변화되지 않는다. 그러나 상상계의 허상 속에서 그것은 아름다운 것들로 비춰진다. 시들지 않는 꽃, 변하지 않는 삶, 모든 것이 통제되고 조절된 인생. 그것은 결코 새로울 수 없는 생활이며 이것이 바로 상상계의 감옥이다. 블랙홀과 같이 빛조차 빠져나올 수 없는 공간에 갇힌 필은 이 밀폐된 감옥 안에서 서서히 자신의 진정한 모습을 찾아간다. 그리고 그가 진정한 자신의 모습으로 변화했을 때 '내일'이 찾아온다. 사실 블랙홀이라는 비유는 상상계의 영역을 나타내는 이미지로 적절하지 못하다. 그 이유는 블랙홀이 과잉이라는 요소를 담고 있기 때문이다. 이에 대해서는 이후에 더욱 자세히 설명할 것이다. 일단 영화의 상상계적 측면에만 초점을 맞추어 보자.

멈췄던 하루는 주인공의 머릿속 풍경을 보여 주는 좋은 은유이다. 부정적이고 냉소적인 성격의 소유자인 주인공은 절실히 원하는 것도, 진지하게 고민하는 문제도 없이 하루하루를 살아왔다. 그러던 그가 하루라는 시간 속에 멈추어진 채 자신에 대해 생각하기 시작하는 것이다. 주위를 둘러보고, 다른 사람을 이해하며 자신의 마음을 들여다본 후 결국 변할 수 있게 되는 것이다. 어떻게 보면 영원히 변하지 않는 인생, 무슨 일이 일어날 것인지 이미 모두 알고 있는 하루란 완벽한 것인 듯하다. 영화는 무슨 일이 벌어질지 모르기 때문에 불안해할 수밖에 없는 불완전한 내일이 완전한 하루보다 더욱 값진 것임을 보여 준다. 불완전한 것이 완전한 것보다 더욱 소중한 것이다. 상상계의 허상은 '완벽'이라는 미끼로 우리를 유혹하지만 사실 그 안에는 어떠한 새로움도 존재하지 않는다. 변화를 가능하게 하는 것은 상징계의 중심에 존재하는 '불완전함'이다. 그렇다면 불안이란 회피해야 하는 것이라기보다는 오히려 상징계로 이행하는 사람들에게 허락된 축복일 것이다.

「센과 치히로의 행방불명」에서 여느 아이들과 다르지 않은 10살배기 소녀 치히로는 이야기가 진행되며 일련의 모험들을 경험하게 된다. 영화가 시작할 때 우리가 만나게 되는 치히로는 부모의 보호 속에 칭얼거리는 소심한 어린 아이다. 그러나 그들이 신비한 마을에 들어서면서 소녀의 인생에 변화가 일어난다. 이곳에서 치히로의 부모는 신령들에 대해 예를 갖추지 않고 그들의 음식을 탐한 벌로 돼지가 되고 치히로는 부모를 구하기 위해 온갖 시련을 겪게 된다. 그리고 그녀는 이 힘든 과정을 통해 성장한다. 우리가 마지막 장면에서 보게 되는 성숙한 치히로는 더 이상 예전의 투정쟁이 소녀가 아니다.

상상계 속의 인물들을 잘 표현해 주는 단어는 '마마보이' 또는 '마마걸'이다. 어머니의 치마폭에 싸여 마냥 칭얼거리는 아이들의 모습을 고스란히 간직한 어른들이 적지 않다. 핸드폰에는 '집, 집, 집, 엄마, 엄마, 집, 엄마, 아빠, 엄마, 엄마'가 찍혀 있고 무슨 일이든 '엄마'의 결정을 따라야 한다. '엄마'라는 정답이 있으니 인생이 조금 편하다. 이것이 바로 상상계이다. 그 속에서 그들은 결코 자신이 진정 욕망하는 바를 말하지 못한다. 항상 정답이 다른 사람의 머릿속에 있다고 믿기 때문이다. 용기를 내거나 자신감을 가지고 하나의 목표에 매진하기도 힘들다. 넘어지고 다시 일어나는 데도 시간이 걸리며 자신의 문제에 대한 고민과 사색보다는 다른 사람의 눈치를 살피는 데 더 많은 시간을 보낸다. 라캉은 아이를 놓아 주지 못하는 어머니의 욕망을 악어의 이빨에 비유한다. 살벌한 비유지만 이는 그만큼 어른이 되는 과정이 힘듦을 말하는 것이라 하겠다. 어머니는 아이의 손을 놓아 주어야 한다. 아이가 혼자 설 수 있도록 보내 주어야 한다. 아이 나름의 필사적인 모험을 통해 용기와 자신감을 가진 어른으로 성장할 수 있도록 잡고 있던 손을 펴 그들을 놓아 주어야 한다. 바로 이것이 상상계에서 상징계로 이행하는 과정이다. 상징계라는 마음대로 되지 않는 세상에 던져질 때 비로소 아이는 진정한 어른이 될 수 있다. 물론 이 과정은 어린아이에게만 해당되는 것은 아니다.

　모든 것이 통제되고 조절될 수 있다는 상상계의 허상을 무너뜨리면서 미야자키 하야오는 마음대로 굴러 가지 않는 세상을 펼쳐 놓는다. 인류가 전멸이라는 위기에 직면해 있거나 주인공이 죽음의 저주를 받으며 영화가 시작하거나 무슨 일이 있어도 사수해야 하는 불은 찬물 세례를 받고 이내 사그라진다. 도대체 그냥 좀 대충 그렇다 치고 넘어가는 것이 없다. 모두 뭔가가 부족하고 세상의 모든 것들이 어떤 방식으로든 삐거덕거린다. 그리고 인생과 세상과 자연의 망가진 부분들은 결코 마술과 같이 한 번의 주문에 의해 쉽게 원상복구되지도 않는다. 바로 이것이 상징계의 세상이다. 미야자키 하야오는 그 괴로운 모습을 부정하거나 회피하기보다는 오히려 그것을 드러내고 이에 용기 있게 맞서는 주인공들을 배치한다. 그들은 초롱초롱한 눈망울로 어긋난 세상에 용기 있게 맞서며 병든 인간과 오염된 자연을 보살핀다. 어른스러운 눈길로 관객의 마음까지 쓰다듬는 성숙한 아이들은 상징계로 이행한 사람의 모습을 보여 주는 대표적 인물들이다. 「하울의 움직이는 성」의 소피, 「센과 치히로의 행방불명」의 치히로, 「모노노케 히메」의 아시타카, 「마녀 배달부 키키」의 키키, 「천공의 성 라퓨타」의 시타와 파즈, 「바람계곡의 나우시카」의 나우시카 그리고 「미래소년 코난」의 코난과 라나는 해답 없는 세상에 당당히 맞서는 상징계적 인물들이다. 그리고 우리는 이때 비로소 치유에 관한 이야기를 할 수 있다.

여전히 허상을 만들어 내고 그것을 사수하기 위해 진을 빼는 영화들이 적지 않다. 이상하게도 아름다운 여자와 멋진 남자의 겉치장과 겉치레 주위에는 항상 어디엔가 돈이 쌓여 있다. 조화로운 세상은 언제나 무난히 돌아가고 모든 것은 정렬되어 있다. 이런 영화들은 욕망과 사랑에 대한 진실에 가까이 가지도 못할뿐더러 인물의 세부를 드러내지도 못한다. 인물도 서사도 모두 안전그물 속에 애매하게 배치되어 최선을 다하지 못하며 그저 뻔한 이야기에 실려 한 시간 반 동안 흘러가면 된다. 반면 상징계적 영화 속에서 인물들은 모든 것을 걸고 자신들의 욕망을 추구할 수 있다. 관객 입장에서는 무슨 일이 일어날지, 인물들이 어떻게 반응할지 오리무중이다. 상황은 언제나 뭔가 좀 부족하고 불편하고 어긋나 있으며 인물들은 넘어지고 쓰러진다. 그러나 그들은 그럼에도 불구하고 자신들이 원하는 것을 향해 돌진하며 자신과 타인과 관객을 치유한다. 그들은 우리에게 변화에 대한 이야기를 들려준다.

2006년 임유철 감독은 「비상」 속에 FC서울이나 맨체스터 유나이티드 같은 명문구단의 화려함을 밀어내고 상상계적인 감독이라면 엄두도 못 낼 장면을 필름에 담아낸다. 늘 지기만 하는 인천 유나이티드와 감독대행으로 부임하여 불가능한 목표를 제시하는 장외룡 감독, 팀의 열혈팬인 서문여고 학생들과 아빠의 이메일 내용이 뜬 모니터를 어루만지며 대성통곡하는 김학철 선수의 딸……. 이 장면들은 상상계의 눈으로는 보이지 않는 세부들이다. 그리고 우리는 허상이 가리고 있던 세상의 모습을 담아내는 이와 같은 영화들만을 고전으로 기억한다.

가끔씩 학생들이 반론을 제기할 때가 있다. "재미있고 영상이 좋으면 되잖아요. 영화관은 공부하려고 가는 게 아니라 즐기려고 가는 거잖아요." 맞는 말이다. 그때 나는 그들에게 이렇게 말했다. "그렇지. 두 시간쯤 후에 기분 좋게 영화관을 나설 수 있다면 그건 분명 치유적인 영화지. 오락물을 보고 스트레스가 다 풀린다면 그 역시 고마운 영화일 거야. 그런데 「트루 라이즈」를 보고난 느낌과 「영웅본색」을 본 후의 기분이 조금 다르지 않니? 스태프들의 피와 땀이 들어가는 한 장면 한 장면이 몇 달 후에는 아무도 기억하지 않을 영화로 사라진다면 너무 안타깝지 않아? 치열하게 고민하면 똑같은 조건에서도 그들의 노력이 헛되지 않은 영화들이 나올 수 있단다." 테러리스트라고 정의된 집단을 멋

있게 물리치는 「트루 라이즈」를 보고 난 후의 감흥은 적군과 아군이 묘하게 뒤섞여 있는 「영웅본색」을 보고 난 후의 느낌과 전혀 다르지 않은가?

상상계적인 영화들은 우리의 일상이 초라해 보이도록 만든다. 힘겹게 견디고 있던 하루가 더욱 남루하게 느껴진다. 다른 사람들처럼 그렇게 살았으면 좋겠다. 내가 가진 모든 것이 너무나 왜소하고 구차하게 느껴진다. 그 영상들이 제시하는 허상은 우리로 하여금 자신을 꾸미고 바꾸어 특정한 모습이 되도록 부추긴다. 우리는 앞에서 허상 속에 사는 사람들의 두 가지 전략을 살펴보았다. 히스테리적 전략을 구사하는 사람들은 다른 사람이 정답을 가지고 있다는 착각 속에 완벽한 세상을 꿈꾼다. 그리고 강박적 전략을 구사하는 사람들은 자신의 세상이 완벽할 수 있다는 착각 속에서 타인을 밀어내 버린다. 전자에서는 내가 없어지고, 후자에서는 남이 사라진다. 다른 듯하지만 사실 이 상상계적 전략들은 모두 내 진정한 모습을 가리는 허상을 구축한다. 그 속에 머문다면 우리는 결코 나 자신의 내면을 온전히 들여다볼 수 없게 된다. 상상계적 영화들은 그런 가식과 허상을 강화시켜 개별적 개인을 지워 버리는 데 일조한다. 이와 달리 상징계적인 영화들은 개인 속의 아름다움을 포착해 낸다. 한 사람이 특별해지며 그/그녀가 포함된 세상의 지도가 제시됨으로써 우리는 우리의 시선이 미치지 못했던 개별 인물의 내면으로 나아갈 수 있게 된다. 인물들의 모습에 배인 걱정과 고통과 불안을 따라가며 우리는 다시 하루를 시작할 수 있는 에너지를 공급받는다. 그런데 상징계적 영화가 진실로 치유적인 효과를 내기 위해서는 실재계적인 요소가 필요하다. 이제 치유적인 영화의 조건에 대해 더욱 자세히 이야기해 보자.

상징계를 넘어서
실재계로
나보다 큰 나

「비상」은 K리그 최하위권을 맴돌던 인천 유나이티드 축구팀의 2005년 플레이오프 진출과 K리그 챔피언결정진 준우승의 신화를 보여 준다. 이것은 상징계라는 평범한 세상의 시각으로는 이해할 수 없는 일이다. 가능하지 않은 일들, 모두들 입을 모아 불가능하다고 말했던 일들이 성취되는 것은 상징계의 중심에 실재계라는 영역이 존재하기 때문이다. 실재계의 세상은 계산과 합리성을 무너뜨리는 영역이다. 우리의 마음이 세상의 균열을 받아들이고 그것을 견디며 자신의 욕망을 이야기할 수 있게 되는 지점을 우리는 상징계라고 불렀다. 실재계란 우리 안에 있는 미지의 세계라고 생각하면 된다. "네가 무슨 수로……", "미쳤구나?", "그게 될 것 같니?" 그럼에도 불구하고 자신의 미래를 만들어 낸 이들은 모두 실재계라는 영역에 한 발을 내딛은 사람들이다. 즉 실재계는 상징계의 논리적이고 합리적인 규칙을 무너뜨리는 영역이다. 「비상」의 인터뷰 중 장외룡 감독은 자신감을 가지고 달려드는 선수를 막을 수 있는 것은 아무것도 없다고 말한다. 우리는 주위에서 어렵지 않게 그러한 아름다운 기세들을 관찰할 수 있다. 그리고 우리는 그것을 신화라 부른다.

슬로베니아의 철학자, 슬라보예 지젝은 실재계라는 라캉의 용어를 기관의 에너지로 해석한다. 우리의 작은 몸을 이루고 있는 각 기관이 사실은 거대한 에너지의 보고라는 것이다. 그는 서사의 전체 구조와 관계없이 각 영화들의 세부에서 그러한 에너지를 파편적으로 제시한다. 한 예로 그는 「파이트 클럽」에서 주인공의 오른손이 갑자기 어마어마한 힘을 얻게 되어 자신을 초주검이 되도록 구타하는 장면을 지적한다. 이 장면을 통해 우리는 손이라는 신체의 한 부분이 이전에는 상상할 수 없었던 엄청난 에너지를 가지게 되는 모습을 볼 수 있다. 지젝에 의하면 지가 베르토프의 「카메라를 든 사나이」는 눈의 감각 능력을 현저히 뛰어넘는 월등한 눈, 즉 카메라의 모습을 보여 준다. 라캉의 실재계란 물리적인 능력보다는 정신적인 측면이 더욱 강조된 용어이다. 그것은 인간만이 감지할 수 있는 영역으로서 한 사람이 '최선을 다할 때' 그/그녀의 정신세계가 내뿜는 에너지를 뜻한다. 눈에 보이지 않는 힘이 발산되면서 자신과 다른 사람 그리고 세상이 변화하는 것이다.

주성치의 「소림축구」와 「쿵푸허슬」을 생각해 보자. 「소림축구」에서 만두를 빚는 아매의 솜씨는 가히 고수의 경지라고 할 만하다. 영화의 마지막에 우리는 아매와 같은 인물들이 가득한 고수들의 세상을 엿볼 수 있다. 주차요원도 고수, 정원사도 고수, 회사원도 고수, 세상 모든 사람이 다 고수인 꿈의 세상이다. 그들은 자신의 잠재력을 십분 발휘하여 고수의 삶을 산다. 「쿵푸허슬」에서 고수들이 사는 마을 역시 기계가 섞이지 않은 몸임에도 불구하고 기계보다 더욱 강력한 신체를 그려낸다. 바로 이것이 실재계의 세상이다. 우리는 우리 안에 무엇이 들어 있는지 확실히 알지 못한다. 그러나 가끔 '왠지 모르지만 할 수 있을 것 같다'는 생각이 들 때가 있지 않은가? 그때 우리는 실재계의 가능성을 경험하고 있는 것이다. 계산으로는 불가능하지만 해낼 수 있다는 생각이 들 때가 있다. 평생 마음에 간직하고 바라고 원하며 기다려서 처음에는 불가능해 보이기만 했던 약속을 지켜내는 아름다운 이야기들은 그리 낯설지 않다. 인간 내면의 힘은 모든 '일반적으로' 정의된 것들을 무색하게 만든다. 우리 안에는 우리 자신이 쉽게 정의할 수 없는 실재계라는 미지의 영역이 존재한다. 그리고 우리는 그 속에서 우리 자신보다 더욱 큰 존재를 만나게 된다.

실재계는 이성적으로 설명해 낼 수 없는 영역이므로 무시무시하고 기괴한 것으로 느껴지기도 한다. 지젝은 실재계의 이러한 측면에 대해 '실재계의 심연'이라는 표현을 사용한다. 우리는 「살아있는 시체들의 밤」, 「랜드 오브 데드」, 「비틀쥬스」, 「사구」 등의 좀비, 괴물, 귀신이 나오는 영화들을 떠올림으로써 그 느낌을 추측할 수 있다. 실재계는 죽은 자들이 귀환하고 정체불명의 괴물이 나타날 수 있는 영역이다. 생물학의 기본 법칙을 따르고 있지 않으므로 죽은 자가 돌아오고 지구상의 생태계에서는 관찰될 수 없는 괴물들이 나타나는 것이다. 그들은 길들여질 수도 없고 박멸되거나 퇴치되지도 않으며 이성적인 대화로 소통할 수도 없다. 미지의 에너지들은 그러한 방식으로 세상에 자신들의 모습을 드러내며 상징계의 중심에 자리 잡는다. 그러나 지젝에서 한 발 물러나 시선을 조금만 돌리면 두려운 괴물들의 흉물스럽기만 하던 모습이 다르게 보인다. 그들이 「에라곤」의 드래곤, 이웃에 사는 토토로, 아기공룡 둘리로 변하기 때문이다. 통제되지 않는 실재계의 에너지는 사람에게 해가 되는 괴물의 형태로 대표될 수도 있고 인간 내부의 잠재력을 나타내는 영물로 표현될 수도 있다. 그것은 실재계라는 미지의 영역을 우리가 어떻게 받아들이느냐에 달린 것이다.

실재계와 상상계가 가끔씩 혼동되기도 한다. 그 이유는 상징계, 상상계, 실재계가 사실은 한 덩어리로 녹아 있기 때문이다. 실재계를 구분해 내는 중심 용어는 '과잉'이다. 대충해서 이루어지는 것은 없다. 모두 진을 빼고 넘어지고 엎어진 다음 해내는 것이 아닌가? '과잉'이 없이 쉽고 편한 과정은 상상계적 허상으로 간주하면 된다. 히스테리라는 상상계적 전략을 구사한다면 끊임없이 남의 눈치만 보게 되나, 과잉을 통해 이를 실재계적 영역으로 격상시키면 그것은 예수의 희생이 된다. 예수의 희생과 타인을 위한 죽음은 실재계의 사례이다. 실재계는 그 이외에도 다양한 양상으로 설명될 수 있는데, 예를 들어 한 번 빠지면 헤어나지 못하는 구렁텅이로 인식되기도 한다. 물론 여기에는 과잉이라는 요소가 들어 있어야 한다. 똑같은 하루만이 끝없이 반복되는 「사랑의 블랙홀」의 공간, 「센과 치히로의 행방불명」에서 신령들이 머무는 낯선 마을, 「디 아더스」의 외딴 저택, 지상과 천상의 중간 지점인 「중천」의 중간계, 「올드보이」의 7.5층 감금방, 9와 3/4 승강장을 통해 들어갈 수 있는 「해리포터」 시리즈의 호그와트 마법 학교, 사막 한가운데에서 나타나는 바그다드 카페는 모두 합리적인 설명이 불가능한 장소이다. 실재계는 모든 것을 빨아들이지만 그 자체는 보이지 않는 우리 마음속의 블랙홀이다. 라캉에 의하면 정신병의 경우 상징계가 있어야 할 곳이 실재계로 가득 채워져 있다. 실재계 속에 산다는 것은 일반적으로 우리가 살아가는 상징의 우주와는 다른 세상에 살고 있다는 뜻이다. 그러므로 라캉의 구분에 따르면 정신병의 구조를 가진 사람은 상징계를 구성하는 언어로써 소통할 수 없으며 상징의 체계를 이해할 수도 없다. 이와는 달리 신경증은 이미 상징계에 편입된 사람들에게 해당되는 구조이며 신경증의 경우 상징계에 포함되지 않는 영역인 실재계는 오히려 상징계의 구조가 폐쇄되지 못하도록 만드는 긍정적인 역할을 한다. 지젝의 언어로 표현하자면 실재계는 필연적으로 상징계 속에 살 수밖에 없는 우리에게 숨 �쉴 공간을 제시한다. 합리적인 계산을 넘어서는 무엇인가가 있다는 가정은 우리로 하여금 정답 없는 세상을 더욱 용기 있게 살도록 격려한다.

현실과 동떨어진 상태에서 실재계에 포획되어 있다면 그/그녀는 일상생활 자체를 영위할 수 없게 된다. 상징계란 정답이 없는 곳으로서 우리는 그 속에서 불안을 경험하고 그 괴로움을 견디게 되는데, 만약 어떤 사람이 상징계로 편입하지 못한다면 그 사람의 정신세계에서 상징계가 차지했어야 하는 공간은 실재계로 채워진다. 실재계는 상징계와는 전혀 다른 규칙으로 운용되는 세상이다. 정답이 없던 곳에 답이 생기고 상징의 체계와는 전혀 다른 법칙이 그 사람을 지배하게 된다. 알 수 없는 목소리가 신을 자청하고 이해할 수 없는 요구들을 하며 세상의 모든 것들이 의미로 채워진다. 시계의 초침소리, 앞 사람의 움직임, 가로등의 수, 떨어지는 나뭇잎 등 아무 뜻 없는 것들에 의미가 부여된다. 그냥 넘기면 되는 것들이 치밀한 음모와 계획으로 해석된다. 신체 구조가 변하여 반대의 성이 되거나 특정 지시사항들을 따라야 세상이 구원된다고 믿기도 한다. 우리는 이와 같은 정신병의 전형적인 사례를 장준환의 「지구를 지켜라!」와 「블랙 스완」, 「노아」의 감독으로 잘 알려진 대런 아로노프스키의 「파이」를 통해 이해할 수 있다. 「블랙 스완」에서 그는 어머니의 욕망에 갇힌 딸의 상상계적 폐쇄구조를 제시했고, 「노아」에서는 주체적 결단을 시행하는 상징계적 인물을 그렸으며, 「파이」에서는 실재계에 포획된 정신병의 구조를 묘사했다.

「지구를 지켜라!」에서 주인공 병구는 강 사장이 외계인이고, 외계인에 의해 지구가 위험에 빠질 것이며, 그들에 대적할 수 있는 무기는 물파스라고 믿는다. 이 영화가 컬트로 받아들여지는 이유 중 하나는 여기서 멈추지 않는 장준환 감독의 상상력 때문이다. 영화는 신경증을 가진 일반인의 시각으로 정신병에 대한 이야기를 들려주지 않는다. 장준환 감독은 이보다 한 단계 더 나아가 정신병의 시선으로 이야기를 전개한다. 외계인에 의해 지구가 멸망하는 마지막 장면은 카메라의 시선이 결코 그동안 병구를 멀리서 관찰만 하고 있었던 것이 아님을 알려 준다. 대상에 대해 이야기하기보다는 대상이 말하도록 만든 것이다. 물론 이렇게 만들어진 「지구를 지켜라!」의 세상은 철저히 실재적이다. 「파이」의 주인공 맥스의 경우에도 역시 주위의 모든 사물이 의미로 채워진다. 문이 살아나 쿵쾅거리고 커피에 섞은 우유가 의미 있는 방식으로 무늬를 만들며 나뭇잎의 흔들림에도 정확한 계산이 적용된다. 모든 것에 진지한 의미가 숨어 있다.

　실재계란 상상계, 상징계와 함께 인간의 정신을 구성하는 필연적인 부분이다. 우리는 쉽게 허상을 믿고 싶은 마음에 휩싸이기도 하고, 냉혹한 현실을 인식하고 그것을 받아들이기도 하며 그럼에도 불구하고 정답 없는 세상에 용기 있게 맞서기도 한다. 상징계와의 한판승부를 벌일 수 있는 이유는 상징계의 중심에 실재계라는 영역이 존재하기 때문이다. 굳건히 상징계의 세계에 두 발을 내딛은 사람이라면 실재계적인 요소는 변수를 가능하게 만드는 출구가 될 수 있다. 프랑스 철학자 들뢰즈와 가타리가 정신분열증적 경향을 긍정적인 개념으로 사용한 이유도 이와 관련하여 이해할 수 있다. 즉 영화에서 '실재적'이라는 단어는 병리학적인 범주를 설명하는 용어가 아니라 누구나 언젠가 경험할 수 있는 특정 현상들을 설명하는 개념이다. 정신분석적 영화비평에서 '실재적'이라는 말이 언급된다면 일반적으로 그것은 무엇인가 낯설고 기괴하고 두려운 느낌이 드는 장면과 연결된다. 분명히 다른 사람의 모습인 줄 알았는데 그것이 거울에 비친 내 모습이었다거나 의도적으로 소음과 인물의 대사를 뒤섞어 분간할 수 없게 만든다거나 분명히 살아 있는 사람이라고 생각했는데 사실 그 인물은 이미 이 세상 사람이 아닌 경우 등 영화를 볼 때 깜짝 놀라는 장면들을 우리는 실재적인 장면으로 이해할 수 있다. 그런데 실재계의 공포가 말로 표현할 수 없을 정도로 기괴한 이유는 그것이 외부의 두려움이 아니라 내부로부터 기인하는 공포이기 때문이다. 공포의 대상은 외부 공간의 어딘가에서 나를 위협하는 것이 아니라 바로 내 마음속 깊은 곳에 자리 잡은 것이다. 가장 친밀하고 익숙하지만 가장 두려운 것, 바로 그것이 실재적인 것이다. 그러나 그 두려움 속에 침잠되기보다 이를 현명하게 이용한다면 실재적인 에너지는 우리의 조력자로 변화한다.

역사상 영화와 실재계의 단초는 초현실주의이다. 실재계란 지젝이 영화학 분야에서 일반화시킨 라캉의 용어지만 사실 라캉은 프로이트의 무의식을 더욱 심층적으로 설명하기 위해 이 용어를 사용했다. 무의식이란 알 수 없는 것이며 말로 그 전모를 표현해 내는 것은 불가능하다. 알 수 없는 것으로서의 무의식은 실재적이다. 초현실주의를 이론적으로 체계화한 앙드레 브르통은 1924년 발표한 「초현실주의 선언」에서 적극적으로 프로이트의 무의식이라는 개념을 수용하고 이를 차용하여 자동기술법이라는 창작의 방법론을 만들어 낸다. 이것은 통제와 조절을 가능한 배제한 채 무의식의 흐름이 드러나도록 글을 쓰는 것이다. 초현실주의는 무의식을 현실변혁의 에너지가 내재된 혁명적 영역으로 이해했으며 우리는 이를 장 콕토의 영화들을 통해 확인할 수 있다. 그의 '시인 삼부작'에서 인물들은 거울을 통해 시간과 공간을 넘나들고 죽음과 삶을 오가며 세상의 합리적인 이야기들을 전복시킨다. 불가능한 것들이 가능해지는 이 신비로운 무의식의 영역이 바로 실재계이다.

스탠리 큐브릭의 「2001 스페이스 오디세이」는 제목과는 달리 인류 문명이 시작되는 태곳적 장면에서 이야기를 시작한다. 정체불명의 검은 돌이 유인원들의 서식지에 떨어지고 세기를 거슬러 2001년 이번에는 목성궤도에서 검은 돌이 발견된다. 검은 돌은 중첩된 시간과 공간을 하나로 꿰어 내며 영화의 마지막 장면까지 끝내 수수께끼로 남는다. 도대체 큐브릭이 무슨 생각을 하고 있었던 걸까? 시간과 공간을 가로질러 나타나는 미지의 돌은 무엇을 뜻하는가? 영화는 이에 대해 어떠한 쉬운 대답도 들려주지 않는다.

「지구를 지켜라!」는 돌에 대한 나름의 해석을 제시한다. 장준환 감독은 그것을 외계인이 보낸 선물로 간주하는데, 이 돌에서 인간이 태어난다. 돌이 인간을 낳고 그들은 탯줄로 연결되어 있다. 그러나 이 엽기적 해석 역시 정답이 되기를 거부한다. 중요한 것은 무슨 뜻이냐가 아니라 어떤 기능을 하고 있는가이다. 돌의 명확한 의미를 찾는 것보다는 그 돌이 어떤 기능을 하고 있는가가 더욱 중요하다. 미지의 돌은 단일한 해석이 불가능한 것에 대한 가장 좋은 예시일 것이다. 모든 해석이 무너지는 수수께끼, 그것이 바로 실재계이다.

웬만큼 가다 멈추는 영화, 대충 어우러지게 만드는 영화들은 실재계적인 요소들을 알지 못한다. 영화사를 보면 관객들은 언제나 겁 없이 상상계의 허상과 상징계의 규칙을 무너뜨리는 영화들을 알아봐 주었다. 우리는 끝까지 가는 실재계적인 영화들의 목록에 다음과 같은 작품들을 포함시킬 수 있다. 페데리코 펠리니의 「8과 1/2」, 장 뤽 고다르의 「주말」, 미켈란젤로 안토니오니의 「욕망」, 데이비드 린치, 에밀 쿠스트리차, 조지 로메로, 데이비드 크로넨버그의 영화들. 그리고 이 밖에도 일반적인 서사를 전복시키는 「안달루시아의 개」, 「저수지의 개들」, 「양철북」, 「롤라, 런」, 「슈렉」 등과 음향, 카메라 워크 등 서사 외의 효과로 실재적 과잉을 만들어 내는 「재즈싱어」, 「컨버세이션」, 「잔 다르크의 수난」, 「시민 케인」, 「즐거운 지식」 등을 목록에 포함시킬 수 있다.

실재계적인 요소란 반복되는 일상이 새로울 수 있는 생활의 변수이다. 확률을 어긋나게 만드는 요소가 있기 때문에 새로움이 가능하며 변화가 초래된다. 그러나 그것은 횡재나 운과는 상관없는 것이다. 실재계가 낯선 것인 동시에 가장 친밀한 것으로 정의되는 이유는 그것이 어느 날 우리를 놀라게 만드는 새로움인 동시에 하루하루의 반복이 만들어 내는 예측된 기적이기도 하기 때문이다. "어떻게 그런 조건으로 네가 그 일을 하겠냐"고 입을 모으는 사람들에게는 운이나 기적으로 보일지 모르지만 고통과 시련을 참고 꾸준히 준비하며 꿈을 이룬 사람들에게 그것은 무엇보다도 당연한 일상의 한 부분이다. 실재계란 이러한 기적을 가능하게 만드는 에너지가 담겨 있는 영역이다. 이 영역을 인정하고 그 요소들을 적극적으로 사용하는 사람들은 자신들의 일상을 신화로 채우게 된다.

상징계, 실재계

400번의 구타

세상이 만든 생채기와 상처 입은 사람들의 이야기를
용기 있게 들려주는 상징계적 영화에는
현실에 대한 진실과 함께
그것을 바꿀 수 있는 에너지가 배어 있다.

키드

황금광 시대

빈곤, 실직, 폭력, 불황에 대한 이야기를 인간에 대한 믿음과 함께 담아낸 채플린.
그의 영화들은 상상계의 허상을 깨뜨리며 현실의 진실에 다가서는
상징계적 세상을 보여 준다.

바그다드 카페

해리포터

합리적인 설명이 불가능한 장소인 실재계는
모든 것을 빨아들이지만 그 자체로는 보이지 않는
우리 마음속의 블랙홀이다.

실재계가 낯선 것인 동시에
가장 친밀한 것으로 정의되는 이유는
그것이 어느날 우리를 놀라게 만드는 새로움인 동시에
하루하루의 반복이 만들어 내는 예측된 기적이기도 하기 때문이다.

쿵푸허슬

비상

융과 영화
신화의 힘

스위스의 분석심리학자인 칼 구스타프 융은 신화의 중요성을 역설한다. 그는 신화와 함께 사는 사람들과 그렇지 않은 사람들을 구분한다. 신화는 자신 안의 에너지이다. 내 안에는 이성적으로 정의할 수 없고 합리적으로 설명할 수 없는 영역이 있으며 그 안에는 상상할 수조차 없을 만큼 거대한 에너지가 담겨 있다. 바로 그것이 무의식이다. 융은 그것을 신화 또는 원형이라고 부른다. 지구의 지난 세월이 지층으로 남아 있듯이 인류의 모든 기억이 우리의 무의식 속에 들어 있다는 것이다. 원형이라는 신화적 구조는 꿈속에서 특정 형상들을 빌려 나타난다. 꿈에 나타난 이미지는 상황 또는 건강이 위험한 수위에 도달했음을 알려 주기도 하고, 현재의 문제들을 해결할 수 있는 방법을 제시하기도 한다.

몇 년 전이었다. 쉬지 않고 책상 앞에 앉아 몇 달을 보낼 때 내가 꾸었던 꿈에 다리 하나가 없는 책상의 이미지가 나타났다. 꿈은 내게 '다른 일도 같이 하면서 공부도 해야지 너 지금 뭐하는 거냐? 그렇게 살면 굉장한 업적을 낼 수 있을 것 같으냐? 그런 인생은 다리 하나 없는 책상이나 마찬가지니 아무리 해 봐야 안 된다. 그런 책상을 어디에 쓰겠냐? 균형 있는 삶을 살아야지. 뭔가 잘못 됐다는 걸 왜 모르냐? 그렇게 사니까 괴롭지. 정신 차려!'라고 말하는 듯했다. 분석심리학에서 내 무의식은 나를 누구보다도 잘 이해하고 있으며 끊임없이 나를 이끌어 준다. 문제는 내가 무의식의 소리를 경청하지 못할 때, 또는 그 절실하게 요청하는 목소리를 묵살할 때 일어난다.

'서방님……', '원님……' 하며 나타나는 귀신들은 저마다 사연이 있다. 못 다한 말이 있고 못 한 일이 있다. 귀신들의 목소리와 이미지를 두려워하여 그들을 대면하지 못하면 무슨 일인지 사건의 내막을 알 수 없을뿐더러 일을 해결할 수도 없다. 무의식의 목소리를 경청하는 방식도 이와 유사하다. 열심히 귀 기울여 듣고 무의식이 요청하는 바를 이해해야 한다. 물론 그후 그것을 실행하기 위해 노력해야 한다. 끔찍하게도 싫은 사람이 자꾸만 꿈에 나타난다면 거기에도 이유가 있는 것이다. 꿈이 내게 이렇게 말하고 있는 것일 수도 있다. '그렇게 다짜고짜 미워하고 피하기만 하면 안 된다. 그 사람이 가진 것 중 네가 가지지 못한 게 뭔지

한번 생각해 보자. 뭐가 그렇게 너와 다르니? 그 차이가 그렇게 나쁜 거야? 그 사람에 대해 다시 한번 적극적으로 생각해 보자.' 그 사람을 만나는 것이 더 이상 그렇게까지 괴롭지 않게 되면 꿈은 더 이상 그 모습을 보여 주지 않는다. 나를 나보다 더 잘 아는 친구가 내 마음속에 들어 있는 것이다. 우리는 주인공을 도와주는 신화적 인물들을 모두 무의식의 형상으로 이해할 수 있으며 그 예로 「스타워즈」의 오비완 케노비나 「반지의 제왕」의 갈라드리엘을 떠올릴 수 있다. 이들은 주인공으로 하여금 자신을 믿고 내부의 힘을 사용하여 영웅으로 성장할 수 있도록 돕는다.

내부의 힘을 가장 잘 형상화시킨 작품으로 「에라곤」을 들 수 있다. 어느 누구도 특별하게 생각하지 않는 에라곤이라는 시골 소년이 숲 속에서 푸른 알을 발견한다. 알은 자신에게 맞는 주인을 만났을 때에만 부화하는 특성을 가지고 있으며, 드디어 에라곤의 보살핌 속에서 드래곤 사피라가 태어난다. 그들은 서로의 생각을 읽을 수 있으므로 말없이 소통한다. 아직 소년도 드래곤도 완전한 합일을 이루지 못했으므로 자신들의 능력을 최대한 발휘하지는 못한다. 소년과 어린 드래곤은 여러모로 미숙하며 연약하다. 그러나 그들이 진정 하나가 되었을 때 사피라는 화염을 내뿜고 에라곤은 폭군 갈버토릭스에 대적하게 된다. 사피라가 죽어도 에라곤의 목숨은 위태롭지 않으나 만일 에라곤이 죽는다면 사피라 역시 그 운명을 따를 수밖에 없다는 설정은 거대한 드래곤이 에라곤의 일부임을 말해 준다. 드래곤 사피라는 작은 소년의 마음에 들어 있는 거대한 에너지이다. 바로 그것이 신화의 힘이며, 분석심리학은 우리 한 사람 한 사람이 모두 이와 같이 엄청난 에너지를 가진 영웅임을 믿고 있다. 나를 알아보고 내 앞에서만 부화되는 드래곤이란 나 자신에 대한 진정한 믿음만이 불러낼 수 있는 내부의 에너지이다.

「반지의 제왕」에서 주인공 프로도는 호빗이라는 소인족들이 모여 사는 마을의 한 청년이다. 영화는 이 작은 몸을 가진 젊은이가 절대반지를 불의 산에서 파괴하게 되기까지의 긴 여정을 그리고 있다. 그리고 호빗족 친구들과 각 부족의 고수들로 구성된 반지원정대가 프로도를 지키게 된다. 그런데 왜 하필이면 호빗족 청년이 주인공일까? 왜 마법을 사용할 수 있는 요정이나 신체적으로 유리한 장정, 무기를 잘 다룰 수 있는 병사나 멋진 왕자가 아닌 소인족 청년일까? 프로도는 가장 작고 힘없는 존재이며 심지어 반지를 소유하고자 하는 유혹에 넘어가기도 하지 않는가? 가장 연약한 존재인 프로도가 절대반지를 파괴하는 임무를 맡고 이를 완수하는 이야기는 특별한 영웅담이 아니다. 그것은 우리 모두의 이야기이다.

만약 내가 지쳤을 때 나를 업고라도 목적지에 도착해 줄 친구와 세상의 모든 지혜를 담고 있는 듯한 마법사 간달프와 나를 위해 싸우는 영웅들이 언제나 내 곁에 있다면 어떨까? "너는 할 수 있다", "너만이 할 수 있다", "네게는 우리가 있다"라고 말해 주는 목소리들이 항상 우리의 귓전에 울린다면 어떤 기분일까? 백마를 탄 아르웬과 현재와 미래를 읽어 내는 갈라드리엘이 항상 함께하며 위험이 닥쳤을 때 경고하고 우리가 다쳤을 때 치료해 준다면 얼마나 든든할까? 분석심리학은 그것이 일상에서 가능한 일들이라고 주장한다. 바로 그 목소리들이 신화이며, 융은 그것이 무의식이라고 말한다. 무의식 속에 있는 모든 신화적인 가능성들이 꿈에 나타나 우리를 이끌어 주는데도 많은 사람들이 그목소리들을 무시한 채 그저 외곬으로 살아간다. 융은 임상 사례들을 통해 무의식 속에는 치유적인 힘이 내재되어 있음을 확신했다. 즉 내 마음속에 간달프, 아라곤, 아르웬, 갈라드리엘, 레골라스, 김리가 살고 있는 것이다.

우리 모두 가끔은 지독하게 외로울 때가 있다. 하루하루 견뎌야 하는 일들이 너무도 괴롭고 힘들지만 정작 나를 도와주는 사람은 아무도 없다는 느낌이 들 때가 있다. 심각한 경우, 뭐가 어찌 돼도 상관없다는 생각으로 자신의 몸과 마음을 스스로 학대하고 더욱 괴로운 상황을 자초하게 되기도 한다. 또는 주위의 모든 사람들이 나를 세상 밖으로 몰아내는 듯한 느낌이 들기도 한다. 매일 쏟아내는 눈물로 누렇게 바랜 베개를 보며 언제나 이와 같은 하루가 되풀이될 것이라고 느낄 때면 주위의 모든 사람들과 과거의 모든 사건들이 원망스럽기만 하다. 몸에 상처를 내거나 머리카락을 모두 잘라 버리거나 소중한 물건들을 파괴하며 그것이 나 같이 망가진 사람에게는 적절한 대우라고 생각한다. 그리고 이러한 부정적인 생각이 자신이 조절할 수 없을 정도로 증폭되면 극단적인 방법으로 자신을 파괴하는 경우마저 생긴다.

정신분석과 분석심리학을 공부하며 내가 배운 것 한 가지만 말해 보라고 한다면 그것은 밖이 아닌 안에서만 근본적인 해답을 구할 수 있다는 사실이다. 물론 다른 사람들과의 관계는 매우 중요하며 문제의 실제 해결은 현실 속에서 다른 사람들과의 관계를 통해서만 가능하다. 그러나 그 시작은 먼저 내가 타인을 견딜 만큼 든든해지는 것이다. 많은 사람들이 불안과 괴로움을 극복하기 위해 다른 사람에게 기대고 싶어 한다. 나를 이해해 줄 사람, 내가 얼마나 괴롭게 살았는지 알아줄 사람, 그 고통을 이해하고 나를 가엾이 여길 사람, 나를 인정할 사람, 내게 힘을 줄 사람을 찾으려 노력한다. 그러다 그러한 조력자를 만나지 못하면 자신이 가치 없는 존재이며 아무도 상관하지 않는 쓸모없는 존재라고 느낀다. "나 괜찮았어?", "그래도 돼?", "나 괜찮은 사람이지?"에 대해 내 마음에 쏙 들게 답해 주는 사람이 있었으면 좋겠다고 생각한다. 그러나 사실 아무도 이 질문들에 대답할 수는 없다. "그래, 너 정말 괜찮은 사람이야"라는 말을 듣는다 하더라도 그것은 근본적인 도움이 되지 못한다. 그렇게 말해 줄 수 있는 사람은 세상에 오직 한 사람, 바로 자기 자신뿐이다. 융은 그 목소리가 바로 우리 안의 신화라고 이야기한다.

우리는 모두 영웅이 될 수 있다. 내가 좋아하는 것, 내가 잘하는 것을 찾은 후 평생 한 걸음 한 걸음 나아간다면 우리 모두 영웅이 될 수 있다. 넘어지고 또 넘어지고, 쓰러지고 또 쓰러져도 자신이 원하는 것이기에 멈추지 않는다. 공부를 잘하는 아이와 그렇지 않은 아이로 나뉘는 교육체계에서 아이들이 자신의 재능과 그 안에 내재된 힘을 깨닫는 일은 쉽지 않다. 그 아이에게만 필요한 바로 그 이야기를 해줄 수 있는 교육, 그 신화의 세상을 우리는 「해리포터」에서 볼 수 있었다. 아무에게도 인정받지 못한 채 천덕꾸러기로 살아가던 해리포터에게 어느 날 편지가 배달된다. 소년은 겉봉투에 자신의 이름이 쓰여 있는 것이 이상하기만 하다. 누군가 자신의 이름을 안다는 것이 의아한 것이다. 「해리포터」에서 가장 매력적인 장면은 마법세계에 사는 모든 사람이 그를 '알아본다'는 사실이다. 우리가 얼마나 기다려 온 말인가—"내가 너를 안다", "내가 네 이름을 안다". 우리는 "누군가 그렇게 말해 준다면 인생이 얼마나 달라질까?" 하고 생각하기도 한다. 마법학교의 선생님들은 아이들 하나하나의 특색을 눈여겨보고 그들이 자신의 능력을 최대한 발휘할 수 있는 길을 열어 준다. 그런 교육체계에서 아이들은 모두 영웅이 된다.

우리는 그런 스승들을 무의식 속에서도 만날 수 있다. 그들의 말에 귀를 기울이면 나 자신의 모습이 더욱 선명하게 보인다.

무의식이 보여 주는 내 모습은 세상이 정의하는 나와는 전혀 다른 형상이다. "너 같은 게", "나 까짓것이"라는 말로 얼마나 많은 일을 포기해야 했던가. 다른 사람 하는 대로, 다른 아이들이 하는 것처럼, 남들 사는 대로 살라는 말을 수 없이 들으며 조금이라도 기준에서 벗어나는 생각들은 가차 없이 잘라 버려야 했던 청소년기가 너무나 아쉽게 느껴진다. 그때 누군가가 그 과목을 전공하면 대학 생활이 행복하지 못할 것이라고 내게 말해 주었다면 그것을 뒤늦게 체험으로 깨달을 필요는 없었을 것이다. 내가 잘하는 것, 내가 좋아하는 것, 내가 싫어하는 것, 시간이 유난히 많이 걸리는 것과 이상하게 빨리 해결되는 것, 앉아서 10시간 내내 할 수 있는 것, 생각하고 또 생각해도 지겹지 않은 것, 무의식은 그것이 무엇인지 우리에게 이야기해 주기 위해 필사적으로 노력한다. 융의 분석심리학에서 무의식의 목소리는 자신의 진정한 모습을 되찾는 길로 우리를 이끌어 준다. 이것은 정신분석학에서도 마찬가지로 매우 중요한 부분이다. 즉 나에게만 해당되는 그 이야기를 읽어 내는 것, 그것은 정신분석의 목표이기도 하다.

켄 로치의 영화 중 「케스」라는 영화는 더욱 현실적인 「해리 포터」의 이야기라고 할 수 있다. 영국 탄광촌에서 미래에 대한 어떤 희망도 없이 살아가던 빌리라는 15세 소년은 어느 날 매과에 속하는 황조롱이 새끼를 키우게 되고 케스라는 이름도 짓는다. 누구에게도 인정받지 못한 채 학교에서도 집에서도 그저 하루하루를 견뎌내고 있던 소년은 케스를 만난 후 자신의 삶에 관심과 열정을 가지게 된다. 늘 지루하게 반복되던 생활이 즐겁게 느껴지고 케스가 보여 주는 새로움들이 경이로우며 인생에서 처음으로 누군가와 소통한다는 느낌을 받는다. 빌리는 헌책방을 돌아다니며 매에 대한 책을 구하여 마음으로 정독한다. 그러고는 책의 내용을 한 줄 한 줄 케스에게 적용하며 하나씩 배워 간다. 이론과 실천으로 습득한 지식은 그의 마음에 자신감과 행복을 불어넣는다. 안타깝게도 영화는 빌리의 형이 매를 죽이고 빌리가 괴로워하는 장면으로 끝난다. 아마도 이것은 탄광업 외에는 선택의 여지가 없는 빌리의 현실을 반영하는 장면일 것이다. 그러나 적어도 영화는 빌리가 자신이 열정을 바칠 수 있는 경험을 할 수 있도록 만들어 주었으며 그러한 충족감은 결코 환상이나 마법의 도움이 필요한 비현실적 이야기가 아니다. 영화는 아이들이 눈을 반짝이며 낮이고 밤이고 생각할 수 있는 그 일을 찾게 해주어야 한다고 주장하는 듯하다. 정신분석과 분석심리학은 아직 한 번도 어떤 일에 온 마음을 다해 본 적이 없는 사람이 자신의 '케스'를 찾을 수 있게 되기를 바란다.

자기(self)를 찾아가는 여정을 시작해야 한다. 그것은 실제로 집을 떠나 모험을 하는 것이라기보다는 정신적인 여행을 뜻한다. 온 마음을 다해 할 수 있는 일을 찾는 것, 바로 그것이 자기를 찾는 여정이다. 대학 1학년, 수학은 D학점이 나왔지만 4학년 선배들과 같이 들었던 '동서양사상의 고전' 과목은 A를 받았다. 그러나 후에 인문학과 사회과학을 통해 다시 만난 수학은 이전과는 전혀 다르게 다가왔다. 철학과 역사로 본 수학은 더 이상 지겨운 강의실 속 계산으로 느껴지지 않았다. 빌리가 자신의 매를 이해하기 위해 그렇게도 싫어하던 두꺼운 책을 밤 새워 정독한 것과 마찬가지로 진정한 관심을 통해 본 세상은 이전과는 전혀 다른 그림을 제시한다. 우리 모두 잘하는 것과 그렇지 못한 것이 있으며, 어떤 일을 하면서 편안하게 느낄 때와 그렇지 못할 때가 있다. 무턱대고 남들을 따라하거나 부모의 결정에 자신의 미래를 맡기거나 생각 없이 대충 되는 대로 선택한다면 자신의 욕망을 따르는 희열을 결코 느낄 수 없을 것이다. 문제는 선택이다. 그리고 진정한 선택을 위해서 우리는 자기 자신을 들여다볼 수 있어야 한다.

「하울의 움직이는 성」에서 90세 노파로 보이는 소피는 사실 마법에 걸린 18세 소녀. 그런데 소피가 겉모습과 상관없이 진정한 자신이 되어 당당히 이야기할 때마다 그녀의 모습이 점차 변해 간다. 젊어지는 것이다. 속에 담고 있는 생각과 정열을 분출할 때마다 젊어지며 결국 그녀는 자신의 모습을 되찾게 된다. 외모가 내부의 진실을 닮아 가는 과정은 자신의 정체성을 찾아 나가는 여정을 나타내는 것일 수도 있다. 「매트릭스」에서 "the One"이란 다른 어느 누구와도 다른 유일한 존재, 바로 그 사람의 개별성을 뜻한다. 네오 스스로 자신이 "the One"임을 믿게 되었을 때 그는 기적을 일으킨다. 그것은 '나', '나만이 가진 것', '내 마음속의 보물'을 믿는 모든 사람에게 가능한 기적이다. 「다크 시티」의 주인공 존 머독이 자기 내부의 에너지를 믿게 되었을 때 그는 메마른 어둠의 도시에 물과 빛을 선사한다. 그리고 어둠의 도시는 그동안 한 번도 보지 못했던 바다와 태양을 가지게 된다. 존은 그동안 태양이 작열하는 바닷가를 찾아 헤맸지만 그러한 이미지는 존재하지 않는다는 것을 깨닫게 되는데, 영화의 마지막 부분에서 그는 꿈의 이미지를 스스로 만들어 낸다. 자신의 정체성을 찾은 사람이 자신과 세상을 변화시킨 것이다. 꿈의 모습대로 변해 가는 사람들의 이야기는 하루하루의 반복이 만들어 낸 당연한 기적이다. 이를 위해 우리는 가장 먼저 자신이 누구인가를 이해해야 한다.

자신의 무의식을 외면한 채 의식의 판단만으로 사는 사람은 어려움이 닥쳤을 때 쉽게 좌절하거나 포기한다. 사실 우리 대부분이 인생의 어떤 시기에는 그렇게 살게 되지 않는가? 우리의 일상을 채우고 있는 모든 일들이 어떠한 만족감도 제시하지 못하는 의무들에 불과한 듯 느껴질 때도 있다. 바라볼 목표도 없고 인생의 방향성도 없다. 그저 오늘만 대충 수습하며 살게 되는 하루도 있다. 늘 그렇듯이 어려움이 찾아오고, 그럴 때일수록 주위에는 아무도 없으며 나 자신이 극도로 초라하게 느껴진다. 모든 사람이 나를 탓하는 듯하고 잘하는 것 하나 없는 내가 너무나 밉다. 먹구름은 쉬 개지 않고 괴로운 일들이 하나 둘 중첩되며 나를 궁지로 몬다. 어떻게 해야 할까? 이런 상황에서 자신을 추스르고 보살피며 그럼에도 불구하고 앞으로 나가게 만드는 것이 바로 방향성이다. 어디로 가고 있을 때 우리는 강해진다. 그곳에 도착해야만 하기 때문이다. 목표라는 방향성이 있다면 우리는 그 상황을 이겨낼 수 있다. 물론 그것은 자기 자신이 찾은 진정한 목표여야 한다. 다른 사람에 의해 강요되었거나 자신조차 확신하지 못하는 것을 목표라고 부를 수는 없다. 그것이 내 진정한 욕망을 담고 있지 않다면 이로부터 신화적 에너지를 기대할 수는 없다.

내 안의 신화를 믿어야 한다. 그것은 다른 말로 자신을 믿는 것이다. 「스타워즈」 4편에서 루크 스카이워커가 컴퓨터에 의지하여 적을 공격하고 있을 때 갑자기 마음의 소리가 들린다. "네가 느끼는 것을 믿어라. 포스를 이용해라. 두려워하지 마라."

그것은 다스 베이더에 의해 최후를 맞았던 제다이 스승 오비완 케노비의 목소리이다. 루크는 컴퓨터를 끄고 수동으로 비행선을 조정하여 결국 전투에서 승리한다. 가끔 괴로울 때 오비완의 목소리를 들을 때가 있다. "두려워하지 마라. 네 느낌을 믿어라. 포스를 믿어라." 「에라곤」에서는 예전에 드래곤 라이더였던 브롬이 아직 자신의 힘을 깨닫지 못한 어린 에라곤을 훈련시키고 「해리포터」에서는 마법사들이 해리를 훈련시킨다. 우리는 아직 뭔가 서툴고 불안한 주인공들을 고수로 길러내는 사부들을 무수히 보아 왔다. 그들은 모두 마지막 단계에 이르면 자신들의 보호막을 거두고 다음과 같이 말한다. "너 자신을 믿어라. 두려워하지 마라. 내가 항상 네 안에 있을 것이다." 온 마음을 다하여 너덜너덜한 권법서를 익힌 주인공은 이미 스승의 모습으로 변해 있다. 그들이 한 몸이 된 것이다. 가르치고 배우는 일에 대해 이 이상 아름다운 신화가 있을까? 내 안의 목소리를 듣고 나면 이상하게도 변한 것 하나 없이 여전한 상황이 새롭게 보이기 시작한다. 비로소 멀고도 험난한 길을 한 걸음 한 걸음 나아갈 수 있는 용기가 느껴진다. 내부의 포스를 느꼈다면 이제부터 무의식은 치유력을 발하기 시작할 것이다. 그 첫 번째 과정은 그림자와 하나가 되는 것이다.

대극의 합일
그림자와 하나 되기

「에라곤」에는 '그림자'라고 불리는 마법사가 나온다. 그는 형체가 없는 그림자이므로 눈앞에서 잡아도 이내 사라진다. 드래곤과 에라곤이 진정한 하나가 되었을 때 그들은 이 마법사를 물리친다. 「게드 전기: 어스시 마법사」에서 그림자는 게드 자신의 어둠이 형상화된 괴물이었다. 그 괴물과 하나를 이룸으로써 그는 진정한 마법사가 된다. 분석심리학에서 그림자를 물리치는 단 한 가지 방법은 그것과 하나가 되는 것이다. 「에이리언」 시리즈들은 그림자에 대한 더욱 성숙한 이야기를 들려준다. 상생할 수 없는 관계인 듯 보이는 외계의 생명체와 인간은 생존을 위한 치열한 싸움을 시작한다. 그러나 이 영화에서는 다른 영화들처럼 하나가 다른 하나를 죽이는 것이 그리 수월하지 않다. 놀랍게도 「에이리언」시리즈의 마지막 편은 악의 축을 소탕하기보다는 에이리언과 인간이 서로 닮아 가도록 만든다.

그림자란 인정하고 싶지 않은 내 안의 모습을 뜻하며 그것은 항상 바깥세상에서 유사한 특성을 가진 타인에게 투사된다. 그러면 나와 전혀 다른 모습인 듯 보이는 그 사람이 왠지 모르게 싫어진다. 만날 때마다 부아가 치밀고 면전에서 "그렇게 살지 마" 한마디 해주고 싶다. 좀 안 봤으면 좋겠는데 유독 그 사람이 눈에 띈다. 약속도 안 했는데 늘 우연히 마주친다. 아주 미칠 노릇이다. 좀 안 볼 수 없나? 그것을 해결하는 진정한 방법은 그를 보지 않는 것이 아니라 그와 하나가 되는 것이다. 에이리언을 박멸하는 것이 아니라 괴물을 끌어안아 그것과 하나를 이루는 것이다. 즉 그림자와 하나가 되는 것이다.

일반적으로 대부분의 영화들은 '적'이라고 규정된 외부의 공포를 기어이 박멸하고 말지만 「에이리언」시리즈는 이전의 사이언스 픽션들이 보여 주지 못했던 대극과의 소통을 그리고 있다. 영화는 무섭고 끔찍한 것을 물리치기보다는 그것을 끌어안는 것으로 사건을 종결한다. 「에이리언」시리즈의 경우 공포의 강도는 이전의 작품들보다 훨씬 더 강렬하면서도 그 무서운 것들을 털어버리는 것이 불가능하다. 박멸이 불가능하기에 그 두려운 존재들과 '함께' 살 수밖에 없는 것이다.

「에이리언」1편을 만든 리들리 스콧은 그후 「블레이드 러

너」에서도 인간과 안드로이드를 대극으로 유사한 고민을 하고 있다. 우리와 다른 것을 받아들이는 것은 매우 어려운 일이다. 잘라내어 없애 버린 후 다시는 생각하고 싶지 않은데 자꾸만 눈앞에 나타난다. 그 이유는 그것이 외부에 있는 것이 아니라 내 마음속에 있는 것이기 때문이다. 아무리 그런 것은 존재하지 않는다고 믿으려 해도 괴물은 흉곽을 열고 튀어나오며 우리에게 자기가 그곳에 있음을 알려준다.

「에이리언」 1편에서의 대면을 시작으로 2편에서는 에이리언이 캐릭터를 가지기 시작한다. 우리는 에이리언이 무엇을 좋아하고 무엇에 분노하며 어떤 생활을 하는지 엿보게 된다. 이전에는 보고 싶지도 않았고 알고 싶지도 않았기에 대면 자체를 회피해 왔지만, 일단 대극의 존재를 인식한 후 이제는 서로에 대해 조금씩 알아가게 되는 것이다. 3편에서는 에이리언이 리플리의 몸속에 알을 낳고 이로 인해 사람과 에이리언이 한 몸을 이룬다. 그리고 마침내 장-피에르 주네의 「에이리언 4」에서 그들은 진정한 하나가 된다. 복제된 리플리의 몸에서 태어난 퀸 에이리언은 사람을 닮아 인간의 생식계를 가지게 되고 리플리는 에이리언을 닮아 산성피를 가지게 되는 것이다. 에이리언과 유전 정보를 공유하게 된 리플리는 신체적으로 인간의 한계를 초월하는 능력을 갖게 된다.

우리는 「블레이드」 시리즈에서도 이와 유사한 서사를 찾아

볼 수 있다. 블레이드는 인간과 흡혈귀의 유전자를 함께 물려받았는데, 그는 어떤 인간보다도 강하며 다른 뱀파이어들과는 달리 빛에 민감하지도 않다. 대극과 하나가 되며 약점이 극복된 것이다.「다크 시티」에서 존 머독은 외계인들의 능력을 배우고 이를 연마하여 새로운 세상을 창조한다. 안타까운 점은 두 영화 모두 서사 전체가 대극의 합일을 지향하고 있지는 않다는 점이다. 둘 중 하나가 반드시 이겨야 한다. 분석심리학의 눈으로 보면 이는 아직 분화되지 않은 미숙한 사고이다. 세상에 그런 것은 존재하지 않는다고 믿으려 노력하며 자신과 다른 사람을 외면하는 것은 어쩌면 마음 편한 결정일 수도 있다. 대면이라는 괴로운 과정을 거치지 않아도 되기 때문이다. 욕하고 피해 버리면 그만이다 그러나 영원히 그렇게 피하기만 한다면 우리는 결국 어떤 부분에서는 아이와도 같이 미숙한 어른이 되고 말 것이다. 서로 다른 양쪽을 모두 대면하고 각각의 장점을 포용할 수 있어야 한다.

　　물론 이렇게 질문할 수 있다. "신념의 문제에서 상대와 하나가 되라는 것은 타협하라는 뜻이 아닌가?" 분석심리학을 공부할 때 염두에 두어야 하는 것은 치유의 이야기는 사회적 선택 이전의 과정에 초점을 맞춘다는 점이다. 즉 자신의 욕망에 따라 선택할 수 있는 사람이 되기 위해 분석심리학을 공부하는 것이다. 예를 들어 어떤 사람이 불합리하고 부당한 일을 당한 피해자로서 그 사건을 사회적으로 의제화시키고 다시는 그러한 일이 반복되지 않도록 조치를 취하는 경우를 생각해 보자. 세상에 변화를 불러일으키는 주체로서 그는 성숙한 인간이다. 여기서 대극의 합일이란 가해자와 하나가 되라는 말이 아니다. 이보다 그것은 사회에 뛰어들 수 있는 성숙한 주체를 만들어 내는 과정을 뜻한다.

일반적으로 자신이 내향적인 사람이라면 외향적인 특성들을 낯설게 느끼게 되고, 사고형이라면 감정형을 쉽게 이해하지 못한다. 감각형이 직관형을 받아들이는 것 또한 쉽지 않다. 생각하는 것이 쉬운 사람과 느끼는 것이 쉬운 사람, 감각 정보에 특히 예민한 사람과 직관적으로 상황을 꿰뚫어 보는 사람이 서로의 장점들을 완전히 이해하기란 어려운 일이다. 서로 다른 유형의 사람들을 어떻게 조합하여 묶어 놓아도 그들은 서로를 무엇인가가 불편하고 잘 맞지 않으며 자신과는 사는 방식이 다른 사람으로 인식한다. 그러나 같은 외향적인 사람에 대해서도 그 평가가 극단적으로 다를 수 있다. 어떤 경우에는 '가볍다', '소신이 없다', '신중하지 못하다' 등의 말로 비판할 수도 있으나 또 다른 경우에는 '친근하다', '편하다', '신속하다' 등 호의적으로 그 평가가 바뀌기도 한다. 우리는 다른 유형의 사람들을 비판하며 그들과의 차이를 불편해할 수도 있지만 이와 반대로 그 차이를 인정하고 내가 가지지 못한 다른 유형의 특성들을 아울러 갖추기 위해 노력할 수도 있다. 후자는 대극의 합일을 위해 노력하고 있는 것이다. 이 중 과연 어떤 경우가 나를 더욱 성숙한 모습으로 변모시키게 될까?

　정적인 사람은 동적인 사람을 가볍게 보고, 움직이는 일을 선호하는 사람의 눈에는 앉아만 있는 사람이 고리타분해 보인다. 유사한 방식으로 뜨거운 가슴을 가진 사람이라면 냉철한 사고를 우선시하는 사람을 '피도 눈물도 없는 냉혈한'이라고 부를 것이다. 그러나 만일 그들이 다른 유형의 특성들을 함께 개발할 수 있다면 그들의 장점이 더욱 큰 빛을 발하게 될 것이다. 대극의 합일이란 바로 정신의 모든 부분이 고르게 발전하는 과정을 뜻한다.

　조금만 생각을 바꾸면 스스로를 가두고 있던 감옥의 문을 열어젖히고 자유로워질 수 있다. 스스로를 규정하던 정의를 무너뜨릴 수 있어야 한다. 자신은 내성적인 사람이라서 사람들과 섞이는 것을 싫어한다고 생각하는 사람이 있다. 발표불안증 때문에 사람들 앞에 서는 것을 두려워하며 모임에 나가는 것도 무섭고 프로젝트 팀의 성원으로 함께 일하는 것도 어렵다. 혼자 있는 시간이 제일 편안하고 다른 사람이 옆에 있으면 늘 뭔가 좀 불편하다. 같은 상황에서 한 사람은 그렇게 자신을 스스로 가두고 사회로부터 멀어지는 반면 다른 사람은 자신의 서툰 부분을 감싸 안고 더디지만 끈기 있게 조금씩 키워 간다. 예를 들어 프레젠테이션이 어렵다면 파워포인트 자료로 전체를 구성하여 얼굴에 조명을 받지 않고 어두운 불빛 아래에서 발표할 수 있게 만들거나 회식 자리가 걱정이라면 노래 한 곡을 정하여 한 달간 연습하고 노래 가사를 항상 수첩에 끼워 둘 수도 있다. 그래도 사람들 앞에 서는 것이 불안하다면 솔직하게 자신의 상태에 대해 이야기하고 순서를 미루어 줄 것을 요청할 수도 있다. 숨기는 것보다 솔직하게 이야기한 후 동료들과 함께 불안을 극복해 나간다면 혼자 걱정하고 불안해하는 것보다 훨씬 수월하게 상황을 견딜 수 있다. 문제는 자신의 장점과 단점을 이해하지 못한 채 잘하지 못하는 부분을 찾아 주지 않거나 단점을 가려 덮어 그렇지 않은 척할 때 일어난다.

「오즈의 마법사」에 나오는 뇌가 없는 허수아비, 심장이 없는 양철 나무꾼, 용기 없는 겁쟁이 사자는 자신들이 가지지 못한 것을 찾아 길을 떠난다. 영화는 왜 그들이 그런 중요한 것들을 결여하고 있는가에 대해 가치판단을 하지 않는다. 그들은 서로를 있는 그대로 받아들여 준다. 그리고 약점을 보완하기 위한 힘겨운 여정을 함께 떠나게 된다. 가장 중요한 것은 자신이 잘하는 일과 그렇지 못한 일을 파악하는 것이다. 100을 넣었는데 400이 나오는 일, 남보다 조금 빨리 되는 일, 미쳐서 할 수 있는 일을 찾아야 한다. 그리고 다음으로 가장 어눌한 부분을 이해할 수 있어야 한다. 100을 넣었는데 1밖에 나오지 않는 분야, 남보다 유난히 속도가 느린 일, 자꾸 잡념이 생기고 집중하기 어려운 일이 무엇인지 알아야 한다. 우리 모두 이 두 가지 상반된 영역을 가지고 있다. 마지막으로 이 두 영역을 조화롭게 오가며 양쪽 모두에 골고

루 영양을 공급할 수 있다면 우리는 진정 성숙한 모습으로 변하게 될 것이다.

대극의 합일을 더욱 넓은 영역에서 설명할 수도 있다. 극단적으로 다른 두 사람이 서로를 이해하게 되는 이야기는 모두 대극의 합일을 모티프로 삼고 있다. 우리는 영화에서 극과 극이 만나 으르렁거리며 서로에게 생채기를 내다가 결국 두 극들이 하나가 되는 이야기를 자주 접하게 된다. 그림자와 하나가 된 사람은 자신의 행동에 대해 더욱 깊이 이해하게 된다. 그동안 지하실에 밀어 넣고 문을 잠가 버린 후 한 번도 들여다보지 않았던 부분을 이제야 돌보게 되는 것이다. 조심스레 문을 열고 어두운 방 한켠에 웅크리고 있는 괴물에게 다가가야 한다. 한 번도 돌보지 않았기에 혼자는 제대로 걷지도 못하며 으르렁거리기만 하는 괴물에게 다가가 그것을 꼭 안아 주어야 한다. 아이 달래듯 어른 후 들쳐 업고 밝고 깨끗한 방으로 옮겨 주어야 한다. 씻겨 주고 쓰다듬어 주고 먹여 주고 안아 주어 애착관계를 형성해야 한다. 어느 날 편안한 밤이 지나고 아침에 눈을 떴을 때 어제의 괴물은 잘생긴 선남선녀로 변하여 우리 옆에 누워 있을 것이다.

실재계가 긍정적 가능성 또는 무시무시한 심연으로 구분되었듯이 괴물에게 잡아먹혀 버리는 반대상황도 가능하다. 대극의 합일에 실패한다면, 우리는 「화이: 괴물을 삼킨 아이」에서와 같이 무시무시한 괴물에 의해 압도당하게 될 수도 있다. 그림자를 대면하지 않고 피하기만 하면 그 어두운 실체는 더욱 부정적인 에너지로 나타난다. 그것은 결국 악마의 형상이 되어 우리를 공포 속으로 몰아넣을 것이다. 만약 우리가 무작정 그것을 겁내기만 하거나 피해 버린다면 그림자는 더욱더 두려운 미지의 실체가 되어 우리를 공격하게 된다. 그때 우리는 잠시 멈추어 도대체 우리를 이다지도 괴롭게 만드는 것이 무엇인지 들여다보고 그림자의 캐릭터를 연구하기 시작해야 한다. 어떤 특성을 가지고 있는지 살펴보고, 하고 싶은 말이 있다면 들어주고, 상처 난 부분이 있다면 치료해 주며 그림자와 친구가 되어야 한다. 「하울의 움직이는 성」에서 하울은 수려한 외모의 마법사이기도 하고 흉측한 모습의 괴물이기도 하다. 소피 또한 소녀의 모습과 노인의 모습 모두를 가지고 있다. 「헐크」도 인간이자 괴물이며, 인간이 되는 괴물은 「미녀와 야수」의 주인공이기도 하다. 소복 입은 그녀는 아리따운 여인이기도 하고 꼬리 많은 여우이기도 하다. 괴물보다는 사람에게 초점을 맞춘 야수, 구미호, 헐크와는 달리 「슈렉」은 주제를 변주한다. 주인공의 본래 모습이 사람이 아니라 괴물인 것이다. 어쨌든 이들은 저마다 인정하고 싶지 않은 모습들을 가지고 있다.

한 사람 속에 내재된 두 가지 모습을 보여 주는 영화들을 보며 희열을 느끼게 되는 장면을 떠올려 보자. 그것은 소피와 하울의 아름답기만 한 모습이 아니다. 우리의 심금을 울린 장면은 괴물의 모습으로 사람을 피하는 하울에게 살며시 다가가 그를 사랑으로 감싸는 소피의 모습이 아니었는가? 우리는 선남선녀의 이야기보다 야수에게 입 맞추는 처녀의 모습에서 더욱 가슴 아린 감동을 받게 된다. 자기 자신을 통해서도 같은 이야기를 만들어 낼 수 있어야 한다. 인정하고 싶지 않은 나 자신의 모습에 다가가 그 어두운 부분을 포근히 감싸 주어야 한다. 여태 한 번도 손길이 닿지 못했던 부분이라면 그 형상이 심하게 왜곡되어 있을 것이다. 씻기고 입히고 보살피며 말과 글과 웃음을 가르쳐야 할 것이다. 내 마음의 괴물을 기꺼이 끌어안아야 한다. 이 과정을 통해 알 수 없이 밀려오던 두려움을 견딜 수 있게 될 것이며 우리는 그것을 치유라고 부른다.

치유적인 영화읽기
'나 괜찮니?'

멈추어 자신에게 질문하자. "너 괜찮니?"

　나는 현재 마음이 편하고 하는 일이 슬겁고 삶의 방향성이 있는가? 아니면 무엇인가 괴롭고 불편하거나 또는 어떤 것을 억지로 참고 있는가? 혹은 자신이 무엇인가를 참고 있다는 사실조차 느끼지 못하고 있는가? 가끔씩 멈추어 서서 나 자신에게 내 몸과 마음이 평안한가를 질문해야 한다. 스스로에게 이와 같이 질문할 수 있는 사람은 이미 정신분석과 함께 살고 있다. 정신분석이란 자신의 상태와 행동을 이해하고 스스로를 보살피는 과정이다. 고개를 끄덕이며 두 팔을 넓게 벌려 자신을 감싸 주어야 한다. 잘못된 일들과 괴로운 기억, 약해진 모습과 숨기고 싶은 사실들을 하나씩 대면하여 다시는 이 괴로운 상황이 되풀이되지 않도록 해야 한다. 자신이 잘하는 것과 아무리 노력해도 잘 되지 않는 일들이 무엇인가를 파악하고 스스로에게 최선의 길을 찾아 주어야 한다. 나를 보살피지 못한다면 정신분석을 알지 못하는 사람이다.

도대체 왜 내 아이는 다른 아이들과 쉽게 어울려 놀지 못하는 것일까? 세월이 흐른 뒤에도 어머니는 비슷한 걱정을 되풀이한다. 내가 뭘 어떻게 더 하면 우리 아이가 행복해질까? 걱정하고 염려하며 어머니로서 할 수 있는 모든 것을 총동원하여 성인이 된 자식을 보살핀다. 정신분석이란 나를 들여다보고 다른 사람을 읽어 내고 상황을 이해하는 도구이다. 만약 그 어머니가 정신분석을 이용한다면 자녀가 다른 사람과 어울리지 못하는 것은 어머니가 그들을 아직 놓아주지 않았기 때문임을 알게 될 것이다. 무언가를 해주려고 노력하기보다는 무엇을 하는가를 지켜볼 수 있었어야 한다. 내 아들, 내 딸이라고 부르기 전에 그의 친구, 그녀의 연인, 그의 선배, 그녀의 동료일 수 있도록 만들어 주어야 한다. 내 손으로 보살피기보다는 내 손을 벗어날 수 있게 떠밀어 주어야 한다. 내 품 안에 온전히 넣고 있기보다는 넘어진 후 스스로 일어서는 경험을 할 수 있도록 도와주어야 한다. 아이가 좋아하는 것이 무엇인가를 살피는 것은 중요하지만 결국 언젠가는 손을 놓아 세상으로 보내 주어야 한다.

「말아톤」에서 어머니의 손을 놓은 초원이는 그간 어머니를 잡고 있던 손으로 세상을 더듬으며 풀과 바람과 태양을 느끼기 시작한다. 「말아톤」은 사랑과 집착을 구별해 내는 고통스러운 과정을 따라가며 가장 소중한 것을 내 손에서 놓아 줄 수 있는 어머니의 모습을 그리고 있다. 이미 언급되었듯이 라캉은 어머니의 품이 아이를 위험으로부터 보호하는 동시에 세상으로부터 격리시킬 수 있음을 경고했다. 알프레드 히치콕 감독의 「싸이코」에서 노먼 베이츠는 어머니의 죽음을 부정하며 자신이 어머니의 목소리가 되어 그녀를 대체한다. 히치콕은 아들과 어머니가 진정한 하나가 된 상태를 정신병으로 그려내고 있다. 만약 어머니가 아이를 세상으로 보내지 못한 채 자신의 눈길과 품속에 가두어 키운다면 그 아이는 결코 사회적인 존재로 기능하지 못할 것이다. 아이가 모든 것을 어머니에게 의지하고 그녀에게 질문하며 그녀의 욕망에 따라 살게 될 것이기 때문이다.

세상의 모든 일들에 대해 답해 줄 수 있는 사람이 있다면 당장의 불안은 다소 감소될 것이다. 그러나 결코 완전히 사라지지 않는 불안과 반복되는 질문 속에서 다시 길을 잃게 된다. '이렇게 해도 될까? 어머니는 어떻게 생각하실까?' 반면 젖을 떼는 과정이 끝나면 질문은 진술로 변한다. "내가 원하는 것은 X이다." 이유의 과정을 거친 사람은 비로소 자신의 욕망에 따라 발언하고 선택하며 결단을 내리게 된다. 이때 드디어 "너는 장차 Y가 되어야 한다"라는 부모님의 정언명령이 아닌 자기 자신의 선택에 따라 미래를 만들게 된다.「플래시댄스」,「빌리 엘리어트」,「헤드윅」,「천하장사 마돈나」,「내 책상 위의 천사」,「밀리언 달러 베이비」는 모두 어떤 것을 절실히 원하는 인물들의 이야기이다. 이들은 꿈을 향해 첫 걸음을 내디딘 후 넘어지고 일어나는 과정을 되풀이하며 마침내 전문가들이 된다. 이론과 실천이 몸에 배어 있는 각 분야의 고수들이 들려주는 이야기들은 진정 매력적이다.

왜 많은 관객들이「미녀는 괴로워」를 호평했을까? 성형에 대한 찬사라는 비판이 있지만 사실 영화가 재미있었던 이유는 그녀가 전문가였기 때문이 아닐까? 그녀의 '노래'가 정답이다. 내가 진정으로 하고 싶은 그 일을 찾아내고 그 분야에서 전문가가 되는 이야기는 우리 모두가 꿈꾸는 신화이다. 글쓰기에 소질이 있는 아이를 피아노 앞에서 나무치고 예술에 재능을 보이는 아이를 인문계 고등학교에 입학시키고 역사책만 읽는 아이를 의대에 진학시킨다면 그들의 일생이 얼마나 고될 것인가? 자신들이 정열을 바칠 수 있는 그 일로 다시 돌아오기까지 또 얼마나 많은 시간을 보내야 할 것인가? 교육은 세상의 모든 지식을 남김없이 아우르는 사전식 암기방식에서 벗어나 각각의 학생들이 자신을 들여다볼 수 있는 도구의 역할을 수행하기 위해 노력해야 한다. 과목 수와 범위가 줄어들고 아이들이 관심 있는 분야에서 더욱 깊이 공부할 수 있다면 그들은 더욱 수월하게 전문가가 될 수 있을 것이다. 전문가로 만들어진 세상, 그것이 주성치가 묘사한 고수들의 세상이 아니겠는가!

정신분석의 주체는 자신의 욕망을 이해하고 이에 따라 선택하며 그에 대한 책임을 지는 사람이다. 이것이 가능해지려면 자기 자신의 생각과 느낌을 믿을 수 있어야 한다. 그렇게 만드는 것 역시 정신분석의 일이다. 가끔 우리는 자신이 부당하고 불합리한 상황을 견뎌내고 있다는 사실조차 인식하지 못한 채 괴로워하게 된다. 무엇인가가 잘못되었다는 생각이 잠시 들더라도 자신을 탓하고 넘어가기 일쑤이다. '나만 참으면 된다.' 가끔 주위의 사람들이 '너만 참으면 된다'는 신호를 보내기도 한다. 몸과 마음이 괴로워도 끝내 견디면서 그들의 부당한 요구들을 들어준다. 그러나 이 과정이 반복될 때 결국 나 자신이 파괴된다. 자신을 보살펴야 한다. 내가 지금 괴로운지, 눈치를 보는지, 하고 싶은 말은 못하고 있는지 살펴보자. 내가 요즘 어떤 생활을 하고 있는가? 언제 내 몸과 마음이 편안한가? 늘 불편하고 괴롭고 눈치를 보고 있다면 나 자신을 보살피지 못하고 있는 것이다. 자신이 아끼는 일상의 작은 세부들이 보호되고 있는가? 주위의 사람들 역시 그것을 지켜 주는가? 그렇지 않다면 나만의 공간에 폭력이 행해지고 있는 것이다. 내게 소중한 것이 파괴되고 그런 대우가 당연한 양 여기도록 강요될 때 괴로운 마음을 견디며 '모두 내 탓'이라고 생각하게 되기 쉽다. 그러나 '나'를 믿어야 한다. 자신의 생각과 느낌을 믿어야 한다. 내가 괴롭다면 그것이 진실이다. 누군가에게 내가 괴로울 만한 상황인지 물어보거나 내가 괴로워도 되는지 고민하지 말자. 가장 중요한 것은 괴롭다는 느낌, 그 자체이다. 그렇게 느낀다면 그것이 진실이다.

로만 폴란스키의 「악마의 씨」를 통해 이에 대해 생각해 볼 수 있다. 영화는 신혼부부인 로즈마리와 가이가 도심의 아파트로 이사하며 시작된다. 그런데 가장 행복해야 할 순간들이 친절해 보이기만 하는 이웃들에 의해 끊임없이 방해를 받는다. 로즈마리의 휴식은 언제나 거친 초인종 소리에 의해 중단되고 이웃들은 수시로 부부의 사적인 공간에 침입한다. 불편하고 싫지만 로즈마리는 이웃의 친절이라는 생각으로 반복되는 상황을 무던히 참아낸다. 그러나 정상적인 일들이 아니라는 판단을 내렸을 때 그녀의 이야기를 들은 남편은 오히려 로즈마리를 비난한다. 모두 그녀의 머릿속에서 만들어진 생각이며 오히려 이웃들에게 고마워해야 한다는 것이다. 그녀는 '나만 참으면 된다'는 생각으로 자신에게 행해지는 부당한 행동들을 묵인한다. 시간이 지날수록 그녀의 모습은 더욱 확연히 변해 가는데 급기야 임신 후에는 시체같이 창백한 얼굴과 앙상하게 여윈 모습으로 날고기를 조리하지 않고 먹기 시작한다. 그리고 영화의 마지막 장면에서 우리는 이웃과 남편의 음모로 그녀가 악마의 아이를 가지게 된 것이었음을 알게 된다.

몸과 마음이 괴로울 때는 잠시 멈추어 생각해야 한다. 무엇이 나를 괴롭게 만드는가? 내 몸과 마음을 괴롭게 만드는 상황을 억지로 견디고 있는가? 만약 그렇다면 그 괴로운 반복을 멈추어야 한다. 주위 사람들에게 괴로운 느낌을 설명하고 자신이 원하는 바를 말할 수 있어야 한다. 특히 어떤 가족들의 경우 막연히 서로를 잘 안다고 생각하고 있지만 사실은 자신들이 서로에게 어떤 영향을 주는지 전혀 이해하지 못한다. 사랑이라는 말로 모든 것이 무마되는 듯하기에 따지거나 묻지 않는다. 그런데 서로를 보지 않고 서로에게 귀 기울이지 않으면 오히려 제삼자에게는 분명해 보이는 것들이 정작 가족이라는 테두리 속에서는 보이지 않는 경우가 허다하다. 가장 큰 문제는 괴로운 느낌을 말하지 않는 데 있다. 왜 자신을 사랑하는 사람들에게 도움을 구하지 않는가? 만약 가족이 문제를 인식하게 된다면 그들은 기꺼이 요청받은 대로 스스로를 변화시키려 노력할 것이다. 사랑하는 부모, 자식, 형제, 자매들이 문제를 인식하기만 한다면 왜 기꺼이 돕지 않겠는가? 상황을 파악해야 한다. 문제를 인식한 후 그것을 말로 표현할 수 있어야 한다.

「나우 보이저」에는 딸의 생활을 통제하는 강압적인 어머니가 나오며 「에덴의 동쪽」에는 두 아들을 편애하는 매정한 아버지가 묘사된다. 전자는 끝없이 요구하는 어머니와 자신의 삶을 살고자 하는 딸에 대한 이야기인 반면 후자는 아무것도 요구하지 않는 아버지와 그가 무엇인가를 자신에게 부탁하기를 간절히 원하는 아들에 대한 이야기이다. 전자는 끝내 어머니와 소통하는 데 실패하며 후자는 영화의 마지막에 아들과 아버지가 서로를 이해하게 된다. 그런데 「에덴의 동쪽」에서 아버지가 아들에게 마음을 여는 마지막 장면은 이미 일상의 모든 것이 무너져 버린 후이다. 아버지는 옳고 바르며 정의로운 자신의 세계를 지키기 위해 모범적인 첫째 아들 아론만을 사랑하며 규범적이지 못한 둘째 아들 칼을 질책한다. 바르지 못한 아이로 낙인찍힌 칼은 아버지의 사랑을 갈구하며 괴로운 나날을 보내게 된다. 그러나 부도덕한 생모에 대한 진실이 밝혀지자 바르고 곧은 첫째 아들은 그 상처를 감당하지 못한 채 군에 입대하게 되고, 이와 함께 그간 아버지가 사수해 온 도덕적이고 올바른 인생이 무너져 내린다. 상황에 충격을 받은 아버지가 뇌졸중으로 쓰러지자 여태까지 구석자리를 지키고 있던 칼은 아버지에게 다가가 말을 건다. 그리고 아버지는 처음으로 아들에게 자신을 간호해 주기를 부탁한다.

집착과 무관심은 모두 아이에게 해가 되는 요소들이다. 정신분석의 눈으로 상황을 관찰하자. 아이가 힘드니 내가 뭐든 도와주어야겠다는 생각만을 하던 부모가 정신분석의 눈으로 아이를 보면 사실은 내 지나친 간섭과 집착 때문에 아이가 힘들었던 것임을 이해하게 될 수도 있다. 관찰하고 읽어 내는 과정 자체가 정신분석이다. 하네케 감독의 「피아니스트」에서 에리카는 어머니와 단둘이 사는 중년 여성이다. 어머니는 사춘기 소녀 대하듯

에리카의 일거수일투족을 불안해하며 딸의 사생활에 일일이 간섭한다. 집을 나서면 도착하는 장소에 확인전화를 하고 직장에서 일어나는 일들과 그녀가 만나는 모든 사람들에 대해 부정적인 방식으로 평가하고 조언한다. 한 점의 부족함도 없이 완벽하게 보살피는 것은 상상계의 허상이다. 그 허상 속에서 아이의 욕망이 희생된다. 진정 그/그녀를 위한다면 우리의 손을 펴 손안에 쥐고 있던 소중한 사람을 놓아 줄 필요가 있다. 그때 비로소 그토록 아끼던 소중한 이를 진정으로 보살피게 될 것이다. 이따금 조화로운 하나의 합일을 깨뜨릴 필요가 있다. 그 균열 속에 더욱 강한 유대가 형성될 것이다. 간간이 자아가 철통같은 수비로 일구어 낸 조화라는 허상을 무너뜨릴 필요가 있다. 그 파편들이 자신에 대한 더욱 진정한 이야기를 들려줄 것이다.

이와 같은 힘든 여정을 통해 상징계로 이행한 다음에도 여전히 우리는 어려운 순간들을 무수히 직면하게 된다. 때로는 신경안정제나 항우울제의 도움을 받지 않으면 견딜 수 없는 정신적 괴로움을 경험하기도 한다. 가끔 허리 통증을 참고 저린 다리를 털어 가며 공부하던 때가 생각난다. 분명 가장 힘들었던 시기인데 오히려 학위를 받은 다음 상황이 더욱 나빠졌었다. 모든 것을 걸고 한 공부를 적극적으로 사용할 수도 없었고 대중을 만나는 경로 또한 극히 차단되어 있었다. 정작 공부하는 동안은 혼자 힘으로 버텼건만 이 시기에는 신경안정제를 먹기 시작했고 상황은 걷잡을 수 없이 나빠졌다. 신경안정제를 먹으면 일단 힘이 빠지고 나른해지니 그 당시에는 도움이 되었다. 그러나 막상 다음날 아무것도 변한 것 없는 상황을 다시 대면할 때면 오히려 더 우울해졌다. 짧은 시기였지만 나중에는 걸어 다니며 한 알씩 먹고 휘청거리는 일이 잦아졌고, 그래도 마음이 나아지지 않으면 두 알, 심지어 세 알까지 용량을 마음대로 높여 갔다. 물론 나는 더욱 파괴적으로 우울해졌고 급기야 자해의 충동을 느끼기도 했다. 고생한 만큼 보상받고 실력 있는 사람들이 인정받는 세상에 대한 믿음과 그동안 간직해 왔던 신념, 가치, 그 모든 것이 무너져 내리는 느낌을 도저히 감당할 수 없었다. 분노와 미움, 원망과 회의가 치솟았고 거울의 내 모습은 눈과 귀가 올라간 악마처럼 변해 갔다. 돌아보면 셰필드에서는 오히려 괴로운 일들이 더 많았는데도 약을 먹지 않고 견뎠는데 도대체 어디서부터 잘못된 건지 알 수가 없었다. 그리고 결국 쉽게 시작한 약이 화근이었다는 결론을 내리게 되었다. 당시 나는 내가 감당하기 힘들 정도로 거칠어지고 있었는데, 나의 그런 모습을 본 것은 그때가 처음이었다. 이미 약이 개입된 상태에서 내 머릿속의 정신분석학 이론은 더 이상 효과를 내지 못했다.

실화를 바탕으로 만들어진 「엑소시스트」는 주인공을 소녀로 바꾸어 그녀의 몸에 빙의한 악령과 소녀를 구하고자 악령과 사투를 벌이는 신부들의 이야기를 다루고 있다. 누가 이길 것인가? 월

리엄 프리드킨 감독이 「엑소시스트」를 만들기 2년 전에 완성한 「프렌치 커넥션」 역시 형사와 범인 사이의 쫓고 쫓기는 추격전에 관한 이야기였다. 「엑소시스트」에서 악령에 사로잡힌 12세 소녀인 레건의 얼굴은 알아볼 수 없을 정도로 흉측해지고 그녀의 언행과 행동은 폭력적으로 변해 간다. 분노에 차 자해를 하고 상스러운 욕설을 내뱉는 레건은 메린 신부를 만나자 두려움의 기색을 나타낸다. 그런데 이상한 것은 악령을 퇴치한 경험까지 있는 노련한 전문가인 메린 신부가 관객의 예상처럼 쉽게 악령을 몰아내지 못한다는 점이다. 더욱 난감한 것은 그가 이 과정에서 죽게 된다는 사실이다. 영화에 나오는 또 다른 인물인 카라스 신부는 메린과는 달리 자신의 신앙심에 대해 의심하고 괴로워하는 젊은 신부이다. 그는 미국에 이민 온 가난한 그리스인으로 암에 걸린 어머니를 병원에 입원시켜 드리지도 못한다. 제대로 보살핌을 받지 못한 채 어머니가 돌아가시자 그는 죄책감에 시달린다. 메린이 죽은 후 우리의 유일한 희망은 자신의 믿음과 신앙에 대해 의심을 품고 있으며 자기 자신의 문제들로 괴로워하는 카라스 신부뿐이다. 그런데 그가 결국 자신을 희생하며 소녀의 몸에서 악령을 끄집어내게 된다.

우리 역시 카라스 신부가 겪어내는 순간순간의 싸움들을 함께해야 한다. 자신은 자격이 없으며 힘도 없다고 생각하던 카라스 신부가 악령을 몰아내는 장면을 생각해 보자. 분노와 미움이 우리를 짓누를 때 우리 안에서 사투를 벌여야 한다. 그리고 그 싸움을 이겨 내야만 한다. 밝고 순수한 소녀의 얼굴과 분노와 증오로 가득 찬 악마의 얼굴을 동시에 떠올려 보자. 「엑소시스트」는 아무리 승산이 없어 보이는 싸움이더라도 만약 우리가 포기하지 않는다면 결국 이기게 된다는 것을 보여 준다. 원망과 미움이 몰려오고 폭력적인 생각이 들 때, 그때 우리 얼굴은 악령을 닮은 레건의 얼굴이 되어 있을 것이다. 잠시 멈추어 나를 바라보자. 그것이 내 얼굴이 아니라면 원래의 모습을 되찾아야 한다. 내가 주인이고 내가 부른 감정들이니 내가 내보낼 수도 있다.

힘겨울 때 나는 「스타워즈」의 아나킨 스카이워커를 생각한다. 그가 악의 화신인 다스 베이더로 변하는 장면과 아들인 루크 스카이워커에 의해 다시 자신 안의 선을 되찾는 장면은 어김없이 내 마음의 신화적 에너지를 불러낸다. 내 안 어디엔가 치유적인 에너지가 숨 쉬고 있음을 믿어야 한다.

용어 없이 쓰는
정신분석적
영화비평

내게 영화비평은 심각한 일이다. 괴로움, 아픔, 슬픔, 치유의 이야기를 하다 보니 글이 늘 심각해신다. 치유적인 장면이나 치유적인 구조는 마음이 없는 상태에서 기계적으로 쓰는 글로는 전달되지 않는다. 영화를 본 후 마음에 남는 것과 계속 불편한 것에 집중하여 그것을 치밀하게 분석해 내는 것이 정신분석적 영화비평이다. 그것은 할 수밖에 없는 이야기, 반드시 언급되어야 하는 것을 글로 옮겨 놓는 과정이다. 그리고 그 안에는 인간의 고통과 치유에 대한 진정한 고민들이 배어 있어야 한다.

첫 줄부터 상상계, 상징계, 실재계, 기의, 기표라는 용어들을 만나게 되는 영화평들이 있다. 그것이 정신분석적 영화비평으로 받아들여지기도 한다. 문제는 이 용어들이 아무런 설명 없이 무작정 나타난다는 것이다. '상상계적인', '상징의 질서', '실재의 심연', '실재적'이라는 말이 과연 대중이 영화를 이해하는 데 도움을 줄 수 있을 것인가? 나는 영화비평을 할 때 가능한 용어를 사용하지 않으려고 노력한다. 상상계나 상징계는 인간의 모습을 설명하는 정신분석의 도구이다. 이 용어들은 어떤 상황과 특정 구조를 설명하기 위해 동원된 것들이다. 그러므로 정신분석적 영화비평이란 그 용어들을 사용하는 것이 아니라 그보다는 용어들이 설명하고 있는 내용을 바탕으로 영화를 분석하는 것이어야 한다. '상상계에서 상징계로 이행하지 못한 사람'이라고 쓰는 대신 어머니와 주인공의 밀착된 관계가 어떤 결과를 초래하게 되는가를 분석해 내는 것이 정신분석적 영화비평이다. 어쩔 수 없이 이론에 기대야만 하는 경우라면 반드시 용어를 쉽게 설명한 후 분석에 적용해야 한다.

　사실 우리는 영화비평을 통해 정신분석을 연습할 수 있다. 영화를 분석하는 방식으로 나 자신을 분석할 수도 있기 때문이다. 영화 한 편을 본 후 노트에 장면들을 적어 놓고 인물, 사건, 관계 등을 분석하면 영화의 흐름이 새롭게 보일 것이다. 이와 함께 그 속에서 나 자신의 과거, 현재, 미래에 대한 이야기들을 다시 생각하게 될 수도 있다. 언제 그 영화를 보았는가에 따라 비평은 판이하게 달라지기도 한다. 만약 아무도 알아주지 않는 작가 지망생이 「미스 포터」를 보았다면 그 사람은 이 영화에서 꿈을 이루어 내는 이야기를 들을 것이다. 그러나 사랑하는 이를 잃은 사람이라면 주인공이 손 한 번 못 잡아 본 채 영원히 이별한 연인을 그리워하며 괴로움에 방안을 뒹구는 모습을 볼 때 온몸으로 그녀의 고통을 함께 체험하게 될 것이다. 슬픔을 딛고 다시 일어서는 포터의 이야기는 실제로 현실의 괴로움을 견디는 데 도움이 될 수도 있다. 실화를 바탕으로 한 영화이기 때문에 그 치유력은 더욱 크다. 부모가 결혼을 반대하는 경우라면 당당히 자신의 욕망을 이야기하는 포터의 모습이 도움이 될 수 있다. 영화는 언제나 사람들의 여러 모습들과 그들의 수많은 이야기들을 담고 있다. 그 속에서 우리는 우리 자신의 모습을 보게 된다. 우리 모두 내게 맞는 영화비평을 쓸 수 있다. 영화를 읽어 내는 각자의 서로 다른 시각이 있기 때문이다. 영화를 이렇게 정신분석적으로 읽어 낼 수 있는지 조금 더 살펴보자.

다음은 정신분석적으로 영화를 볼 때 중요한 질문들이다.

1. 인물들은 스스로 결정하고 선택하고 이에 대해 책임을 지는가 아니면 항상 다른 사람의 눈치를 살피는가? 주인공은 자신에 대해 이해하고 있는가? 정체성을 중심으로 생각해 보자.
2. 인물들은 자신이 진정으로 원하는 것이 무엇인지 알고 있는가? 욕망의 문제를 중심으로 따라가 보자.

3. 돈을 쉽게 벌거나 이미 부자거나 운이 좋은 사람들이 등장하는가? 안전한 보호 장치 속에서 조금 쉽게 이야기가 전개되는가 아니면 안전그물 없는 현실을 그대로 반영하고 있는가?

4. 인물, 관계, 상황에 변화가 일어나는가? 그러한 변화가 초래하는 결과에 대해 생각해 보자.

5. 파멸에 이르는 인물, 파국으로 치닫는 상황을 분석하라. 그 원인이 무엇인가?

6. 인물이 반복하는 행동, 영화 전체에 걸쳐 반복되는 장면 또는 소도구를 찾아보자. 그러한 반복이 어떤 역할을 하고 있는가?

다음은 영화를 본 다음 메모해 두면 좋은 사항들이다.

1. 마음에서 떠나지 않는 질문은 무엇인가? "도대체 왜 … 했을까?" 이를 구체적으로 적어 놓고 그 지점에서부터 생각하기 시작하자. 답을 찾을 때쯤이면 영화의 답이 자신의 삶과 무관하지 않음을 느끼게 될 것이다. 즉 영화를 통해 내가 세상을 보는 방식, 내가 원하는 것, 내가 두려워하는 것들을 읽어 낼 수도 있다.

2. 첫 장면, 가장 기억에 남는 장면, 사람들이 놓쳤을 만한 장면 그리고 마지막 장면을 적어 두자. 되풀이하여 보게 된다면 각 장면의 세부를 자세히 기록해 두자. 무엇이 나를 매료시켰는가를 살펴보는 일은 나에 대해 알아 가는 과정이기도 하다.

3. 인물들의 이름을 써놓고 화살표로 그 관계를 표시하자. 그들은 사랑하고 헤어지고 돕고 싸우고 기대고 밀어낸다. 일단 인물의 이름이나 그들에 대한 간단한 약호만 써 두고 왜 이들이 사이가 좋지 않은지, 왜 사랑하는지, 어떻게 만났는지, 무슨 일이 있었는지를 머릿속으로 가만히 따라가 보자. 그들의 이야기들 위에 우리의 이야기가 함께 펼쳐질 것이다. 우리는 그동안 어떤 선택들을 해왔으며, 앞으로 어떤 선택들을 하며 살아갈 것인가?

4. 감독의 이름, 그 감독의 이전 작품들, 영화가 시리즈라면 전편들 등 인터넷에서 쉽게 찾을 수 있는 정보를 함께 적어 두자. 뭐가 어떻게 된 것인지 이해하게 되면 더 많은 이야기가 보일 것이다. 감독의 성향, 어떤 영화들을 거쳐 오늘 본 그 영화가 나왔는지, 바로 이선 작품과 이렇게 다른지, 시리즈의 어떤 부분인지를 알게 되면 다음 영화를 기다리게 된다. 이제 감독의 차기작이 기다려진다. 바로 이것이 정신분석적 감독론이 시작되는 지점이다.

5. 좋았던 영화의 원작이 있다면 메모해 두고 시간이 날 때 읽어 보자. 영화를 통해 잊지 못할 문학작품을 소개받는 경우가 있다. 문학을 만나고 돌아오면 영화 역시 새롭게 보일 것이다.

지금까지 이야기된 분석심리학은 어디로 갔을까? 사실 이 두 개의 치유 이야기들은 하나의 현상을 설명하는 두 가지 방식들이라고 할 수 있다. 상상계의 허상을 무너뜨리고 상징계로 이행하는 변화는 서로 다른 대극들이 하나로 합일하는 과정과 동일하지 않은가? 예를 들어 「쌍생아」의 경우, 처음에는 공간이 청결한 지역과 오염된 지역으로 분리되어 있었으나 영화의 마지막에 이르면 우리는 이 두 공간의 경계가 무너지는 모습을 볼 수 있다. 그것은 대극의 합일로 설명해도 되고, 완벽함이라는 상상계의 착각이 무너지는 지점으로 이해해도 된다. 물론 이 영화를 분석하는 수많은 다른 비평방식들이 있다. 또 그래야만 한다. 비평에는 그 사람의 개별성이 배인 고유한 시선이 포함되기 때문이다. 우리는 정신분석/분석심리학을 내용이 아니라 비평방식 또는 구조를 뜻하는 방법론으로 간주해야 한다.

영화를 분석할 때 무엇보다 중요한 것은 내 개별성을 중심으로 내게 절실한 이야기를 치열하게 하는 것이다. 우리는 그러한 분석과정 자체를 정신분석이라고 부를 수 있다. 2004년 혜화동에 있는 한 영화관에서 영화를 보게 되었다. 마음이 견딜 수 없이 무거워 다시 신경안정제 두 알을 먹고 휘청거리며 상영관으로 들어섰다. 막 불이 꺼졌고 영화가 시작되었다. 뒷자리에서는 간간이 웃음소리가 들렸다. 그런데 영화가 끝나고 상영관을 나오며 기적이 일어났다. 나는 그곳에서 '융' 학파 수장이신 이부영 선생님과 사모님을 뵐 수 있었다. 이전에 한 번도 뵌 적이 없었고, 상영관 옆 계단으로 내려가시는 선생님의 뒷모습을 얼핏 보았을 뿐인데 분명히 선생님이시라는 생각이 들어서 달려가 인사드렸다.

"선생님, 라캉 공부를 한 김서영입니다. 선생님께서 쓰신 책들을 읽고 도움을 많이 받았습니다."

그렇게 말씀드렸을 때 선생님께서는 "열심히 공부하는 사람으로 알고 있다"고 답해 주셨다. 갑자기 마음이 놓이며 이제 괜찮다는 생각이 들었다. 내 안의 에너지들이 다시 느껴지기 시작했고, 나는 그날 이후 신경안정제를 먹지 않았다.

신화의 힘

케스

영화는 빌리가 자신이 열정을 바칠 수 있는 경험을 할 수 있도록 만들어 준다.
그러한 충족감은 결코 환상이나 마법의 도움이 필요한 비현실적인 허상이 아니다.

정신분석과 분석심리학은 아직 한 번도 어떤 일에 온 마음을 다해 본 적이 없는 사람이
자신의 '케스'를 찾을 수 있게 되기를 바란다.

스타워즈

내 안의 신화를 믿어야 한다.
요다와 오비완은 루크 스카이워커 내면의 형상들이다.

매트릭스

네오 스스로 자신이 "the One"임을 믿게 되었을 때
그는 기적을 일으킨다.
그것은 '나', '나만이 가진 것', '내 마음속의 보물'을 믿는
모든 사람에게 가능한 기적이다.

드래곤 사피라는 작은 소년의 마음속에 내재하는 거대한 에너지이다.
바로 그것이 신화의 힘이며, 분석심리학은 우리 한 사람 한 사람이 모두
이와 같은 엄청난 에너지를 가진 영웅임을 믿는다.

에라곤

나를 알아보고 내 앞에서만 부화되는 드래곤은
나 자신에 대한 진정한 믿음만이 불러낼 수 있는 내부의 에너지를 뜻한다.

2. 영화 이야기

치유적인 영화비평

「취화선」,
그 비극적 신비의 탄생을 위하여

임권택 감독의 98번째 작품인 「취화선」은 실로 신화적인 영화다. 그것은 신화에 대한 발터 벤야민의 두 가지 구분들 중, 화석으로서의 '죽은 신화'가 아닌 소원 이미지라는 '산 신화'에 해당된다. 죽은 신화는 모든 살아 있는 흐름을 멈추고 변화를 불가능하게 만든 후, 판타스마고리아라는 허상으로, 같은 것의 무한반복이 마치 새로운 변화인 듯 꾸며댄다. 반면 산 신화 속에서는 환상이 상상력이라는 형태로 증폭되고, 이때 알레고리적 상상력이 환기되며 인류 전사의 기억이 현재와 연대하여 새로운 미래로 나아간다. 산 신화를 사는 인간은 개인적 기억을 넘어 그가 경험하지 못한 태곳적 세상의 힘을 발휘하게 된다. 바로 이것이 임권택이 「취화선」에서 그리는 화가 장승업의 인생이다.

장승업은 중인이었던 김홍도나 신윤복보다 비교적 잘 알려져 있지 않은 천민 출신 화가로서, 그 인생을 짐작할 수 있는 개인적 기록도 거의 남아 있지 않으며, 중국풍 그림을 모방한 것으로 업적이 폄하되기도 하는 작가이다. 김홍도라는 이름에서 씨름판이나 서당 풍경을 떠올리고, 신윤복이라는 이름을 듣고 달 밝은 밤에 밀회하는 남녀를 연상하게 되는 것과 달리 장승업이라는 이름은 대중에게 이미지로 각인되어 있지 않다. 남아 있는 자료라면, 그가 어린 나이에 고아가 되어 한양에 상경한 후 역관 이응헌의 도움으로 그림을 시작했다는 것과 그림에 천재적인 재주를 보여 도화원의 화원이 되고도 그 답답함을 못 이겨 궐에서 뛰쳐나왔다는 일화 정도이다. 1843년에 출생했다는 기록이 있을 뿐 언제 사망했는지도 확실하지 않으며, 그저 전해오는 이야기에 따르면 그는 술과 여자를 좋아하고, 구속을 싫어하는 사람이었다. 그렇다면 영화의 서사 상당 부분을 상상하여 창작할 수밖에 없는 이 작가의 삶을 임권택 감독이 선택한 이유는 무엇일까?

임권택은 장승업의 삶에서 자신의 모습을 보았다고 말했다. 두 사람을 연결하는 아날로지를 영화 속 대사 한 줄로 축약하자면, "환쟁이에게 반복은 죽음이옵니다"라는 장승업의 말이라 할 수 있다. 동학혁명의 도화선이 되었던 고부군수 조병갑과의 술자리에서 조병갑은 장승업에게 민영환 어른댁에 있는 「노안도」를 자신에게도 그려 달라고 부탁한다. 이때 장승업은 그 그림이 십 년 전 작품임을 설명하며 그림 그리는 자에게 반복이란 죽음과 같은 것이라 답한다. 이는 「두만강아 잘 있거라」(1962)에서부터 「달빛 길어올리기」(2010)로 101번째 영화를 만들 때까지 임권택 감독이 삶으로 체험한 고민이었을 것이다. 임권택 감독은 그림을 팔아 생계를 연명할 수밖에 없는 장승업이 자신의 그림을 찾는 고객들에게 휘둘리지 않기 위해 필사의 노력을 기울이는 모습을 보여 준다. 장승업은 영화 속에서 "그놈들 손에 잡히면 영원히 놓아나는 거야"라고 말한다. 임권택이 그리는 장승업은 팔기 위한 그림을 그리면서도 자신의 개성을 타협하지 않고, 중국화를 모방하면서도 모든 반복을 경계하고 있으며, 배우지 못한 천민이었기에 글과 그림을 조화롭게 사용할 수 없었음에도, 대상의 형체가 아닌 그 뜻을 그리고자 했다. 진경이 아닌 선경을 그리면서도 그 속에 어떤 현실보다 살아 있는 생동감을 불어넣고자 했으며, 제자들에게 돌과 같은 무생물 속에서도 생기를 느낄 수 있게 되어야 한다고 가르친다. 완석은 종이에 옮겨 그릴 수 없으며 돌이라는 대상이 생명을 가진 활석으로 느껴질 때 비로소 그림을 그릴 수 있게 된다는 뜻이다. 임권택은, 어떤 대상도 멈추어 있지 않은, 모든 것이 흐르며 약동하는 세상 속에서, 학문 없는 자로서는 도달하는 것이 불가능한 경지를 필수적 도구가 결여된 상태에서 표현해 내고자 노력하며 그 불가능한 과업을 치열하게 살아낸 장승업의 일생에서 자신의 영화 인생을 반추하고 있다.

영화의 첫 장면에서 사람들은 장승업의 그림에 대해 "법을 따르는 듯하면서도 법을 벗어나 있고, 법을 벗어난 듯하면서도 법에 척척 맞는구료"라고 평가한다. 위치와 운동량을 동시에 측정할 수 없는 전자(電子)의 미시세계와 같이 장승업의 그림을 배치할 고정된 위치를 찾는 것이 불가능하다는 뜻이다. 그는 자신을 고정시키려는 모든 외부의 시도들에 저항한다. 실제로 장승업은 끝없는 유랑생활 속에서, 끝내 안정된 가정을 꾸리지 못했으며, 신분 상승의 기회를 얻을 수 있었던 도화원 생활 역시 참아내지 못했다. 그는 어명을 어기면서까지 그를 가두고 정의하는 모든 틀들을 거부했다. 바로 여기에 장승업 작품 속 미학이 드러난다. 그가 그리는 매, 잉어, 말, 개, 고양이는 마치 김홍도의 풍속화 속 개성 넘치는 인물들처럼 저마다의 특색 있는 모습으로 생생히 살아 있다. 그런 포즈를 취하는 매도, 그런 자세로 접혀진 잉어도 결코 현실에는 존재하지 않는 대상들이지만, 그들이 그런 비현실성으로 전달하는 것은 대상 속 뜻 그 자체였다.

이는 유사한 시기를 살고 있었던 폴 세잔의 여정과 유사하다. 세잔은 대상의 표면을 넘어 대상의 혼을 그리고자 했으며, 눈이 아닌 마음으로 사물을 꿰뚫어 그 본질을 그려 내고자 했다. 그는 대상이 주는 인상을 포착하되 그 순간을 가장 견고한 형태로 표현하고자 했고, 대상이 드러내는 더욱 진정한 모습을 담아 내기 위해 사실주의적 표현방식을 포기했다. 그는 이 과정에서 원근법이라는 중심 도구를 버리게 된다. 이 불가능한 시도는 학문이 없는 자가 학문 너머의 신비를 표현하려 했던 장승업의 과제와 유사하다. 세잔이 미술사의 모든 양식들을 포괄하며, 동시에 각각의 양식을 전복시켰듯이, 장승업 역시 이전 세대의 기법을 아우르는 동시에 이를 자신만의 방식으로 표현하고 있다. 「취화선」에서 지적된 바와 같이 장승업은 김홍도가 옷자락 선 몇 획으로 한 사람의 개성 및 당시 상황을 포착하듯이 선의 마술로써 화조영모를 그렸으며, 임권택은 이를 표현하기 위해 「취화선」의 특정 부분들을 김홍도나 신윤복의 방식으로 그려 내고자 했다. 예를 들어, 장승업과 매향이 사랑을 나누는 제천 갈대밭 장면은 김홍도의 춘화첩인 「운우도첩」 중 한 장면을 그려 낸 것이고, 그들이 나란히 담 길을 걷는 달 밤, 우리는 신윤복의 「월하정인」을 상기하지 않을 수 없게 된다.

장승업은 세잔과 마찬가지로, 불가능해 보이는 과제를 수행하는 데 성공했을까? 임권택은 이에 대해 긍정적으로 답한다. 「취화선」의 마지막 장면에서 장승업은 불이 활활 타오르는 가마 속으로 들어간다. 임권택은 이를 최고의 아름다움과 하나가 되는 순간이라고 표현하는데, 이는 장승업이 금강산으로 들어가 신선이 되었다는 세인들의 이야기와 그 신비로움을 공유하는 장면이다. 또한 이것은 정신분석의 중심인물인 오이디푸스가 콜로누스에서 죽음을 대면하는 방식이기도 하다. 정해진 죽음마저 자신의 방식대로 자신이 정한 순간에 맞이하는 그의 모습에서 우리는 니체의 심금을 울린 비극의 신비를 보게 된다. 그것은 말로 표현할 수 없는 비논리적인 순간이며, 이성과 합리성을 넘어 실현되는 신비로움이다. 그는 자신이 선택한 순간에 빛 속으로 신비롭게 사라진다.

아리스토파네스와 니체가 에우리피데스나 소크라테스를 비판했던 이유 역시 그러한 신비와 관련된다. 아리스토파네스는 『구름』에서 소크라테스에게 말 잘하는 법을 배운 아들이 부모를 구타하며 그 이유를 논리적으로 조목조목 나열하게 만들었고, 니체는 소크라테스를 통해 사람들이 아폴론적 세상으로 모든 것을 설명할 수 있다는 망상을 배우게 되었다고 말한다. 니체는 에우리피데스가 과도한 설명으로 비극을 퇴보시켰다고 주장하며 이해할 수 있는 이성적 세상의 대극으로서 디오니소스적 세계관을 강조했다. 그것은 아폴론적 명료성으로는 포착할 수 없는 비극의 신비이다.

이성, 합리성을 넘어선 신화적 무의식을 강조한 융 역시 비극의 신비를 이해하는 학자 중 한 명이다. 분석심리학 속에서 우리는 더 이상 배운 자와 배우지 못한 자의 차이를 운운할 수 없게 된다. 그들이 신화적 무의식을 공유하기 때문이다. 내부로의 여정은 학문, 지식과 무관한 무의식과의 소통이며 그 여정은 신화와 함께 사는 자에게만 허락된다는 그의 주장은 임권택이 표현한 장승업의 인생을 잘 설명하고 있다. 「취화선」에서 장승업을 이끄는 무의식의 목소리는 김병문이라는 허구적 인물에 의해 발화된다. 그것은 내부의 목소리로서, 진정 디오니소스적 신비를 이해하는 자에게만 허락된 선물이다. 외부에 발현된 노현자상인 김병문은 장승업을 이끌어 그가 자기에 이르는 여정을 치열하게 살아내도록 돕는다. 그는 임권택을 101번째 영화로 이끈 영감이며, 촬영감독 정일성이 「취화선」의 모든 장면들을 장승업과 같은 방식으로 찍게 만든 원동력이자, 미술감독 주병도가 유례없는 규모의 오픈세트를 지어 어떤 곳에서 어떤 각도로도 촬영할 수 있는 꿈의 공간을 만들게 한 기운이었다. 비상업적 영화에 50억을 투자한 강우석도, 임권택, 정일성, 주병도를 믿었던 태흥영화사 대표 이태원도 모두 이 시대의 진정 살아 있는 신화들이다. 이렇게 「취화선」은 신화가 사라져 버린 오늘날, 신화와 함께 살았던 이들에 대한 디오니소스적 풍광을 멋지게 그려내고 있다.

과거를 기억하는 이들의 목소리를 듣고 싶다. 무성영화 시대의 마지막 변사인 신출 선생님의 이야기를 듣고 싶다. 그의 기억 속에는 현재 필름 자체가 남아 있지 않은 나운규 감독의 「아리랑」이 들어 있으며 시간이 흩어 버린 귀한 이야기들이 고스란히 담겨 있을 것이다. 그에게 옛날이야기들을 들으며 잠이 들고 싶고 다시 그 이야기들을 내 아이들에게 들려주고 싶다. 정신분석은 개인의 과거뿐만 아니라 인류의 역사 또한 소중한 기억으로 간직한다. 괴롭고 아름답고 슬프고 빛나는 과거들이 중첩된 무의식은 우리의 현재와 미래를 지지하는 에너지이다. 개인의 기억을 복원하는 것과 더불어 잃어버린 과거를 되찾는 것 역시 정신분석의 가장 중요한 임무이며, 신화의 세상을 만드는 것은 분석심리학의 중심 목표이기도 하다. 우리가 기억으로 무장할 때 무의식은 비로소 그 치유력을 한껏 발휘할 수 있게 될 것이며 이것이 바로 정신분석과 분석심리학이 함께 꿈꾸는 치유적인 세상이다.

잃어버린
신화를 찾아서

신화적 상상력

영화는 세계를 하나로 만든다. 영화라면 팔레스타인과 이라크 문
제도 끌어안을 수 있을 것이다. 그래서 마이클 무어 감독이 위대
한 거다. 남들이 못하는 걸 해내지 않았나. 마이클 무어 같은 용기
있는 사람이 많이 나와야 된다.

「오마이뉴스」와의 인터뷰(2004년 7월 12일)에서 한국의 거장
감독 중 한 명인 정창화 감독이 하신 말씀이다. 인터뷰에 그려진
젊은 정창화 감독과 유현목 감독, 그리고 10대의 임권택 감독의
모습에서 우리는 한국영화의 미래를 확신할 수 있게 된다. 그분

들의 철학과 영화는 우리가 반드시 현대에 복원해야 할 신화 그 자체이다. 그러나 과연 2014년 현재 우리에게 그러한 보편성이 있는가? 영화에는 두 종류가 있다. 신화와 함께 사는 영화, 그리고 신화와 함께 살지 않는 영화. 후자에서 우리는 결코 미래를 향한 가능성을 느낄 수 없다.

우리가 '상식'을 몇천 년 간 대물려 온 동·서양의 보편적 언어라고 정의한다면 상식의 정의는 '신화'의 정의와 다르지 않다. 현재라는 반복되는 일상 속에 살아 숨쉬는 과거가 신화이며, 난장이의 몸 속에 배태된 거인의 힘 또한 신화의 한 모습이다. 상식을 간직한 인간은 영웅의 모습으로 다시 태어난다. 이미 기억에서 잊혀진 박흥식 감독의 「인어공주」는 바로 이런 영웅의 모습을 조명하는 오늘의 신화이다. 목욕관리사인 어머니가 가래를 뱉으면 그녀를 가두고 있던 사방이 무너져 내리고 숨 막히는 목욕탕의 더러운 물은 바다가 된다. 영화의 상상력은 블룸의 작은 도시 더블린 안에서 트로이로부터 이타카까지의 여정을 가능하게 만든 조이스의 신화적 상상력과 동일하다. 신화가 가능해진 장소에서는 페넬로페가 바람을 피워도 영웅이 귀향한다. 박흥식 감독에게는 과거를 깨워 인물을 빚어내는 신화적 상상력이 있다.

오이디푸스의 망각과 거리의 기억

신화적 상상력을 가능하게 하는 첫 단계는 어머니로부터의 분리, 즉, 이유(離乳)의 과정이며 이 과정을 가장 잘 대변하는 용어가 근친상간의 금지이다. 그것은 갇힌 방에서 벗어나는 이야기이며, 침실 속 안락함을 포기하는 과정이다. 인간을 인간답게 만든 진화 이야기의 중심에 바로 오이디푸스 신화가 있다. 근친상간의 금지에 의해 사회체계가 탄생했으니 어머니를 포기하는 것은 주장하고 행동하고 책임지는 인간의 첫 번째 관문인 것이다. 박찬욱 감독은 「올드보이」에서 근친상간이라는 주제를 다루고 있다. 「올드보이」는 의식적 근친상간과 비의도적 근친상간을 통해 인간을 인간이게 하는 규칙을 거스른 사람들의 모습을 제시한다. 그러나 그 이유가 궁금하다. 왜일까? 「올드보이」가 개봉한 당시 관객과의 대화에서 박찬욱 감독은 "왜 근친상간 주제를 넣었는가?"라는 질문을 받았는데, 당시 그는 "이번에는 조금 세게 가려고요"라고 답했다. 무슨 장면이건 "그렇게 찍을 수밖에 없었다"고 대답하는 임권택 감독과는 매우 상이한 태도가 아닐 수 없다.

"몇 년 몇 월 며칠부터 몇 년 몇 월 며칠 사이의 기억을 깔끔하게 없애고 싶다."—2003년 이후 부쩍 많이 듣게 된 말이다. 이것은 기억하는 몬스터를 거울 안에 가두고 망각을 선택하는 오대수의 이미지가 만들어 낸 깔끔한 환상이기도 하다. 그런데 과연 괴로운 기억이 그렇게 깔끔하게 사라질 수 있는 걸일까?

오대수가 과거를 기억해 내는 장면이 비교적 짧게 그려진 박찬욱의 「올드보이」와는 대조적으로 쓰치야 가론과 미네기시 노

부아키의 원작 만화인 『올드보이』(1997)는 90% 이상이 기억에 관한 내용이다. 만화는 기억하기 위해 최면을 사용하고 영화는 잊기 위해 최면에 의존한다. 만화에서 기억은 주인공의 인생에 질서를 회복하지만 영화에서 망각은 근친상간으로 세상의 질서를 깨뜨린다.

오대수는 딸과의 근친상간을 깨달은 후 혀를 자르고 오이디푸스는 이오카스테의 죽음 앞에서 눈을 찌른다. 그런데 이 두 인물이 자신들의 비극적 인생을 수습하는 방식에는 엄격한 차이가 있다. '오'늘만 '대'충 '수'습한다는 그의 이름이 시사하는 대로 벙어리가 된 오대수는 진실로부터 도피하는 반면, 장님이 된 오이디푸스는 눈이 멀었을 때 비로소 진실을 보게 되는 것이다. 이청준의 소설에서도 눈이 먼 여자는 마음으로 볼 수 있으며 그녀가 본 포구에 찬 물과 나는 학의 이미지는 볼 수 있는 사람들의 눈 속에까지 영상을 맺게 한다.

그러므로 오이디푸스 신화를 재구성한 박찬욱의 「올드보이」는 안타깝게도 박흥식의 「인어공주」가 가진 상상력의 파괴력이 결여된 영화라고 할 수 있다. 「인어공주」가 난장이의 몸 안에 살아 있는 거인의 이야기를 차분히 들려주었다면 「올드보이」는 벗겨지기 시작하는 허물을 촘촘히 기워 그 견고한 껍데기 안에 이미 커져 버린 몸을 억지로 가둔다. 소포클레스는 『오이디푸스 왕』에서 근친상간의 죄를 범하고 그 괴로움에 스스로 눈을 멀게

하여 장님이 된 오이디푸스를 그린다. 그러나 『콜로누스의 오이디푸스』에 등장하는 장님 오이디푸스는 전편과는 사뭇 다른 모습으로 묘사되는데, 이 변모는 결정하고 행동하는 주체의 탄생을 위해서는 필수적인 요소이다. 「올드보이」에는 이 요소가 결여되어 있다.

신들을 저주하고 자신의 운명을 한탄하던 오이디푸스가 진정한 주체의 모습을 보여 주는 곳이 바로 콜로누스이다. 그는 당당하게 말한다.

내 말을 들어 보시고 올바른 판단을 내리시오. 나는 그를 알지 못했소. 내가 죽인 사람들은 내 목숨을 빼앗으려고 했소. 법 앞에, 그리고 신 앞에 맹세하거니와 나는 죄가 없습니다.

또한 그는 크레온에게 다음과 같이 말한다.

…… 나는 어머니인 줄 몰랐고 그분도 내가 자기의 자식인 줄 몰랐다. …… 그리고 그분은 부끄럽게도 자기가 낳은 아들의 자식들을 낳았다. 그러나 적어도 한 가지만은 분명하다. 너는 좋아서 그분과 나를 욕하고 있지만 내가 자진해서 그분과 결혼한 것도 아니며, 또 내가 좋아서 지금 이런 말을 하고 있는 것도 아니라는 것을. 그토록 네가 나에게 비난한 그 결혼이나, 네가 언제나 모질게

욕하고 있는 아버님의 살해 때문에 나에게 죄가 있다고 하지는 못하리라. 나도 네게 한 가지만 묻겠는데, 대답하라. 만일 지금 이 자리에서 네 앞을 가로막고 올바른 너를 죽이려는 자가 있다면, 너는 그 살인자에게 아버님이 아니시냐고 묻겠느냐? 아니면 당장 아버님이라는 것을 알아볼 수 있겠느냐? 너도 목숨을 아끼는 자이므로, 그 살인자와 맞붙어 싸울 것이며 이것저것 알아보지는 못할 것이다.

비극적 사건에 대한 책임을 의연히 지는 동시에 미움이나 분노를 넘어서 자신의 행동에 대하여 객관적인 해석을 제시하는 오이디푸스는 성숙한 인간의 모습을 보여 준다. 이러한 성숙함은 아마도 그가 풀어야 했던 스핑크스의 수수께끼에 대한 궁극적 해답일 것이다.

안락한 환상 시나리오는 자살한 이오카스테를 살렸을 것이고, 오이디푸스의 멀었던 눈을 뜨게 했을 것이며, 바보 간첩 역할도 김수현이 맡게 만들 것이다. 우리가 환상 시나리오로부터 받을 수 있는 최고의 선물은 망각이다. 그러나 오이디푸스는 '기억'한다. 그는 과거를 '기억'하고 신들 앞에 당당히 그의 무죄를 주장하는 것이다. 신화의 창조적 파괴력은 현실을 가리는 안개로서의 환상을 걷어낸다. 정성일이 던지는 모든 질문에 그렇게 장면을 찍을 수밖에 없었던 결단을 이야기하는 임권택은 진정 기억과의 대면을 회피하지 않는 감독이다. 반면 박찬욱은 「올드보이」에서 온 힘을 다해 자신의 인물들을 망각으로 정향시킨다.

관객과의 대화에서 한 관객이 「올드보이」의 마지막 장면에서 암시되는 망각에 대한 질문을 던졌다. 박찬욱 감독은 영화를 자세히 보면 영화의 결말이 확실하지 않다는 것을 알 수 있을 것이라고 답했다. 그러나 이 답변은 기억하는 몬스터와 망각을 택한 오대수 사이에서 감독 자신이 방향성을 잃었다는 고백에 다름 아니다. 반대로 「인어공주」의 환상은 기억하게 하는 장치이다. 영화는 과거를 끌어올려 괴로운 현재를 견딜 만한 것으로, 살 만한 것으로 만들어 준다. 기억은 주인공들을 강하게 만든다.

잊고 싶은 것을 잊을 수 있는 능력은 우리 신경증 환자들의 특권이다. 그러나 눈앞에서 사라져 지하 창고에 감금된 기억은 어느 순간 알아볼 수 없을 정도로 흉측한 모습의 몬스터가 되어 어둡고 습한 지하 창고의 삐거덕거리는 문을 열고 우리의 침실을 찾을 것이다.

과거라는 개인의 기억은 생명이 없는 거리와 건물들에 새겨져 있다. 과거를 기억해 낸다는 것은 입이 없어 말하지 못하는 사물들의 언어를 알아듣는 시인의 능력으로 거리와 건물들의 말을 이해할 수 있게 된다는 뜻이다. 우리가 충장로, 금남로의 이야기를 들을 수 있을 때 과거가 살아난다. 발터 벤야민은 『아케이드 프로젝트』에서 주관적 개입을 배제한 채 상가와 도시의 거리와 표지판들이 '스스로 말하게' 한다. "내게는 아무것도 말할 것이 없습니다. 다만 보여 드릴 것이 있을 뿐입니다." 거리는 멈추어 서서 경청하는 이들에게 자신의 이야기를 들려주었고 과거로써 사람들을 무장시켰다. 말하는 땅이 주인공인 작품을 찾는 것은 그리 어려운 일이 아니다. 로셀리니의 「전화의 저편」에서 주인공은 이탈리아라는 나라 자체이고, 앙겔로풀로스의 「율리시스의 시선」은 발칸반도의 이야기이며 모레티의 「나의 즐거운 일기」에서는 로마의 거리와 건물들이 영화를 소개하고 시실리 부근의 섬들이 오디세우스의 이야기를 들려준다. 사실 땅과 거리들은 항상 말하고 있다. 버스에게도 기억이 있던 시절, 구 63-1번을 타고 금호터널, 옥수터널을 지나 현대백화점, 갤러리아백화점, 로데오 거리를 지날 때면 그들은 어김없이 끝없는 스틸 사진들을 내미는 것만으로 거리만이 할 수 있는 그들의 이야기를 들려주곤 했다.

우리 안의 신화

칸트는 『순수이성비판』 초판의 「들어가는 말」에서 그의 프로젝트인 선험철학의 구상에 대해 다음과 같이 말한다.

> 우리는 이런 탐구를 오성이 현상 분야에서 배울 수 있는 일체보다도 훨씬 더 중요하다고 생각하고, 그런 탐구의 궁극의도를 훨씬 더 숭고하다고 생각한다. 이 즈음에 우리는 어떠한 어리병병한 근

거에서 혹은 멸시와 무관심에 의해서 그러한 중요 연구를 포기하기보다도 잘못에 빠질 위험이 있을망정, 오히려 모든 것을 걸고서 모험하는 바이다.

위의 「들어가는 말」은 듣는 사람으로 하여금 날이 새면 전장의 일선에 투입될 한 병사의 사생결단의 각오를 떠올리게 한다. 「파업전야」와 같이 모든 것을 거는 영화가 존재하며, 트뤼포의 글들을 통해 보았듯이 모든 것을 거는 비평도 존재한다. 우리 관객은 모든 것을 거는 사람들이 만드는 영화를 만날 때 그들은 알아본다.

모든 것을 걸고 만드는 영화에 대한 비평 역시 모든 것을 걸고 쓰는 글이어야 함이 마땅하다. 100분의 영화를 위해 프리프로덕션, 촬영 그리고 후반작업의 여정을 거치며 잠을 설치는 모든 이들의 노동과, 매거진에 담겼던 모든 필름의 모든 프레임들에 묻어 있는 모든 시간과 노력과 성의만큼 공들여 모든 문장을 만드는 것은 평론가의 의무이다. 의도하지 않은 곳에서 한 프레임이 빠지면 영화의 결이 망가지듯 한 문장이 사라졌을 때 무너질 수 있는 글을 써야 한다.

그런 글들은 상식이라는 인류 공통의 언어로 쓰인다. 유전되어 물려 내려온 우리 안의 신화, 그것이 상식이며 이는 '아리랑'과 같이 우리의 핏속에 살아 흐른다. 상식의 언어로 구사된 신화적 상상력 가득한 한국 영화들이 현실의 그림자들을 보여 주었고, 과거를 부활시켰으며 우리를 기억하게 만들었다. 그 기억 속에서 우리는 영웅이 되어 사방 벽을 허물고 우리 안의 신화를 경험하게 된다. 기억으로 무장된 우리가 상식의 언어 속에서 하나가 될 때 잃었던 신화가 부활하게 될 것이다. 그것은 우리가 매트릭스 속에서의 싸움을 준비하도록 돕는다.

매트릭스론

우리들의 천국을
위하여

1999년 개봉 당시 여유롭게 공기를 가르며 유영하는 총알을 선사하여 관객의 눈을 경이로 가득 채운 「매트릭스」는 4년 후 2003년 5월에는 고속도로 추격신과 함께 「매트릭스 2: 리로디드」로, 같은 해 11월에는 4000만 불이 투입된 마지막 격투신과 함께 종결편인 「매트릭스 3: 레볼루션」으로 이어졌다. 「매트릭스」 삼부작은 감독 워쇼스키 남매, 무술감독 원화평 그리고 시각효과 감독 존 가에타를 중심으로 『뉴로맨서』, 『1984』, 「공각기동대」, 「블레이드 러너」 등의 공상과학의 빛나는 파편들을 워너브러더스의 자본을 통해 엮어 냈다. 그러므로 영상을 압도했던 불릿-타임, 벌리-브롤, 수퍼 벌리-브롤신 등 과학기술의 선물과 더불어 영화 속에 나타난 소설, 영화, 철학, 신화적 주제들과의 숨바

꼭질을 통해서 우리는 영화의 재미를 만끽할 수 있다. 사이버스페이스와 매트릭스라는 용어는 『뉴로맨서』에서 차용된 것이며 영화의 오프닝 시퀀스와 뇌에 삽입하는 바이오포트는 「공각기동대」로부터 변형된 것이다. 보드리야르의 『시뮬라크르와 시뮬라시옹』의 마지막 장인 「허무주의에 관하여」는 네오가 불법 디스켓을 보관하는 장소이며, "현실의 사막에 온 것을 환영합니다"라는 모피어스의 대사 또한 보드리야르에게서 빌려온 것이다. 고통, 욕망, 해탈의 주제는 「매트릭스」와 불교를 연결하는 해석들에 종종 등장하고, 트리니티라는 이름과 예수의 생애를 닮은 네오의 이야기는 종교적으로 해석되며, 모피어스와 페르세포네라는 이름들은 신화적 영화풀이의 근거가 되었다. 플라톤의 동굴비유는 영화의 철학적 해석에 자주 등장하고 인식론, 존재론, 현상학, 과학철학 또한 영화해석에 있어 나름의 자리를 확보했다. 영화에 관련된 그 밖의 해석들에는 과학기술에 대한 낙관론 대 비관론의 첨예한 대립이 나타나기도 하고 자본주의에 대한 서로 다른 입장이 표명되기도 한다. 영화의 세부를 제쳐둔 채 과학의 놀라운 성과와 그 가능성으로 영화론이 채워지기도 하고 유전공학의 위험에 대한 경고 밑으로 영화가 사라지기도 한다. 그런가 하면 이론 없이 전개되는 영화평들은 '지루하다', '재밌다' 등의 주관적 견해로 특정 장면에 집착한다. 2편의 동굴 축제 장면에서 1편에 비해 현저히 증가된 흑인 배우의 비율은 미국 흑인 하위문화를 연구하는 사람들에게 긍정적 평가를 받았고, 관심을 달리하는 비평가들에게 동굴장면은 단지 실망스러운 지겨움만을 안겨주기도 했다. 현실보다는 매트릭스를 선택하는 사이퍼에 대해서도 빨간 약, 파란 약의 선택의 문제와 더불어 찬반론이 대립되며 몇 편의 글들이 발표되었다. 도대체 이 영화는 어떤 영화일까? 일단 세부로 들어가 한번 그 구조를 둘러보자.

네오와 스미스

1편에서 주인공 네오는 매트릭스라는 기계에 의한 통제체제를 인식하고 매트릭스 밖 현실을 체험하게 되며, 인류를 구원할 "그분"(the One)으로 부상한다. 2편에서 "the One"은 현실 또한 거대한 매트릭스의 일부임을 확인하게 되며, 3부에서는 기계와 타협하여 제3의 적인 스미스를 제거한다. 매트릭스란 컴퓨터 기술 혁신의 산물인 A.I.와 인간 사이의 전쟁에 의해 초래된 인간 통제 수단으로 전쟁의 구체적 계기는 2003년에 출시된 매트릭스의 만화 버전인 「애니 매트릭스」에서 상세히 소개된다. 매트릭스는 현실의 100년 전인 1999년의 모습으로 설계된 프로그램인데 통 속에서 에너지원으로 사육되는 인간들은 매트릭스의 가상세계에 접속되어 있기 때문에 전쟁이나 종전 후 현실의 상태를 인식하지 못한다. 그러므로 매트릭스는 기계에 의해 통제되는 인간과 기계의 혼합체라고도 할 수 있다. 반면, 현실의 인간 도시 시온의 로봇들은 인간에 의해 통제되는, 인간과 기계의 혼용을 나타낸다. 프로그래머인 카말라와 프로그램인 라마 사이에서 사랑으로 태어난 사티는 또 다른 인간과 기계의 융합체인 베인의 폭력과 대조된다. 이러한 대립들 가운데 네오의 역할은 기계와 인간의 전쟁을 종식하고 그들의 상호 협력을 도모하는 것이다. 이 역할을 완수함으로써 네오는 진정한 "the One"이 된다. 네오가 프로그램 스미스 안으로 뛰어들어 하나가 되는 모습은 3편의 메시지인 인간과 기계의 하나됨(oneness)을 상징한다고 볼 수도 있다.

　　매트릭스에는 "the One"에 대한 또 하나의 이야기가 전개되는데, 체제의 구성원이었던 스미스 요원이 네오와 한 몸이 된 후 무한한 복제능력을 가진 기계의 돌연변이 산물로 진화함으로써 "the One"이 되고자 하는 것이다. 네오가 스미스를 제거하는 과정에서 그는 자신이 새로운 존재가 아니라는 것을 받아들이게 되고 "the One"으로서의 자신의 존재를 포기함으로써 "the One"의 역할을 완성한다. 2편에 따르면 네오는 이전 5명의 구원자들 이후에 다시 나타난 6번째 구원자에 불과하다. 즉, "the One"에게 맡겨진 역할은 기계의 통제체제에 저항하여 인류를 구원하는 것이며 체제 내에 이러한 역할이 필요한 이유는 변수 없는 매트릭스에서 인간들이 적응하지 못했기 때문이다. 또한 체제를 보다 효율적으로 운용하기 위해서는 더욱 높은 버전의 매트릭스를 설계할 때 어긋남의 총합을 분석할 필요가 있기 때문이다. 즉 "the

One"이라는 것은 모든 변수의 종합체로서 체제를 불완전하게 유지하는 어긋남이다. 기계가 완벽한 조건에서 인간을 사육했을 때 모든 인간은 매트릭스라는 행복한 사이버스페이스를 견디지 못하고 죽고 말았으며 의도적으로 체제의 완벽한 폐쇄성을 파괴하였을 때 비로소 이 결점이 극복되기 시작했다. 부동의 상태로 관 속 액체에 잠겨 바이오포트를 통하여 가상현실인 매트릭스에 접속된 인간들은 완벽한 계산을 불가능하게 하는 변수들을 통해 더욱 효율적으로 통제될 수 있었던 것이다. 이 변수의 역할을 하는 것이 네오이며 변수의 총합을 재분석하기 위해 어긋남의 기능을 보호하는 것이 오라클의 역할이다.

그러므로 "the One"이란 변수의 총합 자체를 의미하며, 이 역할을 맡은 네오는 현실의 배양관에서 어느 순간 깨어나 바이오포트를 뽑아내고 몸에 연결된 기계들과 끝없이 펼쳐진 인간 사육장을 목격하게 되어 있다. 그는 현실에 존재하는 인류의 마지막 근거지인 시온을 지키기 위해 다른 저항군들과 함께 기계와 싸우게 되어 있고, 5번씩 반복된 여정이기 때문에 예언될 수 있는 행로를 따라 필사의 노력을 하게 예정되어 있었다. 영화는 6번째라는 새롭지 않은 여행을 새롭게 만드는 6번째 구원자의 변수로 사랑을 배치한다. 저항군의 일원인 트리니티와의 사랑은 1편에서 죽은 그를 부활시키며 2편에서 죽은 트리니티를 부활시키고 3편에서는 멸망의 위기에 처한 인간과 기계 모두를 구원한다. 사랑이라는 변수에 의해 인물들은 목숨을 걸고 무모한 계획을 추진하며 끝내 죽음을 선택하기도 하는데 사랑, 믿음, 선택, 책임이라는 「매트릭스」에서 반복되는 주제들의 중심에 네오가 존재한다. 이것이 6번째 반복이 쓰는 새로운 이야기이다.

예언자 오라클은 스미스가 바로 네오 자신임을 지적하는데, 계산을 어긋나게 하는 모든 긍정적 변수의 총합인 네오의 부정적 대극이 바로 스미스인 것이다. 매트릭스 안 프로그램에 불과하던 스미스는 네오에 의해 체제의 구속으로부터 자유를 얻고, 이 알 수 없는 사건에 의해 초인의 힘을 발휘하는 네오의 대극이 되어 무제한적 복제가 가능한 권력 친화형 프로그램으로 변신한다. 그러나 어떻게 인류의 구원자가 또한 인류의 적이 될 수 있을까? 네오의 선의와 의무감이 어떻게 그가 의도하지 않는 권력과 연결될 수 있단 말인가?

이 질문들이 낯설지 않은 이유는 우리가 이들을 『당신들의 천국』 안에서 고민한 적이 있기 때문이다. 새로 부임한 조백헌 원장의 새로운 이야기들은 단순한 반복에 지나지 않았으며 권력을 뜻하는 동상의 위협은 조백헌 원장이 "the One"이 될 수 없는 위치로 스스로를 격하시킬 때까지 계속된다. 「매트릭스」가 인간과 기계의 공존으로 끝나는 것과 유사하게 소설 또한 결말에서 음성나환자와 미감아의 결혼이라는 사랑의 주제를 제시한다. 프로그래머인 인간과 프로그램 사이에서 사랑으로 태어난 사티 또한 인간과 기계의 사랑의 결합을 뜻하는데, 메로빈지안의 권력은 사티를 삭제의 위기에서 구해 낸다는 점에서 스미스의 권력과 구별된다. 후자는 권력으로서의 동상의 위협을 예증하며 이 위협은 섬을 떠나는 행위에 비유될 수 있는 네오의 희생으로써만 해제될 수 있다. 힘으로 스미스를 극복하는 것이 아니라 힘을 포기함으로써 목적을 달성하는 것이다. 목적이행에 필수적 요소를 잃었을 때 비로소 그 목적에 가장 근접할 수 있다는 예지는 3편에서 네오가 시력을 상실한 후 더욱 선명하게 앞을 보게 되는 것과 같다. 이는 또한 두 눈으로 보면서도 보지 못하던 오이디푸스가 실명 후 콜로누스에서 그의 운명을 더욱 잘 보게 된다는 사실에도 부합한다.

「매트릭스」는 보지 못하는 사람들과 보는 사람들, 그리고 보이는 것 이상을 보는 사람들의 이야기를 들려준다. 첫 번째 부류는 매트릭스에 갇힌 인간들이고, 두 번째는 현실을 보게 된 사람들을 뜻하며, 세 번째는 현실의 표면을 뚫고 더 많은 이야기를 들을 수 있는 사람들을 의미한다. 1편의 네오는 현실을 보게 되지만 여전히 타인의 욕망 앞에서 자신의 선택을 망설인다. 그가 보이는 것 이상을 보게 되는 것은 매트릭스에서의 죽음 이후이다. 현실에서 느부갓네살의 대원들은 매트릭스의 암호와 그 암호를 영상화시킨 화면을 함께 보는데, 이들의 차이는 영상이 한정된 장소만을 보여 주는 반면 암호는 전체 구조를 함께 보여 줄 수 있다는 점이다. 매트릭스에 있는 사람에게 현실에서 암호를 읽은 사람이 방향과 상황을 알려 줄 수 있는 것이 바로 이 때문이다. 보이는 것 이상을 보는 사람은 오라클로서 그녀는 매트릭스의 암호를 해독할 수 있을 뿐만 아니라 그 의미와 미래의 가능성을 제시할 수 있다. 한 가지 지적되어야 할 점은 오라클이라는 인간 친화형 프로그램이 매트릭스 안에 존재한다는 것이다. 그녀와 대립되는 프로그램인 메로빈지안은 선택을 허상이라고 부르며 인과론을 예찬하지만 오라클은 선택의 문제로 귀착되는 가능성을 불확실성 안에서 제시한다. 확실성의 눈보다 불확실성의 눈이 더욱 우월하다는 것은 메로빈지안이 네오를 도와주는 대가로 오라클의 눈을 요구한다는 사실로써 알 수 있다.

마르크스는 『자본』 제1권의 서문에서 페르세우스가 메두사를 처치하기 위해 보이지 않게 만드는 모자를 사용한 것과는 반대로 우리는 괴물의 존재를 부인하기 위해 그 모자로 눈과 귀를 가리고 있다고 말했다. 이들은 눈을 뜨고 있으나 앞을 못 보는 자들이다.

두 개의 감옥: 당신들의 천국

「매트릭스」론에 마르크스라는 이름이 어색하지 않은 이유는 『자본』 안에 가득한 숫자들과 계산들 위로 부영하는 공상과학영화를 닮은 이미지 때문이다. 「화성의 유령들」에서 사람의 신체의 한 부분으로부터 빠져나와 다른 사람의 몸으로 스며드는 유령은 노동력이 가치로 변하는 순간을 포착하는 듯하며, 「A.I.」의 로봇 소년처럼 노동자의 손가락을 빠져나간 노동력이 상품에 숨결을 불어넣는 순간 상품은 말하기 시작한다. 『자본』에서 가장 매혹적인 이미지들 중 하나는 살아 있는 노동이 녹슨 기계와 못 쓰게 된 원료에 손을 뻗쳐 그들을 죽음으로부터 소생시키는 장면이다. 이때 노동자들이 사용하는 기계는 몸의 한 부분으로 동화되어 인간과 기계는 하나가 된다. 그런데 그 결과는 결코 해방적이지 않다. 오히려 그렇게 만들어진 하이브리드에서 기계적인 것은 인간이라는 요소를 침식시킨다. 이렇게 태어난 상품은 자본의 순환과정에서 자신의 가치를 증식시키게 되는데 이 부분에서 영화의 공상과학적 이미지는 호러장르로 분류될 수 있다. 즉, 몸의 한 부분으로서 인간을 돕던 기계가 더 많은 노동력의 착취를 위해 어느 순간 길어진 손톱을 노동자의 몸에 꽂아 천진한 어린아이의 얼굴로 그들의 에너지를 빨아내기 시작하는 것이다. 이뿐만이 아니다. 자본주의 경제체제에서 사적 이해라는 변수는 정확한 계산을 불가능하게 만들고, 상품들의 이야기 이면에서 진행되는 인간들의 이야기는 어긋남 자체가 자본주의를 구성하는 필수요소임을 말해 준다.

　그렇다면 매트릭스는 노동에 대한 정당한 대가를 지급받고, 공정한 교환이 일어나는 세상, 즉 상품이 만드는 판타스마고리아로, 그리고 현실세계는 자본주의의 실체로 해석할 수도 있지 않을까? 마르크스는 실제로 자본주의 속에서 어떤 일이 일어나고 있는지 그 실체를 분석해 낸 '보는 자'였다. 「애니 매트릭스」 중 '세계기록'이라는 에피소드는 인간의 한계에 직면하여 스스로 잠시 동안 매트릭스를 벗어나는 육상선수의 이야기를 담고 있다. 즉, 통 속에서 죽은 자의 액화물에 의해 배양되는 인간들 중 몇몇은 스스로, 다른 소수는 해방된 자들의 인도로 깨어날 수 있는 것이다. 의식이 굽어보지 못하는 영역에서 합법적으로 자행되는 소외를 계산해 낸 사람과, 휘황찬란한 도시의 불빛 아래에서 죽어가는 사람들을 본 시인과, 화려한 표면에 의해 가려진 폐허의 모습을 볼 수 있었던 철학자는 모두 어느 순간 그들이 감금되어 있던 통 속에서 벌떡 일어나 자본주의라는 체계의 실상을 목격한 자들이다. 매트릭스가 제시하는 인간 사육장의 이미지는 자본주의의 현실이며 이것은 우리의 첫 번째 감옥이다. 이때 매트릭스와 현실은 수평축에서 선택할 수 있는 두 개의 영역이 아니라 수직축을 따라 겹쳐 배열된 외관과 그 실체로서 이해되어야 한다.

　수평축과 수직축의 분리는 영화에서 매트릭스의 정의가 번복되는 것에 대한 설명을 용이하게 만든다. 1편에서는 매트릭스와 현실이 명확히 구분되지만, 2편에서는 그 경계가 모호해지는데 매트릭스의 설계자는 네오에게 "the One"의 역할 자체가 매트릭스를 유지하기 위한 계획의 일부이며 현실과 시온의 저항군들 또한 매트릭스의 통제체제의 한 부분임을 알려 준다. 덧붙여 현실이 아닌 매트릭스에서만 등장하는 오라클의 존재 또한 매트릭스가 현실보다 더욱 현실적인 영역임을 증명한다. 모호해진 경계는 영화가 지속적으로 제기하는 선택의 문제와 상치되는데, 이를 해결하기 위해서는 수평축을 전제하는 서사의 모순을 살펴보아야 한다.

수평축에서 매트릭스라는 조작된 세계는 현실과 확연히 구분된다. 처음 현실을 보게 된 네오에게 모피어스는 매트릭스가 통제 체제이며 우리 '마음의 감옥'임을 설명하는데, 이것은 인간의 욕망을 통제하는 두 번째 감옥이며, 매트릭스로부터의 해방은 현실의 선택을 의미한다. 욕망의 문제에 관련하여 매트릭스는 우리에게 살아가는 방법과 욕망하는 방법을 가르친다. 대학진학과 좋은 학점과 안정된 직장은 정답이며 그 외의 오답들은 스물이 안 된 아이들을 투신자살로 내몰기도 한다. 첫 번째 감옥에서 두 세계는 항상 중첩되어 존재하는 하나의 현실이기 때문에 둘을 분리하는 것이 불가능한 반면, 마음의 감옥에서 두 세계는 마치 분리되어 존재하는 듯 보인다. 매트릭스에 접속되면 정답이 있는 세상에서 살게 되고 빨간 약을 선택하면 정답을 만들어 가는 현실에서 살게 되는 것이다. 매트릭스로 접속한 후 다시 현실로 돌아오려면 전화선이 있는 아날로그 방식의 전화가 필요한데, 이것은 0과 1이라는 디지털 방식으로는 포착할 수 없는, 깨어 있는 자들의 인간적 욕망을 형상화하는 듯 보인다.

라캉의 정신분석에 의하면 욕망은 결여로부터 비롯된다. 어긋남의 인식은 욕망하는 주체가 되기 위한 기본조건이다. 다시 말하면, 거세된 주체만이 욕망할 수 있는 것이다. 거세란 타자의 팔루스가 될 수 있다는 믿음의 붕괴이며 인간은 이러한 상실의 경험을 통하여 선택하고 책임지는 주체가 된다. 종래의 할리우드 공식을 넘어서 눈먼 주인공의 죽음을 보여 준「매트릭스」는 이런 의미에서 거세되기를 희망하는 영화이다. "the One"이 되기를 포기하는 것 또한 거세된 주체만이 할 수 있는 일이다. 거세의 궁극적 상징은 상징계적 죽음이다. 이때 죽음이란 육체의 죽음이 아니라 콜로누스의 오이디푸스처럼 자신의 방식대로 상징계적 소멸을 '선택'하는 행위를 뜻한다. 라캉은 이러한 이유로 그의 두 번째 세미나에서 오이디푸스의 정신분석은 오직 콜로누스에서만 종결될 수 있다고 했다. '나'의 욕망을 이야기할 수 있는 주체는 정답이 없는 질문들과 불확실한 자신의 선택에 대해서조차 책임을 진다.

신체가 현실에서 해방되기 전, 매트릭스 안의 네오는 일관성을 위협하는 많은 수수께끼와 주체할 수 없는 질문들 속에서 무작정 단서를 찾아 헤맨다. 현실로 깨어난 네오가 매트릭스의 근본적 모순을 목격하고 일련의 과정을 통해 자신이 구원자임을 확신하게 되는 과정은 그가 첫 번째 감옥을 인식하였다는 것을 보여 준다. 빨간 약의 선택이란 두 세상 중 하나를 선택하는 것이 아니라 수직축의 구조에 대한 인식을 받아들이는 행위로 해석해야 한다. 두 번째 감옥에서의 선택이란 타자에 의해 만들어진 세상이 부여하는 해답을 거부하고 자신의 욕망에 따라 행동하겠다는 의지의 표명이다. 종결편에서 그는 다섯 번 반복되었던 여정으로부터 벗어나 '확신'이라는 폐쇄성 자체를 극복하고 구원자의 역할을 포기함으로써 인류를 구원한다. 매트릭스 안 변수의 총합인 네오는 마음의 동상을 부수고 기계와의 공존을 가능하게 만듦으로써 계산을 어긋나게 만드는 종국적 균열을 꾀한다. 과연 그 계획은 성공하였는가?

「매트릭스」 삼부작을 보며 영화에 대해 몇 가지 질문을 제기하게 된다. 1편에서는 욕망을 따르는 인간의 선택과 동일한 방식으로 매트릭스라는 가상세계 대신 현실을 선택하는 것이 가능하다는 논리를 전개하는 반면 2편에서는 현실을 선택했음에도 불구하고 매트릭스를 가상으로서만 치부할 수는 없다는 사실을 인정하게 된다. 즉, 2편에서 영화는 1편의 이야기를 번복하여 현실 또한 매트릭스와 연결되어 있다고 설명한다. 1편의 대화에서 수회 반복되는 '질문'이라는 단어는 매트릭스의 통제를 넘어서는 어긋남을 의미하는데, 2편에서는 이 어긋남이 매트릭스를 유지하는 변수임이 드러난다. 이처럼 영화는 마치 수평축에서의 선택이 가능한 듯 명확한 이분법을 제시하는 동시에, 그러한 구분이 가능하지 않다는 인식을 영화 도처에서 암시하고 있다. 그렇게 되다 보니 이제는 해방에 대해 더 이상 이야기할 수 없게 된다. 수평축이 전제했던 이분법이 무너졌기 때문이다. 서사가 무의식적으로 그렇게 전개되며 감독들이 당황한 듯 보인다. 그러나 그들의 직관은 옳았다. 우리는 매트릭스와 현실을 명확히 구분할 수 없다. 이 지점에서 감독들은 해방으로부터 변화라는 주제로 초점을 옮기게 된다. 인간과 기계의 사랑으로 태어나서 오라클의 보살핌을 받는 사티는 새로운 매트릭스에서 일출을 만들어 내고, 「매트릭스 3: 레볼루션」의 혁명 후 새로운 매트릭스가 재가동되는 것이다.

　「매트릭스」는 인간과 기계의 공존의 메시지로 막을 내렸지만 사람들이 갇혀 있는 현실의 폐허를 은폐하고 해 뜨는 매트릭스를 제시하는 엔딩은 변화라는 단어를 무색하게 만든다. 그리고 관객의 머릿속에 가장 명확히 남아 있는 최종 서사는 우리가 사는 현실인 매트릭스가 가짜라는 것이다. 팔루스의 거세는 초인으로서의 능력을 포기한다는 뜻이며, 무제한의 복제 능력을 지닌 스미스의 제거로써 비유되었고 구원자란 초인이 아니라 여섯 번째 반복에 불과하다는 사실 또한 "the One"을 거세시켰지만 〈엔터 더 매트릭스〉라는 게임과 27인치 센티넬 모형, 한정판매되는 네오의 흉상은 거세의 필요에 대한 자각이 팔루스를 간직하고픈 영화의 욕망과 상치되어 불협화음을 만들고 있음을 드러낸다. "the One"이 되고자 하는 욕망과 매트릭스의 가상성에 대한 강조에 의해 초래되는 가장 큰 착오는 해방된 사람들에게 현실과 관계없는 매트릭스 안의 모든 사람을 향해 총기를 난사할 수 있는 정당성이 부여된다는 점이다. 「매트릭스 2: 리로디드」의 패러디를 이용하여 게임을 선전한 〈바이스시티 2〉는 범죄자의 입장에서 진행되는 게임이다. 사람을 죽이고, 경찰과 총격전을 벌이며, 오토바이를 훔쳐 폭주를 하고, 건물을 매입하여 원하는 사업을 시작할 수도 있다. 뇌에 꽂힌 잭만 뽑으면 삐뚤어진 세상을 쉽게 벗어나 무술의 고단자가 될 수 있는 「매트릭스」에는 선택과 욕망의 문제가 들어 있긴 하지만 폐허를 직시하며 그 안에서 변화를 모색하는 용기와 인내는 결여되어 있다. 매트릭스 안의 우리들을 향해 총부리를 겨눈 채 제시하는 「매트릭스」가 우리에게는 그들만의 천국일 따름이다.

「매트릭스」가 개봉했을 때 나는 이 영화에 열광했다. 처음 본 이미지였고 이데올로기에 대한 명확한 문제제기가 너무나 흡입력 있게 다가왔다. 그런데 삼부작의 마지막에는 그들의 철학적 고민에 대해 의문을 제기할 수밖에 없었다. 왜 영화가 그렇게 끝났을까? 소프트웨어들끼리의 협상이라니! 지젝은 이 엔딩에 대해 분노한다. 사람들은 여전히 매트릭스 속에 갇혀 있으며, 어떤 것도 근본적으로 변하지는 않는다는 것이다. 나는 지도를 그리기 위해 워쇼스키 남매들의 영화를 첫 편부터 찾아보기 시작했다.

그들은 심각한 감독들이 아니었다. 그들이 각본을 쓴 「어쌔신」 (1995)은 정말 재미있는 영화였고 「바운드」(1996) 역시 손색없는 영화였으나 인간의 실존에 대한 고민이 배인 영화들은 아니었다. 그 다음에 나오는 영화가 바로 「매트릭스」인데 만약 그들이 위에서 언급된 수많은 철학적 고민과 사색 없이, 즉 「어쌔신」과 「바운드」와 같은 방식으로 「매트릭스」를 만들었다면 우리는 삼부작의 엔딩을 이해할 수 있게 된다. 치열한 고민이 없을 때 나타나는 가장 큰 문제는 긴 호흡이 불가능하다는 점이다. 「매트릭스」 시리즈는 그들에게 너무 길었던 모양이다. 언젠가 누군가 긴 호흡이 가능한 감독이 나타나 해방에 대한 또 다른 엔딩을 보여 주길 기대한다.

이제 미시적인 차원으로 논의를 옮겨 마음의 감옥에 갇힌 이들의 이야기를 들어 보자.

미하엘 하네케의
「피아니스트」
마음의 감옥을 나서며

미하엘 하네케 감독의 「피아니스트」는 주인공 에리카를 통해 마음이 닫혀 있는 사람들의 고통과 그들에 대한 타인의 폭력을 보여 준다. 마음의 빗장을 채우고 스스로를 그 안에 가두는 사람들이 있다. 그들은 세상의 약속들로부터 고립된 채 자신이 스스로에게 부과한 수많은 규칙들에 시달리며 괴로워한다. 문제는 스스로 만든 세상이 그들을 보호해 주는 안락한 보호막의 역할을 하는 동시에 그들을 옥죄며 세상으로부터 단절시키는 마음의 감옥이 되기도 한다는 것이다. 이 공간에 갇혀 있는 한 누구도 사랑할 수 없으며 누구에게서도 사랑을 받을 수 없지만, 보호막이 찢어졌을 때 그 틈으로 밀려들어 올 세상에 대한 두려움 때문에 평화롭고 안전한 이 공간을 허상으로 가득 채운 후 위장된 평화에 안주하려고 한다. 그러므로 그/그녀가 '나는 편하다'라고 말한다면 그것은 '나는 고통받고 있다'는 뜻이며 '제발 나를 좀 내버려 둬!'라고 한다면 그것은 '제발 나를 구해 주세요'라는 뜻으로 해석할 수 있다. 「피아니스트」는 에리카의 두 가지 목소리가 동시에 공명되도록 만들지만 그녀 주위의 어느 누구도 그녀의 언어를 이해하지 못한다. 어머니는 딸이 무엇을 원하는가에 대해서는 관심이 없으며 끝없이 자신이 원하는 바를 딸에게 요구한다. 또한 에리카에게 관심을 보이는 클레메라는 남자 역시 그녀를 이해하기보다는 그녀가 한 말을 문자 그대로 해석해 버린다. 이들의 행동은 모두 그녀에게 폭력으로 느껴질 뿐이다.

내 앞에 있는 사람이 어떤 이야기를 할 때 그 속에 나타나는 말의 틈을 찾아낼 수 있어야 한다. 일상적인 말들 속에는 분노와 미움이 서려 있을 수도 있고 사랑과 그리움이 배어 있을 수도 있다. 사랑한다고 말하지만 단어 속에 원망이 들어 있을 수도 있고 미워한다고 말하지만 그 안에 사랑하는 마음이 녹아 있을 수도 있다. 한 사람의 말을 들으며 그 말을 토대로 또 다른 이야기를 읽어 내는 것이 바로 정신분석이다. 이것은 매우 과학적인 과정으로서 어림짐작과는 거리가 멀다. 예를 들어 친구가 방금 한 말을 분석하고자 할 때 우리는 친구가 한 말 전체를 자료로 삼아야 한다. 자료의 양이 많으면 많을수록 신뢰도가 높아질 것이다. 사실 가장 이상적인 형태를 가정해 본다면, 몇 년간 친구가 한 모든 말과 자유연상, 과거, 습관 등을 컴퓨터에서 데이터화하여 반복되는 문장과 단어, 그 빈도를 조사한 후 분석을 시작하는 것이다. 우리가 일상에서 할 수 있는 것은 내 머릿속에 있는 친구에 대한 모든 정보를 토대로 방금 들은 말을 분석하는 것이다. 더욱 큰 지도 속에서 한 마디, 한 단어를 다시 읽으면 우리는 새로운 의미를 간파하게 된다. 예를 들어 친구의 말 중 특정 단어가 자주 언급될 수도 있다. 친구를 알지 못한다면 그것은 그저 지나가는 단어에 불과할 수 있으나, 정신분석의 귀로 다시 들으면 우리는 그것이 그 친구만의 특별한 의미로 해석되고 있음을 알 수 있다. 정신분석은 다른 사람에게는 전혀 의미가 없는 것을 이 세상에서 가장 중요한 것으로 인식하는 학문이며, 바로 그것이 정신분석 이론을 도깨비방망이처럼 휘둘러서는 안 되는 이유이다.

영화의 중요한 두 가지 모티프는 '열쇠'와 '어머니'다. 열쇠는 프랑스어로 'clé'(클레)이며 어머니는 'mère'(메르)인데 두 단어의 소리는 에리카에게 사랑을 고백하게 되는 '클레메'(Klemmer)라는 남자의 이름과 유사하다. 또한 에리카가 그녀의 어머니에게 "C'est clair(쎄 클레르; 명백하잖아요)"라고 말할 때도 그녀의 목소리에 클레메라는 이름의 여운이 맴돈다. 클레메라는 인물이 명백하게 만드는 무엇인가가 있다고도 생각할 수 있지 않을까? 어머니와 단둘이 사는 피아노 교수 에리카는 그녀에게 사랑을 고백한 클레메에게 그녀가 원하는 바를 적어 놓은 편지를 보여 준다. 편지에는 그녀의 어머니를 방에 가둔 후 자신을 구타하고 강간하라는 내용이 적혀 있다. 여기서 정신분석이 주목하는 지점은 어머니를 방에 가둔 채 열쇠로 문을 잠그는 사람이 클레메라는 사실이다. 클레메라는 이름은 열쇠와 어머니를 연상시키며 이는 서사의 중요한 맥락으로 다시 재현되고 있다. 그들의 관계를 나타내 주는 몇 장면의 구도를 분석해 보자.

우선 첫 장면에서 우리는 에리카와 그녀의 어머니가 엘리베이터를 타고 있는 모습과 이와 동시에 엘리베이터를 따라 계단을 오르는 클레메를 본다. 그러나 잠시 후 콘서트가 진행될 때에는 클레메가 어머니보다 더욱 가까운 곳에서 피아노를 치는 에리카를 지켜본다. 콘서트 직후 어머니는 에리카와 클레메 사이로 이동하여 에리카를 향한 그의 시선을 차단하지만 잠시 후 우리는 다시 에리카와 클레메가 함께 있는 장면을 보게 된다. 얼마 후 클레메와 에리카의 어머니가 다시 서로의 위치를 바꾼다. 클레메가 에리카의 집을 방문했을 때 그들은 에리카의 방으로 들어가 어머니가 들어오지 못하도록 옷장으로 문을 막고, 답답한 어머니는 문에 귀를 대고 밖에서 그들의 대화를 엿듣는다. 클레메가 돌아가자 에리카는 평소와 같이 어머니 방으로 와서 어머니와 함께 잔다. 결국 밤에 딸을 차지하는 승자는 어머니이다. 영화의 마지막 장면에서 클레메가 에리카의 집에 침입했을 때 그와 에리카의 모습이 보여진 후 어머니의 모습이 화면 가득 나타나고 곧 클레메는 화면 가득하던 어머니를 방 안에 가둔다. 이제 화면 안에는 그와 그녀만이 남아 있지만 여전히 어머니의 목소리는 딸에 대한 그녀의 욕망을 화면에 덧입힌다. 물론 이 장면은 매우 폭력적인 장면으로서 말의 사전식 해석이 초래할 수 있는 소통의 실패를 끔찍한 방식으로 묘사한다. 그러나 서사를 떠나 장면구도만을 본다면 영화는 제삼자의 침입에 의해 어머니와 자식의 관계가 소원해지는 과정을 그리고 있다.

정신분석에 의하면 어머니의 욕망으로부터 해방된 사람만이 자신의 진정한 욕망을 말로 표현할 수 있다. 그런 의미에서 에리카의 편지는 그녀가 진정으로 원하는 것이라고 볼 수 없다. 에리카는 스스로 자신의 이야기를 하지 못하는 사람이다. 그녀는 어머니가 원하는 대로 살고 어머니가 원하는 옷을 입으며 어머니의 조언대로 행동한다. 그러므로 그녀가 클레메에게 전한 편지에서 진정으로 하고 싶었던 말은 자신을 어머니의 욕망으로부터 구해 달라는 것이었다. 물론 그것은 자신만이 할 수 있는 일이며 영화에서도 클레메의 폭력은 그녀에게 끔찍한 외상만을 남기게 될 뿐이다.

「피아니스트」는 어머니로부터 독립하지 못하는 두 딸의 이야기를 비교한다. 에리카가 그녀의 제자인 안나를 닮았다면 에리카의 어머니는 안나의 어머니인 슈베 부인의 거울상이다. 슈베 부인이 에리카에게 딸의 피아노 교육을 위해 "우린 모든 것을 희생했다"고 하자 에리카는 "우리가 아니라 안나가 모든 것을 희생했겠죠"라고 답한다. 클레메가 에리카의 집을 방문한 날 에리카의 어머니는 에리카에게 "모든 것을 희생했건만 내게 돌아오는 것이 고작 이것이냐?"라고 역정을 낸다. 마지막 장면에서 이 네명이 한 프레임 안에 모이는데 슈베 부인은 콘서트에서 그녀의 좌석이 에리카의 어머니 '바로 옆'임을 알게 된다. 에리카는 능력 있는 교수이자 사랑에 빠진 어른인 듯 보이지만 자세히 들여다보면 그녀 안에는 멍한 표정으로 어머니의 욕망에 끌려 다니는 안나가 들어 있다.

사랑이라는 이름으로 영화 속 인물들은 끊임없이 서로에게 요구하고 명령하고 강요하며 욕망의 사슬을 조여 가지만 어느 누구도 이 무엇인가가 잘못된 상황을 인식하지 못한다. 진정으로 대화하는 사람이 아무도 없는 영화이기에 지켜보는 마음 역시 괴롭다. 에리카가 "내가 원하는 것은" 하고 말을 시작했을 때 그녀의 어머니는 에리카의 말을 끊어 버린 후 더 이상 그녀가 원하는 것에 대해 묻지 않는다. 이미 공포로 얼굴이 얼어 버린 안나에게 슈베 부인은 침착하게 잘하라고 명령하고 만신창이가 된 에리카를 강간하며 클레메는 즐기라고 명령한다. 대화란 상대와 함께 하는 것이며 이를 위해서는 서로의 언어를 관찰할 시간이 필요하다. 클레메는 처음부터 수도 없이 에리카에게 사랑한다는 말을 반복하지만 결코 에리카를 읽어 내지는 못한다. 그는 그녀의 두려움을 이해하지 못하며 그의 존재가 그녀에게 무엇을 뜻하는지 알지 못한다.

클레메는 그녀가 갇힌 작은 세상을 열고 밖으로 나올 수 있는 가능성이었지만 어머니 없이 혼자 세상에 뛰어드는 것은 엄청난 불안을 전제하는 모험이다. 이 때문에 그녀는 그에게 매료되는 동시에 그 상황이 두렵기만 하다. 포르노 비디오를 보는 것과 자동차 극장에서 정사를 즐기는 남녀를 훔쳐보는 것은 혼자만의 안전한 놀이며 이와 다르게 클레메와의 사랑이란 그녀가 통제되지 않는 세상에 뛰어들어야 함을 뜻한다. 어떻게 해야 하는가? 그에게 마음을 열고 싶지만 그렇게 되면 자신의 세상이 깨어진다. 자신만의 세상과는 달리 실제 세상은 그녀를 끊임없이 실망시키게 될 것이다. 완전하지도 않고 완벽하지도 않으며 충분할 수도 없는 세상은 위험한 곳이다. 누가 그녀를 어머니와 같이 보살피며 사랑해 준단 말인가? 화장실 시퀀스는 그녀의 이러한 고민이 잘 드러나는 장면이다. 에리카는 클레메를 성적으로 흥분하게 만든 후 "더 이상 당신을 만지고 싶지 않아"라고 말한다. 사실 그때 그녀는 "나를 영원히 사랑해 주세요"라고 말하고 있는 것이다. 그가 영원히 지금처럼 자신을 원해 주기를 바라는 마음에 그녀는 사랑을 완성하지 못한다. 그러나 불완전한 것에 대한 두려움을 극복하지 못하면 상황은 더욱 악화될 뿐이다. 그 두려움을 견딜 수 있어야 한다. 애끓던 마음과 긴장이 사라지는 허전함을 견딜 수 있어야 한다. 그때 비로소 진정한 사랑이 시작되는 것이다.

이 영화의 출구는 마지막 장면에 제시된다. 그녀의 어머니, 슈베 부인 그리고 안나와 함께 있어야 할 그녀가 콘서트홀의 문을 열고 나오며 영화가 끝나기 때문이다. 아마도 그녀는 또 다시 어머니와 단둘이 사는 아파트로 돌아갔을 것이다. 그러나 거리로 나와 어디론가 걸어가는 그녀의 모습을 보며 우리는 그녀가 또 다른 문들을 열고 밖으로 나갈 수 있길 바라게 된다. 이 영화를 지젝의 방식으로 삐딱하게 보면 그녀가 마음의 감옥에서 들려주는 또 하나의 이야기가 들린다. 정신분석이란 바로 이렇게 드러난 이야기와 함께 또 다른 이야기를 읽어 내게 만드는 도구이다. 우리 자신을 이해하기 위해 우리는 그 도구를 우리의 일상생활 속에서도 사용할 수 있어야 할 것이다. 나의 괴로움과 두려움을 이해하고 용기 있게 세상 속으로 뛰어들 때 비로소 나에 대한 진정한 이야기들을 할 수 있게 된다. 다음 장에서는 진정 독창적인 방식으로 자신의 이야기를 들려주는 철학자, 지젝을 만나 보자. 아니, 그의 서커스를 구경해 보자.

지젝의 기묘한 서커스
들뢰즈를 통한
프로이트로의 복귀

라캉은 욕망의 그래프에서 $\$ \Diamond a$라는 공식으로 '환상'을 표현한다. 여기서 거세된 주체의 결여를 견딜 만한 것으로 만드는 동시에 상징계의 불완전성을 보증하는 '대상 a'는 욕망의 동인이다. 상징의 사슬을 따라 흐르는 욕망이 구체적 대상의 환영 속에 갇히지 않는 것은 대상 a가 결여의 다른 이름이기 때문이다. 그러므로 기표와 기의의 마주침을 통한 의미작용과 고정점의 닫힌 구조에 대한 해체 과정을 반복하는 상징계는 그 중심에 체계적 결함을 외포한다고 할 수 있다. 이 모순은 환상을 통해 극복되며 동시에 은폐된다. 환상이 두 가지 대극적 역할을 한다는 뜻이다. 환상은 결여를 가리는 베일이지만 결여된 것이 있기 때문에 작동하는 기제이다. 이렇게 내부와 외부의 경계가 무너질 수밖에 없는 이유는 상징계의 중심에서 금방이라도 기표의 갑옷을 뚫고 나올 듯한 기세로 상징계를 위협하는 실재계의 심연에 있다.

실재계와 대상 a는 지젝의 이론 속에서 매우 친숙한 용어들이다. 또한 지젝의 이론 중심에 위치하는 실재계를 강조하고 불가능성을 내포한 실재계가 결코 행동하지 못하는 비정치적 주체가 아님을 명시하기 위해 지젝은 행위(act)라는 용어를 강조하기도 한다. 산만한 듯하면서도 방향성이 느껴지고, 이해할 듯하면서도 다시 맥락을 놓쳐 버리게 되는 지젝의 세상 속에서 길을 잃는 위험을 피할 수 있는 한 방법은 순간에 충실한 자세로 지젝의 저서를 읽어 가는 것이다. 그가 그런 방식으로 책들을 쓰고 있기 때문이다. 그는 변명하지 않는다. 적어도 그 글을 쓰는 순간 자신의 감정에 충실했기 때문이다. 그는 실재계를 두려워했다가 다시 그 속에서 가능성을 감지하고, 그 속에 갇혀 미쳐 가다가 뮌히하우젠 남작처럼 자기 머리채를 잡고 스스로를 구해 낸다. 정말 기막힌 묘기다. 그는 가끔 한 입으로 두말을 하며, 길을 걸을 때는 늘 사람들이 택하지 않는 방향으로 전진한다. 프로이트를 들뢰즈로 읽는 시도 역시 기막힌 묘기 중 하나라고 할 수 있다. 사라 케이는 『지젝: 비판적 소개』*에서 지젝의 산만한 체계를 세 부분의

* 국역본은 『슬라보예 지젝』, 정현숙 옮김, 경성대학교출판부, 2006으로 본문 내 책의제목은 원서명을 따랐다[Sarah Kay, *Žižek: A Critical Introduction*, Cambridge, UK: Polity, 2003].

주제로 나누어 설명한다. 각 단계에서 사라 케이가 중점을 두는 지젝의 저작과 관련주제 및 언급되는 중심 영화는 다음과 같다.

『삐딱하게 보기: 대중문화를 통한 라캉의 이해』(1991)

관련주제 히치콕 분석, 종적 구조, 현실/환상, 억압

중심영화 「이창」(1954)

『우스꽝스러운 숭고의 예술: 데이비드 린치의 「로스트 하이웨이」에 대하여』(2000)

관련주제 린치 분석, 횡적 구조 I, 현실 + 환상, 경계의 전복

중심영화 「로스트 하이웨이」(1997)

『진짜 눈물의 공포』(2004[2001])

관련주제 키에슬로프스키 분석, 횡적 구조 II, 현실(환상)1 + 현실(환상)2, 선택

중심영화 「베로니카의 두 겹의 삶」(1991)**

이와 관련하여 실재계와 대상 a를 중심으로 선택과 행위의 주제를 논의한 후 지젝 자신의 세상 속으로 들어가 『신체 없는 기관: 들뢰즈와 결과들』***의 「예술: 말하는 머리」(Art: The

---

** 일반적으로 영화 제목에서 double life는 '이중생활'로 번역되나, 이중생활이라는 단어의 뉘앙스 때문에 '두 겹의 삶'으로 번역하는 것이 더욱 적절하다.

*** Slavoj Žižek, *Organs without Bodies: Deleuze and Consequences*, NY: Routledge, 2004.

Talking Heads)를 통해 '신체 없는 기관'의 예들을 살펴보자.

부정태와 함께 체재하는 법

지젝의 상상력 안에서는 들뢰즈가 떼어 버린 기관이 소생하고, 사망한 이웃이 가장 유익한 이웃으로 변화하며, 마르크스와 포르노그라피를 함께 논할 수 있다. 이 공간에서는 라캉의 "성관계는 없다"가 "종교적 관계는 없다"로 대체되고, 티크베어의 영화 「런, 롤라, 런」(1998)은 「런, 이졸데, 런」이 되며, 「욕망의 모호한 대상」(1977)이 「이데올로기의 숭고한 대상」으로 분장한다. 독립된 생명체인 듯 그의 머리로부터 멈추지 않고 떠오르는 생각들은 마치 가시적 물질처럼 지젝의 머리 주위에 상상력의 후광을 만들었고, 불수의적으로 쏟아지는 말들은 강연 시간 엄수를 불가능하게 만든다. 그의 상상력은 이러한 방식으로 라캉의 난해한 개념들을 삐딱하게 보며 대중문화를 읽어 내고 대중문화를 삐딱하게 놓고 라캉을 설명한다.

지젝의 대중문화분석은 영역의 경계를 넘어 철학, 사회 그리고 현실을 어우른다. 장르들의 혼합체인 「스타워즈」나 브레히트의 방법론으로 영화를 만든 고다르의 새로운 시도, 미국적 장르인 서부극을 통해 서부극의 전형에 도전한 레오네, 이론과 실천이 함께 녹아 있는 구소련 감독들의 영화나 제3영화 등과 마찬가지로 지젝의 문화 분석 또한 타영역과의 경계를 허무는 동시에 현실에 깊이 뿌리내리고 있다. 즉, 그의 이론은 현상분석이 가능한 실천의 영역에 위치한다. 「매트릭스」 안 모피어스의 대사인 "실재계의 사막에 오신 것을 환영합니다(Welcome to the Desert of the Real)"는 9·11참사 후 지젝이 쓴 글의 제목이며, 철학과 마르크스의 이름이 어색하지 않은 『매트릭스로 철학하기』(2002)의 한 부분을 채우고 있는 그의 글은 영역의 경계를 허무는 예이다. 그러나 인간이 만일 정박을 가능하게 하는 S_1의 작위적 봉합과정을 거치지 않는다면 그/그녀는 어쩔 수 없이 실재계의 우주 속 미아가 될 수밖에 없다. 거세된 주체만이 욕망할 수 있다는 라캉의 가르침은 마음대로 되지 않는 세상 속으로 들어가는 것이 모든 해방적 실천의 첫 걸음임을 암시한다. 그렇다면 폭발적 상상력으로 다양한 영역을 넘나드는 지젝의 연동적 운동을 순간적으로 고정시키는 도구는 무엇일까? 그것은, 제임스 조이스에 대한 라캉의 분석과 유사하게 순간의 사유를 묶어내는 '버소'(Verso)와 '루틀리지'(Routledge)의 '레터'(la lettre)들이다. 그러나 끊임없이 움직이는 그의 역동적 레터들은 순간의 정박지점일 뿐 각 레터들조차 그 내용이 이어지지 않는다. 이는 부정태와 함께 체재하는 법을 알려 주는 진정한 실천적 태도이다.

안과 밖, 상과 하, 악과 선이 뒤집힌 지제키언(Zizekian) 세상에서는 작품들 간의 고정된 위계란 존재하지 않는다. 히치콕과 포르노그라피와 탐정소설과 마르크스는 촘촘히 짜인 그물에 걸려 불안한 구조 속에 부유할 따름이다. 그렇다면 64시간 동안 임권택 감독을 인터뷰한 영화 평론가 정성일이 「그놈은 멋있었다」(2004)와 「늑대의 유혹」(2004)을 읽고/보고 귀여니를 인터뷰했다는 사실은 그가 지제키언이 되기에 충분하다는 것을 말해 주는 것이 아닐까? '귀여니'의 이름이 죽음, 근친상간, 동거, 에이즈와 섞여 만드는 분위기를 인지하는 독자 역시 지제키언이 될 수 있을 것이다.

지젝이 우리 앞에 그의 상상력의 보따리를 풀어 놓으면 가려졌던 작품의 세부들이 살아나 새로운 이야기들을 스스로 들려준다. 구조의 정형화에 저항하는 그의 엽기적 글쓰기는 종래의 정신분석적 문예 분석에도 괄목할 만한 기여를 했다. 지젝에 익숙해진 비평가는 오이디푸스 콤플렉스를 형상화하는 구조가 내재되어 있지 않은 작품도 스스럼없이 선택하게 된다. 그 예로 지젝은 「로스트 하이웨이」의 처음과 끝에 반복되는 "딕 로렌트는 죽었다"라는 문장을 실재계의 회귀와 라캉의 『도둑맞은 편지』 분석을 통해 설명해 냈는데, 그의 그러한 정신분석적 영화비평은 라캉과 영화의 새로운 결합을 가능하게 만들었고, 이 새로운 장 안에서 도식화된 공식들은 유래 없는 기발함에 자리를 양보해야 했다. 도대체 누가 햄릿으로 태어났단 말인가? 지젝은 프로이트에게 호통 치며 프로이트의 중심 전제를 무너뜨린다. 프로이트를 앞에 앉혀 두고 그는 정신분석은 그런 게 아니라고 한 소리를 하고 있다. 그 옆에는 들뢰즈가 쭈뼛이 서 있다. 지젝은 이번에도 전혀 망설이지 않고 프로이트 집에 놀러 가자고 들뢰즈의 손을 잡아 이끈다. 들뢰즈와 함께 정신분석으로 복귀한 지젝은 이제 프로이트라는 신체를 갈가리 찢어 버리고 남아 있는 기관들로 정신분석의 인테리어를 다시 구상한다. 이제까지 이런 묘기를 본 적이 있었던가?

히치콕, 린치, 키에슬로프스키: 실재의 얼룩 vs 현실의 선택

사라 케이는 『지젝: 비판적 소개』의 제3장, 「현실과 실재: 왜상으로서의 문화」에서 지젝의 이론체계를 보로메오 매듭을 변형하여 설명한다. 라캉의 보로메오 매듭은 상징계, 상상계, 실재계로 이루어져 있으며, 생톰은 정신병의 구조에서도 매듭이 흐트러지지 않도록 만드는 네 번째 고리이다. 케이는 지젝의 이론체계를 구성하는 세 원을 각각 '라캉의 정신분석', '헤겔의 변증법' 그리고 '이데올로기 비판'으로 설명하고 세 원의 중심에 '대중문화의 쾌락'을 위치시킨다. 즉 지젝이 복합적 이론으로 만든 렌즈를 통해 궁극적으로 라캉의 정신분석을 문화에 투영한다는 것이다. 물론 이 렌즈는 왜곡현상을 통해 상징계 중심의 얼룩을 보여 준다. 상징계, 상상계, 실재계의 소용돌이 안에서 거세라는 근원적 결여를 견디며 살아가는 주체를 설명하기 위하여 지젝은 주체에 동화될 수 없는 주체 내부의 이물질들을 강조한다.

브루스 핑크가 『라캉의 주체: 언어와 주이상스 사이』[*]에서 설명하듯이 정신분석에서 대상이란 주체의 대극개념이 아니다. 대상은 주체의 중심에 위치하는 주체의 낯선 일부인 것이다. 이 낯섦은 주체가 거세되었음을 의미한다. 실재계의 강조를 통해서도 알 수 있듯이 프로이트식 거세과정이 아닌 낯섦 그 자체를 강조하는 지젝은 『삐딱하게 보기』에서 위에서 언급된 이물질을 패트리샤 하이스미스의 추리소설에 나오는 '단추', '융기물', '검은 집'으로 분류하며 다시 한번 실재적 심연의 공포를 상기시킨다.

히치콕 감독의 작품들은 이와 같은 실재계적 얼룩이 가장 짙게 묻어 있는 경우이다. 지젝은 히치콕이 「이창」에서 주인공 제프와 그의 애인에 대한 여러 종류의 가능한 미래를 보여 준다고 분석하는데, 이때 성적으로 무력한 주인공 제프의 현실과 이창 너머에서 벌어지는 제프의 억압된 환상 시나리오들이 비교될 수 있다. 사라 케이는 『삐딱하게 보기』의 히치콕 분석이 현실적인 것과 억압된 것 사이의 종적 구조를 제시하는 데 반해 그 후의 저작들에서는 횡적 구조를 이용한 분석이 우세해진다는 사실을 지적한다. 즉, 「이창」에서 환상 스크린이 종적으로 배열된 현실과 억압된 시나리오들을 잇는 베일이었다면, 이와 반대로 데이비드

[*] Bruce Fink, *The Lacanian subject:Between Language and Jouissance*, Princeton: Princeton University Press, 1995[『라캉의 주체: 언어와 향유 사이에서』, 이성민 옮김, 도서출판b, 2010].

린치의「로스트 하이웨이」에서는 현실과 억압되지 않은 환상 시나리오가 같은 축에 배열된다는 것이다. 지젝은 경계를 허무는 상상력으로 현실과 환상의 벽을 허문다.『우스꽝스러운 숭고의 예술: 데이비드 린치의「로스트 하이웨이」에 대하여』에서 지젝은 검열과 검열 대상을 같은 편에 위치시키고, 요부(femme fatale)와 가부장적 체제를 연합시키며 궁극적으로 현실과 환상을 유사한 환경으로 간주한다. 그러므로 환상공간이란 더 이상 현실에서 불가능한 것들이 실현되는 꿈의 세계가 아니다. 영화에서 횡적으로 배열된 현실과 환상은 모두 무력하다.「로스트 하이웨이」는 동일 인물인 현실의 주인공 피트와 환상의 주인공 프레드가 모두 욕망의 대상과의 합일에 실패한다는 사실을 보여 줌으로써 개인은 환상 속에서조차도 비참한 현실을 위로받을 수 없음을 강조한다. 현실과 환상이 우호적 동맹관계에 있다는 사실은 환상이 상징계 중심에 있는 불가능의 중핵 자체를 변형시킬 수는 없다는 것을 보여 준다. 케이는 세 번째 변화를 관찰할 수 있는 저작으로『진짜 눈물의 공포』를 들고 있는데, 지젝은 이 책에서 키에슬로프스키의 영화들을 분석하며 이번에는 횡적 구조의 새로운 형태를 제시한다.「로스트 하이웨이」가 현실과 환상이 나란히 배열된 영화였다면「베로니카의 두 겹의 삶」은 현실을 제시한 후 또 하나의 가능한 다른 현실을 서사와 시간의 연속성을 깨고 횡적으로 나열한다. 덧붙여 이때의 현실은 환상과의 경계가 모호하여 우리는 어떤 현실이 환상인지, 현실의 어느 부분이 환상인지 식별해 낼 수 없게 된다. 지젝에 의하면 제시된 두 현실은 주체의 선택을 의미한다.

지젝은 현실과 환상의 경계를 허물고 실재적 결여의 베일로 서의 환상 구조를 드러낸 후 그럼에도 불구하고 나쁜 것과 더 나쁜 것 사이에서 선택하는 주체의 행위에 주목한다. 주체는 분석의 종결지점에서 숙명으로 간주되는 환상 서사를 만나게 되는데, 바로 그것이 현실을 구조화하고 정향하는 근본 서사이다. 물론 우리는 그 서사를 가로지를 수 있어야 한다. 환상가로지르기란 숙명적 서사 밖으로 나갈 수 있는 인간의 가능성을 뜻한다. 그곳에는 애초에 아무것도 없었던 것이다. 지젝이 초기에 제시한 안토니오니의 「확대」(Blow-Up, 1966)의 사례는 이러한 주제에 대해 더욱 명확히 설명한다. 사진을 확대하면 확대할수록 보고자 하는 것에서 멀어지며, 찾아 헤매면 헤맬수록 찾는 것에서 멀어지는 이 영화에서, 주인공은 결국 소도구 없이 연기하는 마이머 (mimer)들의 규칙을 배우게 된다. 그는 구체적 대상과 설명과 명확한 해답 없이 견디는 방법을 배우고 결국 결여로 만들어진 공을 집어 그것을 마이머들을 향해 던지는 선택을 하게 된다. 그는 상징계가 완벽하지 않음을 배우게 된 것이다. 상징의 사슬이 꿰지 못하는 잉여를 최근 지젝은 '신체 없는 기관'이라 불렀다.

재미있는 점은 지젝이 신체에서 분리된 기관의 이야기를 전달하는 과정에서 누구도 생각하지 못한 재미있는 시도를 하고 있다는 점이다. 그것은 한마디로 고도의 기술을 요하는 서커스라 할 수 있다. 이 공중곡예에서 지젝은 우선 정신분석의 대극으로 받아들여져 온 들뢰즈 속으로 입성한다. 그러더니, 갑자기 들뢰즈의 안팎을 뒤집어 신체 없는 기관을 만들어 낸 후 그것을 가지고 이번에는 프로이트로 복귀한다. 신체 없는 기관은 프로이트의 「낯선 친밀함」에 대한 들뢰즈식 응답이라고 할 수 있다. 벤야민 사후 수잔 벅 모스가 벤야민의 아케이드 프로젝트를 가상으로 완성했던 것과 유사하게, 지젝은 들뢰즈가 빙의하도록 자신의 육신을 내어준 후 그 자신이 들뢰즈가 되어 들뢰즈의 방식으로 프로이트를 해석하고 있다. 바로 그 결과물이 아래 사례들이다. 몇 번의 회전 끝에 허리 한 번 삐끗하지 않고 차분히 착지하는 지젝의 모습은 정말 요정과 같이 가볍고 아름다워 보인다.

신체 없는 기관: 말하기 시작하는 진실

'신체 없는 기관'은 들뢰즈의 '기관 없는 신체'의 상동인 동시에 프로이트의 「낯선 친밀함」에 나오는 사례들이 구체화 된 대상이다. 지젝은 『신체 없는 기관: 들뢰즈와 결과들』의 「예술: 말하는 머리」를 통해 다음과 같은 '신체 없는 기관'의 예들을 제시하고 있다. 우리는 이 대상들을 거의 모두 「낯선 친밀함」에서 전혀 다른 형태로 만날 수 있다. 그래서 프로이트를 정독하면 지젝이 더 재미있어지는 것이다.

① 「현기증」(Vertigo, 1958) 어니즈 레스토랑에서의 주체를 떠난 시점숏

② 「영화의 눈」(Kino-Eye/Kino-glaz,1924) 카메라, '자율적 기관'으로서의 눈

③ 주체로부터 분리된 거울상 주체와의 연속성이 단절된 외부로부터의 이미지

④ 「멀홀랜드 드라이브」(Mulholland Drive, 2001) 신체를 떠난 목소리

⑤ 지버베르크(Syberberg)의 「파르지팔」(Parsifal, 1982) 자율적 기관으로서의 상처

⑥ 뭉크의 「절규」 소리 없는 외침

⑦ 세르지오 레오네의 「원스 어폰 어 타임 인 아메리카」(1984) 프레임을 떠난 전화벨 소리

⑧ 발란신 발레(Balanchine ballet) 음악이 끝난 후에도 계속되는 춤

⑨ 바그너의 말히는 미리 주체를 떠난 창작행위

⑩ 몬테베르디(Monteverdi)의 「오르페오」(Orfeo) 심리학적 주체를 벗어난 인물

⑪ 베르톨트 브레히트의 교육극 자신의 역할을 벗어난 배우들의 대사

⑫ 라캉의 「에크리」(1966):「프로이트적 사물 또는 정신분석에서 프로이트로의 복귀의 의미/방향」(La chose freudienne ou Sens du retour à Freud en psychanalyse) 주체를 떠난 사물: "말하는 것은 바로 나, 진실입니다(C'est moi, la vérité, qui parle)."

⑬ 마르크스의 「자본」 "우리 한번 상품이 이야기를 시작한다고 상상해보자……": 말하는 상품

⑭「**미 마이셀프 앤드 아이린**」(Me, Myself and Irene, 2000), 「**파이트 클럽**」(Fight Club, 1999)　자율화된 손

지젝은 『신체 없는 기관』에서, 마지막에 언급된 두 영화에 대해 다음과 같이 말한다.

두 영화 모두에서 자기구타는 주인공의 주먹이 그 자체의 생명을 요구하며 주인공의 통제를 벗어날 때 시작된다―한마디로 부분 대상이 되는 것인데 들뢰즈식의 용어로 표현하자면 **신체 없는 기관**(뒤집힌 기관 없는 신체)이 되는 것이다. 이것은 두 영화에서 모두 볼 수 있는 주인공과 그 분신의 싸움을 이해하는 데 중요한 실마리를 제공한다. 주인공의 이상적 자아, 환영적/비가시적 환영체인 분신은 단순히 주인공의 외부에서 나타나는 것이 아니다―그 효능은 하나의 기관(손)의 자율화로서 주인공의 몸 자체에 각인되어 있다. 스스로 움직이는 손은 주체의 욕망의 변증법을 무효화시키는 충동이다. 충동은 근본적으로 죽지 않은 '신체 없는 기관'의 의지이며 라캉의 **라멜라**처럼 주체가 성적 차이로 만들어진 상징계의 영역에서 자신을 주체화하기 위해 잃어야 했던 부분을 대표한다.[*]

[*] Žižek, *Organs without Bodies*, pp.173~174. 강조는 저자의 것이고, 번역은 인용자(김서영)의 것이다.

이와 같이 지젝은 거세와 침실 속 가정사에 매어 있던 부분 대상들을 신체로부터 해방시켜 한계 없는 충동의 차원으로 이끈다. 그러나 이 지점에서 문제가 되는 것은 그가 들뢰즈를 다시 떠나야 한다는 점이다. 우리에게 주체가 필요하기 때문이다.

현실의 사막에 오신 것을 환영합니다!

언어 속에서 소외되고 타자의 욕망으로부터 분리된 주체가 그/그녀의 욕망에 대해 말할 수 있는 유일한 방법은 신체 없는 기관 자체가 말하게 하는 것이다. 그러나 신체를 벗어난 실재의 조각이 궁극적으로 주체의 선택을 대변할 수 있을까? 이미 언급했듯이 실재계라는 개념은 내부와 외부의 경계를 허무는 주체 안의 이물질이다. 그것은 주체의 중심에 자리하고 있으나 모든 종류의 일관성을 끝없이 위협하며 신체를 자율적 통제가 불가능한 외부 공간으로 연장시킨다. 지젝은 위에서 지가 베르토프의 「영화의 눈」을 신체 없는 기관의 예로 들고 있는데, 이때 카메라 렌즈라는 신체를 벗어난 (신체에서 확장된) 눈은 신체 있는 기관으로서의 눈으로는 볼 수 없는 것들을 보여 준다. 뿐만 아니라 베르토프의 카메라는 우리가 반드시 보아야 하는 것들을 볼 수 있게 해 줌으로써 영화의 혁명적 가능성을 실천했다. 이때 신체 없는 기관이란 작은 신체를 연장하여 거인의 몸을 만드는 도구였던 것이다. 지젝과 함께 실재의 사막을 가로지른 우리는 이제 현실의 사막으로 돌아와야 한다. 그리고 횡적으로 나열된 수많은 가능한 미래들 중 하나를 선택해야 한다. 환상의 받침대가 없는 불모의 현실 속에서 선택의 행위를 실천하는 주체는 그야말로 '신체 없는 기관'이라는 죽음충동의 상징적 현현이다. 이는 들뢰즈의 망령이 프로이트의 제사상에 함께 초대받을 수 있는 이유이기도 하다. 그런데도 들뢰즈는 가타리와 어울려다니며 "당신은 햄릿으로 태어났냐"고 묻는다. 실로 안타까운 일이 아닐 수 없다.

햄릿과 영화
호레시오를 기다리며

"당신은 햄릿으로 태어났습니까?"*

영화와 문학

영화는 19세기 말 기계의 몸에서 태어났다. 기계가 낳은 아이는 마치 단기기억상실과도 같이 오늘 배운 '인간적인 것'을 다음 날이면 이내 잊어버리곤 한다. 영화는 질문한다. "'인간적'이라는 게 무엇일까? 내 평생 그런 것을 한 번이라도 느껴 본 적이 있었던가?" 프레임, 숏, 신, 패닝, 트래킹, 틸팅, 와이프, 아이리스, 디졸브, 오버랩, 롱테이크, 딥포커스, 고속촬영, 편광필터, 줌아웃으로 만들어진 딱딱한 내부기관들은 부드러운 살과 따뜻한 피를 기

---

* Gilles Deleuze & Felix Guattari, *Anti-Oedipus: Capitalism and Schizophrenia*, trans. Robert Hurley et al., London: The Athlone Press, 1984, p.112.

억하지 못한다. 아이는 우주와 신화와 종교와 역사를 후천적으로 배워야만 하며, 그러한 교육은 매순간 반복되어야만 한다. 기계를 반복적으로 가르치는 일, 바로 그것이 영화감독의 첫 번째 역할이다.

감독은 또한 인간을 닮아 가기 시작한 아이를 둘러업은 채 수직통합이라는 괴물에 대적해야 한다. 제작, 배급, 상영을 싹쓸이한 덩치 큰 괴물이 인간적인 것을 배우는 것은 불가능하다. 그것은 쓸어 버리고 부수어 버리는 데 익숙하며, 돈, 관객, 숫자를 위해서라면 인간이라고 불리는 탈을 뒤집어쓰고 이해하지도 못하는 인간의 언어를 기꺼이 흉내 낼 것이다. 감독은 인간처럼 보이는 괴물로부터 기계를 구해내야 한다. 즉 그의 두 번째 역할은 아이의 기사가 되어 기계를 보호하는 것이다.

기계를 인간화한다는 것은 인간의 인지기능을 최대한 이용하여 '해석'하는 과정을 뜻한다. 이 과정을 거치며 렌즈를 통해 보이는 장면과 프레임에 담긴 장면 그리고 완성된 오리지널 네가 필름에 기록된 장면들이 의미를 부여받는다. 이때부터 프레임 속의 모든 요소들이 이유를 가지게 된다. 미장센은 그렇게 구성될 수밖에 없으며, 장면은 그렇게 찍힐 수밖에 없고, 영화는 그렇게 편집되어야만 했다. 임권택 감독 외에 "왜?"라는 질문을 받았을 때 이와 같이 대답할 수 있는 감독이 한국에 몇 명이나 더 있을까? 기계는 바로 이 과정을 통해 영혼을 가지게 된다. 바로 이것이 기관에 신체를 부여하는 주체화 방식이다. 사람으로 태어난 기계는 이제 인간이 기원전부터 해왔던 이야기를 이해할 수 있게 된다. 아이는 삶과 죽음이 반복되고 영웅이 귀향하는 세상에서 어른으로 성장할 것이다.

　물론 독자를 만나는 일에 생사를 걸고 적당히 타협하는 문학 도 있다. 그러나 적어도 문학은 아무리 씻어도 지워지지 않는 사 람냄새를 가지고 있지 않은가? 문학은 호메로스가 들려주는 노 래와 그리스 고대작가들의 부릅뜬 눈과 예수의 마지막 절규와 마르크스의 더부룩한 수염을 한 점의 부끄럼 없이 당당히 비껴가지 는 않는다. 문학에는 당연한 것들이 있다. 그런데 영화의 경우, 그 당연한 이야기가 1분의 피칭 속에서 사라지는 경우가 드물지 않 다. '피칭'이란 영화의 골자를 말로써 전달하는 것인데 1분에서 5분 사이의 피칭의 목적은 다음과 같은 유레카이다. "이 영화 된 다!—"'된다'는 한마디와 함께 장차 기계로 자라날 수정란의 분 화가 시작된다.

　프랑스 누벨바그 작가들의 정신적 아버지인 앙드레 바쟁 (André Bazin)은 영화의 발명을 논할 때 기계보다는 사람을 강조 해야 한다고 주장한다.* 애초에 사람들의 소원과 믿음으로 이루 어진 신화가 없었다면 그러한 발명이 가능할 수 없었기 때문이

---

* 앙드레 바쟁, 『영화란 무엇인가?』, 박상규 옮김, 시각과언어, 1998, 26쪽.

다. 그는 사람을 믿는다. 진실을 믿고 진실을 드러내는 영화의 기능을 믿는다. 프랑스 누벨바그는 진정 신화적인 세상의 현현이다. 그러나 문제는 21세기가 되었을 때 '사조'(思潮)라는 신화가 사라진다는 것이다. 누벨바그는 현재라는 주류에 저항하며 과거와 연대하는 사람들의 모임이었으며 그들의 젊은 혈기는 인간이 되고자 하는 기계의 소원을 성취시켰다. 그리고 그 순간 기계가 숨을 쉬기 시작했다.

죽이느냐 살리느냐 그것이 문제이다. 어두컴컴한 극장 한 구석에 구부정히 서 있는 사조의 유령이 보이지 않는가? 우리는 기계 안에 웅크리고 있는 인간이라는 요소를 찾아내어 그 작은 씨앗을 배양해야 한다. 이를 위해 우리가 사용할 수 있는 가장 구체적인 방법은 '해석'이다. 해석은 기계의 썩은 몸뚱이에 생기가 돌게 만들 것이며, 이렇게 다시 살아난 기계들이 언젠가 사조라는 신화를 재현하게 될지도 모를 일이다.

이것은 정신분석에서도 일어나야 하는 사건이다. 정신분석 이론이 사람 이야기를 하기 위해서는 모든 인간을 규정하는 틀 자체를 벗어 던져야만 한다. 하나의 해석, 대표 해석을 무너뜨려야 한다. 다시 말해 우리는 『햄릿』을 다른 방식으로 해석할 수 있어야만 한다.

해석들:『햄릿』과 영화

윌리엄 셰익스피어의『햄릿』은 지난 400년간 무수한 해석들을 가능하게 만들었다. 그 이유 중 하나는 희곡 자체에 내재된 모호함이라고 할 수 있다. 특히 더할 나위 없이 완벽한 복수의 기회를 포착하였음에도 불구하고 여전히 망설이고 있는 햄릿의 마음을 읽어 내기란 스핑크스의 문제를 풀기보다 어렵게 느껴진다. 몇몇 해석들을 살펴보자면, 브레히트는 희곡에 묘사된 덴마크 내부에서의 갈등과 덴마크와 노르웨이 사이의 갈등 모두를 권력을 둘러싼 투쟁으로 이해했다. T.S.엘리엇은 그가 '객관적 상관물'(objective correlative)이라고 명명한 개념을 통해『햄릿』을 비판하며 이 작품을 '예술적 실패작'이라고 불렀다.* 극 속의 어떤 것도 햄릿의 마음을 반영하지 못하며 그러므로 우리가 햄릿의 행보를 예측할 수 없는 것은 작품 자체의 결함 때문이라는 것이다. 그 밖에도『햄릿』은 사고와 행동의 불일치, 지성과 욕망 사이의 갈등, 또는 명예로운 욕망의 추구 등으로 해석되어 왔다. 문제는 햄릿의 독백들이 이러한 해석들 중 어떤 것에도 정답이라는 세례를 베풀고 있지 않다는 점이다.

『햄릿』을 영화화하는 작업에서도 해석은 필수적인 과정이다. 한 부분을 선택한다는 것은 다른 부분을 배제한다는 것에 다

---

* T.S.Eliot, "Hamlet" in *Selected Essays*, London: Faber and Faber, 1919, p.143.

름 아니다. 어떤 각색은 넘치고 또 다른 각색은 모자란다. 누구도 첨가와 생략이라는 덫을 피해갈 수는 없다. 그러나 오히려 바로 이러한 이유로 고전을 영화화하는 작업은 기계와 사람을 결합시키게 된다. 시선이 없이는 각색이 불가능하기 때문이다. 감독은 우선 작품이 서로 다른 계층, 서로 다른 시대의 사람들로부터 사랑받을 수 있었던 이유를 이해해야 하며 자신의 해석을 토대로 이를 재구성해야 한다. 그 과정의 중심에 사람이 있다.

로렌스 올리비에(Laurence Olivier)의 「햄릿」(1948), 그리고리 코진체프(Grigori Kosintsev)의 「햄릿」(1964), 토니 리처드슨(Tony Richardson)의 「햄릿」(1969), 셀레스티노 코로나도(Celestino Coronado)의 「햄릿」(1977), 아키 카우리스마키(Aki Kaurismaki)의 「햄릿, 장사를 떠나다」(1987), 케네스 브래너의 「햄릿」(1996)은 서로 다른 방식의 각색을 통해 인간이라는 요소를 다양하게 변주한다.

우선 올리비에의 「햄릿」에서 선왕의 유령 신 직후 카메라는 부드럽게 우측으로 흐르며 나선형 계단을 타고 내려오는 크레인 숏을 구사한다. 부감으로 잡은 연회장의 롱 숏은 홀 중앙의 의자로 다가가고 이내 빈 방 속으로 움직여 화면 전체를 침대로 가득 채운다. 도대체 빈 방과 더블베드의 의미는 무엇일까? 올리비에는 왜 침대의 클로즈업이 필요하다고 판단했을까? 영화의 엔딩 시퀀스 또한 오프닝 시퀀스와 완벽한 대칭구조를 이루며 카메라가 성 밖으로 빠져 나오기 전에 빈 침대를 다시 한번 부각시킨다.

아마도 그는 햄릿으로 태어났나 보다.

이 영화에서 빈 방의 이미지와 함께 노골적으로 강조되는 것은 게르트루드와 햄릿의 관계다. 어머니의 애타는 사랑, 어머니에 대한 애절한 사랑이 빈 침대와 어우러지며 근친상간적 뉘앙스가 전달된다. 단일한 해석에 저항하는 원작과 달리, 영화는 몇몇 장면들을 명확히 해석하고 있는데, 특히 마지막 장면에서 게르트루드는 왕이 술에 독을 탔음을 알아차리고 아들을 위해 대신 독배를 마신다. 어머니와 아들의 결합은 빈 방, 빈 침대의 이미지로 이어지며 어머니와 하나가 되고자 하는 아들의 소원과 아들의 영원한 연인이 되고자 하는 어머니의 욕망을 충족시킨다. 그들의 끈끈한 결합은 영상미 넘치는 장면들을 후미진 침실로 몰아넣는다.

반면 코진체프의 햄릿은 인간의 자유와 해방을 갈망하는 인물로 그려진다. 침실 너머의 「햄릿」은 햄릿과 오필리어를 한 쌍으로 묶어 내며 그들이 서로의 거울상이 되게 만든다. 이와 함께 햄릿의 정신적 상태가 반영되는 바다의 이미지를 본다면 엘리엇은 더 이상 이 작품을 '예술적 실패작'이라고 부르지 못할 것이다. 코진체프의 「햄릿」은 숨 막히는 침실을 벗어나 하늘과 바다가 보이는 열린 공간으로 이동한다. 그의 마음과 함께 바다는 높이 치솟기도 하고 잔잔히 가라앉기도 한다. 영화의 세부에 실린 수많은 구속과 속박의 이미지는 햄릿과 오필리어의 자유에 대한 갈망을 더욱 부각시킨다. 그러므로 코진체프의 「햄릿」에서 클로디어스와 아버지의 죽음에 대한 복수는 주변으로 밀려나게 되고 급기야 기도하는 숙부 뒤에서 햄릿이 망설이는 장면은 생략된다. 햄릿에게 복수의 문제보다 더욱 중요한 것은 자유와 해방의 문제이기 때문이다.

코진체프의 「햄릿」의 첫 장면에서 햄릿은 말을 타고 입성한다. 햄릿의 뒷모습이 멀어지며 성벽의 격자문이 내려오면 성 밖에 위치된 카메라는 감옥의 모습을 연상시키는 창살들의 이미지를 담는다. 자연으로부터 고립된 성은 햄릿을 가두는 감옥이다. 햄릿이 영국으로 떠나기 위해 성문을 나서면 성 안에 위치된 카메라는 앙각으로 오필리어의 그림자가 비치는 창문을 올려다본다. 햄릿이 성을 벗어나 화면에서 사라지는 동안 억압과 소외의 모티프는 햄릿의 거울상인 오필리어로 이동된다. 다음 장면에 보이는 오필리어는 무표정한 얼굴로 마치 인형처럼 팔을 벌리고 있다. 쇠로 만든 속옷들이 차례로 입혀지며 그녀의 몸을 옥죌 때 카메라는 계단의 난간 사이로 오필리어를 바라본다. 잠시 후 감옥의 창살과도 같이 그녀를 가둔 난간의 이미지가 강조되면 오필리어는 쇠로 만든 페티코트를 열어젖히며 이상행동들을 보이기 시작한다.

다른 각색들과는 달리 코진체프의 「햄릿」은 오필리어의 죽음을 구원의 이미지로 승화시킨다. 그녀의 시체가 꽃들에 둘러싸여 강물을 따라 흘러내려갈 때 카메라는 하늘을 날고 있는 새를 포착한다. 새는 프레임을 가로질러 날아가고 우리는 곧 그 새를 보고 있는 햄릿을 만난다. 이 순간 죽음과 삶이 중첩되며 오필리어의 죽음이 애도된다. 새의 이미지는 이제 햄릿으로 이어지고 마지막 장면에 이르면 그 역시 구속과 억압으로부터 해방되어 바다가 보이는 곳에서 최후를 맞이한다. 영화는 햄릿이 성 안으로 들어가며 시작되고 그의 시신이 노르웨이 병사들에 의해 성 밖으로 실려 나오며 끝난다. 오필리어의 죽음을 이어 내던 새의 이미지와 같이 마지막 장면은 바다의 이미지로 이어지며 햄릿의 죽음이 애도된다.

코진체프가 구원이라는 주제를 강조했다면 토니 리처드슨의 「햄릿」은 성(性)과 분노라는 모티프를 부각시킨다. 이 영화에서 햄릿은 오직 복수만을 생각하는, 분노에 찬 캐릭터인 반면 게르트루드는 성적 쾌락만을 추구하는 요부로 등장한다. 폴로니어스가 햄릿이 미친 이유를 보고하기 위해 왕과 왕비를 알현할 때 그들은 침대에 누워 서로에게 강렬한 키스를 퍼붓는다. 또한 리처드슨은 오필리어와 레어티즈의 대화장면에 근친상간적 뉘앙스를 부여함으로써 성적인 색채를 더욱 강조한다. 이와 같은 장면들은 간접적으로 햄릿의 분노를 더욱 증폭시키는데, 문제는 복수의 화신으로 구축된 햄릿이 망설일 수 없다는 점이다. 이때 유일한 방법은 햄릿의 망설임이 드러나는 숙부의 기도장면을 삭제하는 것뿐이다.

이와는 반대로 코로나도는 햄릿의 망설임에 초점을 맞춘다. '컬트 햄릿' 또는 '벌거벗은 햄릿'이라고 불리는 이 작품에서는 일란성 쌍둥이가 두 명의 햄릿을 연기한다. 그들은 서로 다른 생각들을 표현하며 햄릿의 내부 갈등을 재현한다. 한 명이 게르트루드를 모욕하면 다른 한 명은 그녀를 애무하고, 한 명이 오필리어에게 사랑을 고백하면 다른 한 명은 그녀를 질책한다. 이러한 각색의 문제는 돌이킬 수 없이 분열된 햄릿의 성격을 숙부의 살해에 연결하기가 쉽지 않다는 점이다. 영화는 클로디어스의 죽음을 생략한 채 두 햄릿의 싸움으로 끝난다.

카우리스마키의 「햄릿, 장사를 떠나다」는 시대적 배경을 현재로 바꾸고 사회적 측면에 초점을 맞춘다. 이 새로운 구성에서 햄릿의 아버지는 재벌 사업가이며 동생에 의해 살해된다. 그러나 영화가 전개됨에 따라 아버지를 살해한 것이 사실은 햄릿 자신이었음이 드러나고 햄릿 역시 영화의 마지막 장면에 독살당하게 된다. 아버지를 살해한 햄릿이 내부 갈등을 일으킬 리 없으며 이는 아버지 혼령의 호소와도 개연성 있게 연결되지 않는다. 이와 더불어 부여된 계급갈등이라는 주제에 의해 영화는 원작의 내용과 더욱 거리를 두게 된다.

위의 영화들과는 달리 브래너의 「햄릿」은 원전의 내용을 단 한 줄도 생략하지 않았음을 강조한다. 문제는 남김없이 채우려는 욕망이 원전에 없는 내용까지 덧붙이게 만든다는 점이다. 간간이 삽입된 인서트 신들에 의해 원전의 모호함이 일소되며 지난 400년간의 궁금증이 한 번에 해결된다. 예를 들어, 오필리어의 회상장면은 그녀가 햄릿과 사랑을 나누는 장면을 재현하고, 속도감 있는 교차편집은 노르웨이의 상황을 빈틈없이 보고한다. 남김없이 말하고 모두 보여 주고자 하는 시도는 238분이라는 과잉을 산출하게 된다.

브래너의 영화 첫 장면에 제시되는 선왕의 동상은 마지막 장면에 노르웨이 병사들에 의해 파괴되는데, 이는 효과적으로 부패한 덴마크에 새로운 질서가 수립됨을 암시한다. 이와 함께 엔딩을 장식하는 햄릿의 성대한 장례식은 영화 전체의 중심을 근친상간적 뉘앙스나 복수로부터 애도와 의례로 이동시킨다. 이는 상당히 라캉적인 해석이라고 할 수 있다. 『햄릿』에 묘사되는 죽음들을 살펴보면 장례식은 결혼식으로 이어지고 폴로니우스의 시체는 유기되고, 오필리어는 장례 절차가 생략된 채 구덩이에 파묻힌다. 이 비극적인 죽음들은 극의 마지막에 햄릿의 장례를 통해 제자리를 찾게 된다. 엘라 샤프는 이와 연관하여 『햄릿』을 애도가 생략된, "조급함의 비극"*이라고 부른다. 라캉의 햄릿론은 샤프의 해석을 토대로 구성된 것이다.

* Jean-Michel Rabaté, *Jacques Lacan: Psychoanalysis and the Subject of Literature*, NY: Palgrave, 2001, p.58.

시간여행:『햄릿』과 정신분석

정신분석의 유령이 「햄릿」들의 주위를 맴돌고 있다. 햄릿으로 태어났냐는 들뢰즈의 질문과 빈 방, 빈 침실로 들어가는 올리비에의 카메라와 애도가 생략되었다는 샤프의 주장은 모두 정신분석과 관련된다. 지젝의 지적대로, 들뢰즈는 가타리를 만난 이후 태도가 돌변하여 어머니, 아버지, 아이라는 정신분석의 삼각형을 비판하며 오이디푸스 신화의 그릇된 적용을 정신분석의 고질적 문제로 지적한다. 모든 사람은 아버지를 죽이고 어머니를 취하고자 하는 욕망에 의해 항상 이미 유죄란 말인가? 그저 빈 침대와 희생하는 어머니로 인류의 보편적 구조를 채우기만 하면 고전 한 편이 간단히 해석된단 말인가? 이와 달리 애도의 문제에 초점을 맞추는 해석 역시 정신분석학적 이론이라고 할 수 있다. 이는 라캉이『햄릿』분석에서 주목한 주제다. 그런데 왜 정신분석이어야 하는가? 도대체 「햄릿」에서는 무슨 일이 일어나고 있는 것인가?

정신분석은 편리한 도구이다. 프로이트의 오이디푸스 콤플렉스는 일종의 도깨비 방망이로서 두드리면 이내 정답들이 쏟아진다. 햄릿은 왜 망설이는가? 프로이트에 의하면 햄릿이 아버지를 살해하고 어머니를 취한 숙부를 죽이지 못하는 이유는 그 모든 것이 자신의 무의식적 소원이었기 때문이다. 프로이트는 무슨 근거로 이러한 주장을 했던 것일까? 왜 그는 오이디푸스 콤플렉스를 정답으로 간주했을까? 근친상간이 오이디푸스가 소원했던 것은 아니지 않은가? 그것은 자신이 알지 못한 채 저지른 일들이 아니었던가?

프로이트는 이에 대한 대답으로 희곡 중 이오카스테가 오이디푸스에게 하는 말을 인용한다.

> 지금까지 많은 사람들이 어머니와 함께 자는 꿈을 꾸었기 때문입니다. (『오이디푸스 왕』, 982행)*

근친상간은 모든 남성들이 소원하는 것이다. 소포클레스가 그렇게 말하지 않는가? 이제 프로이트는 그것이 오이디푸스의 소원임을 당당히 주장할 수 있게 되었다. 『꿈의 해석』의 바로 다음 문단에서 프로이트는 이 정답을 『햄릿』에 적용하고 400년 후 올리비에는 프로이트의 해답을 자신의 「햄릿」에 적용한다.

올리비에의 「햄릿」이 오이디푸스 콤플렉스에 대한 프로이트의 교조적 해석을 보여 주는 사례라면 브래너의 「햄릿」은 이에 대한 라캉의 구조적 해석의 사례라고 할 수 있다. 라캉은 오이디푸스 콤플렉스를 구조적으로 해체하여 재해석한다. 즉 그는 오이디푸스 콤플렉스에서 초점을 '아이의 어머니에 대한 소원'으로

---

* Sigmund Freud, *The Interpretation of Dreams*(First Part) in Standard Edition vol.4, London: Hogarth Press, 1900, p.264.

부터 '어머니의 욕망'으로 이동시킨다. 이제 그것은 어머니를 원하는 아이에 대한 이야기라기보다는 아이가 어머니의 욕망으로부터 벗어나는 과정을 뜻하게 된다. 아버지, 법, 언어라는 제삼자들이 개입하며 아이가 이미 구축되어 있는 질서에 편입되는 것이다. 아이는 상징의 질서 속에서 세상의 규칙을 배워 간다. 『햄릿』에서 질서가 무너진 덴마크를 가장 직접적으로 반영하는 것은 죽음에 대한 인물들의 태도이다. 극의 마지막 장면에서 죽음이 적절히 애도되며 상징의 질서를 깨뜨리던 조급함이 보상되고 새로운 질서가 구축된다.

프로이트 이전으로 시간을 거슬러 올라가면 정신분석의 끝에 소포클레스가 있다. 사실 『햄릿』 역시 시간을 타고 고대의 은밀한 무대로 이동하고 있다. 『햄릿』의 455행부터 522행까지에서 햄릿은 극 중 등장하는 배우들과 함께 트로이의 마지막 순간에 대해 읊고 있다. 이 부분의 주인공은 아킬레우스의 아들 네오프톨레모스로서 그는 목마에서 뛰어내려 프리아모스 왕을 살해하고 아버지의 원수를 갚는다. 비록 아킬레우스는 죽었지만 그리스는 결국 트로이를 무너뜨리고 헬레네라는 잃어버린 한 조각을 회복한다.

그렇다면 왜 프로이트의 경우 굳이 소포클레스여야만 했던 것일까? 베르길리우스나 호메로스를 선택할 수는 없는 것인가? 왜 오이디푸스여야만 하는가? 그 대신 아킬레우스나 오디세우스가 될 수는 없는 것인가? 용맹스러운 다혈질 남성을 아킬레우스 콤플렉스로 설명하고 잔꾀돌이 거짓말쟁이를 오디세우스 콤플렉스로 명명한 후 이 새로운 정답들을 이용하여 각색의 미학을 논의해도 되지 않을까? 왜 유독 오이디푸스만이 특권적 위치를 점유해야만 하는 것인가?

셰익스피어와 프로이트는 자신들의 텍스트에서 과거와 현재를 오가며 시대를 아울러 창조적 상상력을 발휘하고 있지만 정작 그들의 텍스트는 우리들의 감옥이 되었다. 우리는 감옥의 군건한 창살에 대해 질문할 수 있어야 한다. 몸을 옥죄는 페티코트를 벗어던지고 새가 되어 날아오를 수 있어야 한다. 성을 벗어나 자연의 품에 안기기 위해 노력해야 한다. 오이디푸스와 부친살해와 어머니에 대한 욕망을 벗어던진 후 시간여행을 해야 한다. 원전이라는 감옥을 해체하는 동시에 원전의 이중의미와 모호함을 품고 고대의 신화로 되돌아가야 한다. 제대로 돌아가기 위해서는 우선 해체해야 한다. 파편화된 조각들로 새롭게 원전의 구조를 주조해야 한다.

새로운 해석을 위하여

함께하는 놀이가 사라진 세상이다. 매년 200여 편의 영화가 제작되고 이내 뿔뿔이 흩어진다. 과거로서 기억되는 영화가 없다면 현재는 결코 고전으로 승화하지 못할 것이다. 놀이의 내용을 공유하던 시대를 돌이켜보면 함께하는 놀이란 그리 어려워 보이지 않는다. 그리스 작가들의 상상력은 남편을 배신하고 트로이로 도망갔던 헬레네가 이집트에 나타나게 만들기도 하고 제물로 바쳐졌던 이피게네이아는 타우리케에 살고 있다. 오레스테스가 주인공이기도 하고 엘렉트라를 중심으로 극이 전개되기도 한다. 그녀는 비극적이기도 하고 터프하기도 하며 농부의 아내가 되기도 한다. 이것이 진정한 놀이이자 해석이 아닐까? 한 조각이 첨가되면 신화가 더욱 풍성해지고 오랜 시간 후 작은 조각 역시 신화의 한 부분이 된다.

왜 『햄릿』을 신줏단지 모시듯 조심스레 다뤄야 하는가? 『율리시스』에서는 페넬로페가 바람을 피운 격인데도 오디세우스가 집으로 돌아오지 않는가? 조이스는 호메로스와 함께 놀이를 시작한다. 「율리시스의 시선」이라는 영화를 만든 테오 앙겔로폴로스 감독 역시 비록 얼굴을 맞대지는 못했지만 이들의 놀이에 동참하는 또 다른 참여자이다. 텍스트를 부수고 밖으로 나가 엽기적인 시각으로 새롭게 해석해야 한다. 원전을 근거로 신화와 현재와 개인의 이야기들을 뒤섞어 하이퍼텍스트를 구성해야 한다.

오레스테스라는 이름은 한 편의 텍스트에서 끝나지 않는다. 이 이름을 떠올리는 순간 주체할 길 없이 일련의 연상들이 잇따른다. 아가멤논, 트로이, 카산드라, 이피게네이아, 클리타임네스트라, 아이기스토스, 아트레우스, 티에스테스, 펠롭스, 복수의 여신들, 엘렉트라. 다시 아가멤논은 메넬라오스, 헬레네, 파리스, 트로이, 헥토르, 안드로마케, 프리아모스, 아킬레우스, 테티스, 펠레우스로 이어진다. 물론 이 게임은 『파리떼』, 『상복이 어울리는 엘렉트라』 등으로 이어지며 통시적인 축을 타고 지속된다. 텍스트 안에 갇혀 있는 해석들을 구출하는 가장 효율적인 방법은 신화의 시대를 부활시키는 것이다. 『햄릿』의 의미를 간단히 정의할 수 있는 간편한 해석을 찾아 헤매며 하나의 일관된 서사에 원전을 잡아매는 것보다는 그 유동성과 모호함에 동참하여 원전이 이끄는 새로운 지점으로 독자 또는 관객을 이끌어야 하지 않을까?

그간 영화의 역사는 '말'하는 영화를 박대해 왔다. 영화를 말하는 것은 눈이기 때문이다. 그래서 귀를 필요로 하는 영화는 일반적으로 '작가'라는 용어의 반대편에 배치되는 경향이 있다. 누군가 이따금, 잊어버리지 않을 간격으로 고전들을 영화화해 주면 억지로 영화를 차지하게 된 상영관이 소수의 관객들에 의해 채워진다. 이제는 귀와 눈의 경계를 허물 때가 되었다. 영화는 우리가 적극적으로 말을 가르치지 않는다면 결코 우리의 과거를 배우지 못할 것이다. 과거를 모르는 영화는 기계와 다를 바 없다.

공유하는 언어가 없이는 수많은 스태프들의 시간과 노력이 단 며칠의 시간 속에 묻혀 버리는 안타까운 현실을 변화시킬 수 없다. 19세기 말 기계의 자식으로 태어난 아이에게 말을 가르쳐야 한다. 과거의 이야기를 들려주어야 한다. 이미지로 말하는

21세기 영화들은 커다란 눈과 그에 어울리지 않게 쪼그라든 귀와 입을 가지고 있다. 우리는 영화를 보살펴 도태되어 버린 귀와 입의 기능을 회복시켜 주어야 한다. 매일 밤 이야기책을 읽어 주고 힘겹게 시작하는 옹알이를 격려해야 한다. 기껏해야 몇 분의 피칭만을 들어 본 귀가 문학과 역사와 철학을 반기도록 만들어 줘야 한다. 입을 열어 기원전의 세계를 초대하게 만들어야 한다.

2006년 중국의 펑 샤오강 감독이 『햄릿』을 원작으로 만든 「야연」(夜宴)을 선보였다. 감독은 황제로 하여금 태자가 사랑하는 여인을 황후로 삼게 만듦으로써 오이디푸스를 텍스트 밖으로 추방한다. 또한 그는 중국의 역사와 문화를 적극적으로 이용함으로써 전혀 새로운 이미지를 만들어 냈다. 이야기의 순서 또한 창조적으로 재구성하여 배우들의 연극 장면을 마지막에 배치했다. 형을 죽이고 황제가 된 동생은 형수를 황후로 맞이하는데, 황후가 자신을 독살하려 했음을 알게 된 그는 스스로 독배를 마신다. 이러한 방식으로 감독은 복수의 테마에 진실한 사랑이야기를 첨가한다.

햄릿과 오필리어의 자유에 대한 갈망, 클로디어스의 진실한 사랑, 게르트루드의 권력에 대한 욕망은 모두 원전 『햄릿』에 대한 창조적 변주이다. 그러나 이들 각색들이 햄릿이라는 이름과 더불어 자연스레 연상되지는 않는다. 그들이 원전을 보충하기보다는 대체했기 때문이다. 이와 더불어 원전과 함께 배치되어 원전의 내용을 더욱 풍성하게 만들어 줄 각색 역시 필요하지 않을까? 그리스 3대 비극작가, 구소련 몽타주, 누벨바그, 네오리얼리즘이라는 용어들이 그리운 시대이다. 요즈음 사조의 죽음을 애도하며 애타게 찾게 되는 이름이 있다―'호레시오'. 그를 찾아야 이야기가 시작되기 때문이다. 그는 이야기의 일부로서 과거를 살아 온 사람이다. 2014년, 84세의 노인이 된 21세기의 호레시오, 그의 이름은 장 뤽 고다르다. 나는 오늘도 다음 번 영화를 통해 그가 엘시노어 성에서 일어난 일들에 대해 들려주기를 바라며 숨죽여 그의 표정을 살핀다. 그의 이야기가 시작되면 트뤼포를 만날 수 있을지도 모르겠다. 그가 너무 보고 싶다.

사실 그를 현실에 불러낼 능력을 가진 이들이 있다. 그들은 정신분석을 침실에서 꺼낼 수 있는 이들이며, 무의식의 힘을 통해 꿈과 현실을 오갈 수 있는 이들이다. 그들은 오이디푸스를 대신할 인물들을 제시할 수 있으며 창조적 상상력으로 정신분석을 가득 채울 수 있는 이들이다. 그들은 거울 속으로 걸어 들어가기도 하고, 무의식의 언어로 말을 할 수도 있는 사람들이다. 우리는 이제 초현실주의의 세상에 도착했다.

장 콕토의
시인 삼부작
초현실주의와 정신분석

초현실주의 화가인 르네 마그리트의 그림에 관한 문제는 논술 및 수능시험의 단골이다. 그것은 초현실주의가 무엇인가를 묻는 문제라기보다는 근본적으로 상상력에 관한 질문이다. 그리고 초현실주의의 기저에서 토대의 역할을 하고 있는 이론은 정신분석이다. 무의식은 의식의 통제가 불가능한 영역이며 초현실주의자들은 직접적으로 이 영역과 소통하고자 노력했다. 그들은 이를 위한 하나의 방법으로 자동기술법이라는 것을 이용했는데 그것은 의식적으로 통제하지 않은 상태에서 무의식이 스스로 작업하도록 놓아 두는 것이다. 즉 매우 빠른 속도로 써 내려가는 것이다. 나는 초현실주의적 상상력은 초현실주의의 방식을 통해 표현해야 한다고 생각했으며, 그래서 자동기술법으로 장 콕토의 초현실주의 영화에 대해 이야기해 볼 생각이다. 꿈과 현실의 경계를 넘나드는 장 콕토의 세 편의 영화 「시인의 피」, 「오르페우스」, 그리고 「오르페의 유언」은 정신분석을 영화에 적용한 가장 혁명적이고 아름다운 실험에 속하는 작품들이다. '시인 삼부작'이라 불리는 이 영화들은 영상이 무척이나 아름답다. 지금부터 마치 분석가의 소파에서 자유연상을 하듯이 영화의 이미지들을 가능한 의식적인 조작을 배제한 채 써 내려가 보고자 한다.

시인 삼부작

굴뚝이 무너지고 그림에 그려진 입술이 말하기 시작한다. 당황한 시인은 살아 움직이는 입술을 손바닥으로 짓이긴다. 입술은 그림으로부터 떨어져 나와 시인의 손바닥에 달라붙는다. 입술은 익숙한 동작으로 근육을 움찔거리며 말하기 시작하고 시인은 닫혀 있던 몸의 한 부분이 열리는 순간 경악한다. 그는 자고이래로 입술이라는 것은 반드시 코와 턱 사이에 머물러야 하며 양쪽 광대뼈만을 향해 벌어져야 한다고 굳게 믿고 있었던 것이다. 손바닥에 난 구멍을 막기 위해 시인은 세숫대야에 손을 담그는 행위로 입술을 익사시키고자 한다. 괴로워하는 입술로부터 공기가 보글거리며 세숫물 위로 솟는다. 입술이 말한다. "공기가 필요해!" 입술의 명령에 시인은 입술이 숨 쉴 수 있도록 창밖으로 손을 내밀어 준다. 그러나 그는 끝내 현실화된 꿈을 견디지 못하고 조각에 손을 닦아 버림으로써 꿈을 털어내고 만다. 그는 파괴적 상상력과 광기를 담은 꿈이 무섭다. 시인은 생각한다. '손바닥에 입술이 생기다니 정상적이지 않은 일이 아닌가!' 그러나 동시에 그는 이것이 바로 그가 원했던 것임을 깨닫는다.

시인의 상상력이 다시 조각에게 생명을 불어넣는 순간 조각은 새로 얻은 입술로 시인의 피를 빨기 시작한다. 이제 살아난 조각은 그의 말하는 입술로 시인을 새로운 세계로 이끈다. 조각이 거울을 가리키며 말한다.

"한번 해 봐(Essayez)!"

시인은 다시 생각한다. '무엇을 해보란 말인가? 거울의 유리 뒷면엔 수은이 발라져 있을 뿐인 것을.'

"시도해 봐(Essayez)!"

단단한 거울 표면을 뚫고 들어가라니! 조각도 입술도 그들의 명령도 모두 비현실적이다. 그러나 그는 이내 느낀다. '거울을 통해 인간의 영역이 아닌 세계로 들어갈 수 있을지도 모른다!' 그리고 그는 이내 오르페우스가 그의 아내 에우리디케를 만나기 위해 선택했던 길을 걷게 된다.

잠겼던 문이 열리며, 시인이 보지 않았을 때 추구했으나 정작 눈앞에 나타났을 때 부인했던 꿈과 광기와 마술과 상상력의 세상이 펼쳐진다. 이곳은 '미친 연극'이라는 호텔이다. 어떤 방 안에는 멕시코가 있고 다른 방에서는 아이가 날아다니며 도처에서 같은 일이 끊임없이 반복되기도 한다. 한 남자는 죽음과 부활을 반복하며 연이어 살해당하고 여자인 남자와 남자인 여자가 사랑을 나눈다. 그림이 사람이 되고 시인은 벽과 하나가 되며 사람은 죽고도 죽지 않는다. 시간과 움직임과 사건은 원을 그리며 돌아간다. 그런데 정작 꿈이 현실이 될 수 있음을 노래했던 시인은 자신의 꿈을 확인했을 때 도리어 거울 밖으로 뛰쳐나와 현실을 갈망하게 된다. 경계를 넘어 왔음에도 불구하고 여전히 말하고 있는 조각의 비정상적인 모습이 시인을 화나게 만든다. 그는 조각을 부수며 생각한다.

'현실에서는 조각이 말을 해서는 안 돼!'

그리고 그는 멀쩡한 눈 위에 종이로 만든 눈을 오려 붙인 채 보고 있으나 보지 못하는 사람들의 대열에 합류해 버린다.

한 떼의 부르주아들이 발코니에서 미친 세상을 관람한다. 돌에 맞은 아이는 역류하는 피를 삼키며 죽어 가고 아이의 옆에서 멋있게 차린 남자는 잘 차려입은 여인과 트럼프 판을 벌인다. 빈 집에서 벌거벗은 모습의 절름발이 흑인 수호천사가 나와 이들이 보고도 보지 못하는 죽은 아이의 시체를 조용히 거두어들인다. 트럼프 게임에서 이기기 위해 하트 한 장이 필요한데 잘 차린 이들에게는 심장이 없다. 하트가 없는 말쑥한 시인은 총을 꺼내 자살하고 발코니의 잘 차린 부르주아들은 환호한다. 여인은 조각이 되고 굴뚝이 다시 무너진다.

꿈과 현실의 경계를 넘어서

시인이 입술의 충고를 듣고 거울을 통과하는 장면은 정말 장관이다. 시인이 거울 속으로 뛰어드니 거울 표면이 마치 물처럼 넘실거리며 시인을 끌어들인다. 그 속에는 새로운 세상이 펼쳐져 있다. 길이 이어지고 사람들이 나타난다. 우리는 세상의 많은 것들을 정의하고 규정하며 살아간다. 거울이란 그 속으로 들어가기 위해 존재하는 것이 아니며 꿈과 현실은 엄격히 구분되어야만 하는 것이다. 그런데 과연 현실이라는 것을 한 치의 의심도 없이 확실히 믿을 수 있을까? 「매트릭스」 시리즈 이후 현실인 척하는 꿈과 꿈 같은 현실이 우리를 헷갈리게 만들었고, 이데올로기가 마치 공기처럼 우리도 모르는 사이에 일상에 파고들어 우리의 일거수일투족을 관리하고 있다는 알튀세르의 말도 우리를 불안하게 만든다. 그렇다면 도대체 무엇을 믿으란 말인가? 하면 안되는 것, 해도 되는 것, 해야만 하는 것, 정상적인 생활, 비정상적인 일탈, 안에 있는 것과 밖에 있는 것, 중심과 주변을 분리시키고 나와 너, 우리와 너희를 가르기 위해 과연 어떤 기준을 따라야 하는가? 초현실주의는 규정되고 고착된 모든 의미들을 해체시키며 우리에게 상상력을 발휘하도록 격려한다. "거울도 뚫고 들어갈 수 있고 손바닥에도 입이 생길 수 있는데 무엇이 불가능하겠는가? 세상이 정의하는 당신의 모습을 떠나라. 당신 자신이 정의해 온 그동안의 세상을 떠나 새로운 삶을 시작하라. 무의식의 광

대한 상상력을 총동원하여 경계를 넘어 사유하라."

　장 콕토의 이미지들이 만들어 내는 환영은 꿈과 현실의 경계를 허물었다. 경계를 넘어 사유하는 상상력은 오르페우스를 노래하게 만들고 우리를 눈먼 오이디푸스와 대면시키며 시인이 죽음과 사랑을 나누게 만든다. 자신의 죽음을 준비하는 시인은 마술사가 되어 찢어진 꽃잎을 붙이고 죽음 후에는 영생을 얻는다. 흩어진 장미 꽃잎들이 다시 하나씩 모이며 온전한 한 송이로 복원되는 장면은 영화만이 만들 수 있는 마술이다. 프레임들이 거꾸로 배열되어 떨어진 꽃잎에 다시 생명을 부여할 때 우리 마음속 상처들도 함께 온전히 치유된다. 21세기의 휘황찬란한 스펙터클에 익숙해졌음에도 불구하고 장 콕토가 선사한 극히 단순한 이미지는 충격으로 다가온다. 영화가 파탄 난 것들을 고치고 있지 않은가? 거꾸로 돌아가며 잃어버린 시간을 되돌려 주고 있지 않은가? 잘못 들어선 길들, 돌이킬 수 없는 실수들, 성급했던 선택들이 모두 끝나 버린 후 우리는 시행착오를 통해 습득한 지혜와 더불어 다시 이야기의 처음으로 돌아간다. 시간의 흐름과 소통할수 있는 이곳에서는 에로스와 타나토스가 하나를 이루고 삶과 죽음이 서로를 보살피며 확장된 에로스는 사람과 사람 사이의 간극들을 메운다. 자연과 사물과 사람이 한데 어울려 하나의 언어를 공유하고 헤르베르트 마르쿠제가 꿈꾼 이미지에서와 같이 말이 노래가 되며 일이 놀이가 된다. 이제 충만한 삶을 마음껏 살아낸 시인은 그가 정한 순간에 편안한 죽음을 맞을 것이다. 그렇다면 장 콕토와 마르쿠제의 경계를 허무는 상상력의 이야기를 정신분석 안에서도 찾을 수 있을까?

정신분석과 상상력

그럴 수 있을 뿐만 아니라 그래야만 한다. 잠시 프로이트 전집을 생각해 보자. 일반적으로 인용되고 적용되는 프로이트의 이론은 몇 가지로 정해져 있다. 프로이트의 성 이론은 그중 단연 단골의 위치로 격상되어 있으며 이 때문에 프로이트는 그간 외설적인 작가로 인식되어 왔다. 그런데 전집을 살펴보면 하나의 의미로 규정된 이론보다는 사람들이 그동안 생각해 왔던 사유의 지평을 확장시키는 발언들이 더 많이 눈에 띈다. 그중 우리가 이미 알고 있던 규칙들을 단번에 모두 무너뜨려 버리는 정신분석의 중심개념은 바로 무의식이다. 우리는 그것이 무엇인지 알지 못한다. 그러므로 그것에 대해 총체적인 지도를 그릴 수도 없으며 그것을 개괄적으로 요약할 수도 없다. 무의식이란 내가 의식적으로 깨닫지 못하는 내 일부이므로 우리는 그것을 다른 말로 바꾸어 '가능성'이라고도 부를 수 있다. 무의식의 존재를 인식하고 그것을 이해하기 위해 노력하는 과정에서 그동안 의식적으로 규정했던 세상이 변하게 된다.

생각지 못한 일들이 일어난다는 것은 물론 두려운 일임에 틀림없다. 그래서 우리는 자주 무의식을 외면한 채 의식이 모든 것을 통제할 수 있다고 우기게 된다. 나는 이런 사람이고, 그는 그런 사람이며 이 사람은 좋고 저 사람은 싫다. 그렇게 정했으니 평생 그렇게 믿고 싶건만 그게 쉽지 않다. 나누고 분리하고 정의하는 의식의 노력들을 무효화하는 것, 그것이 바로 무의식이다. 하나의 일관된 서사를 전복시키는 것, 그것이 무의식이다. 무의식이라는 영역은 정지된 모든 것을 흘러 움직이게 만들고 고정된 의미를 변화시킨다. 그 속에서는 현실과 꿈이 하나가 되고 과거와 현재가 병치된다.

이것이 바로 초현실주의가 재현한 이미지들이 아니었는가? 초현실주의 영화의 원조인 「안달루시아의 개」는 루이스 브뉘엘이 프로이트와 라캉을 모두 만난 적이 있는 조현실주의 화가인 살바도르 달리와 함께 만든 영화이다. 이 영화에서 일관된 서사를 알아보기란 쉽지 않다. 사회, 문화, 종교 등에 대한 두려움 없는 공격과 충격적인 이미지들을 통해 우리는 초현실주의가 꾸는 꿈이 현실을 전복시킬 수 있는 파괴력을 지니고 있음을 알 수 있다. 이 영화의 여러 장면 중 안구를 절단하는 장면과 손바닥에 난 구멍 속에서 기어 나오는 개미의 이미지는 이후 많은 영화들에서 차용되었다. 「올드보이」에서 볼 수 있었던 개미 환상 역시 초현실주의적 상상력을 인용하고 있는 장면이다.

안타깝게도 많은 사람들이 정신분석적 영화비평이란 오이

디푸스나 성 이론, 외상적인 기억만을 중심으로 영화를 분석하는 것이라고 생각해 왔다. 또한 정신분석을 인간의 상상력이나 창조성이 결여되어 있는 이론으로 간주해 왔으며 개인의 이야기에만 초점을 맞추는 정신분석은 사회이론과 동떨어진 영역이라는 비판을 하기도 했다. 그러나 우리는 무의식의 에너지와, 경계를 넘어 사유하는 정신분석의 상상력을 통해 그러한 고정관념들을 무너뜨려야만 한다.

다시 읽는 프로이트는 우리를 거울 너머의 세상으로 이끈다. 프로이트는 우리에게 의식보다 큰 세상을 알려 주었다. 의식 저편의 세상을 이해하는 왕도는 바로 꿈이다. 프로이트는 1900년 이후 잠자는 사람보다는 깨어 있는 사람을 대상으로 정신분석 이론을 체계화했다. 다시 말하면 그의 관심이 꿈으로부터 일상생활의 실수와 농담으로 확장된 것이다. 이제 꿈은 더 이상 현실과 분리된 것으로 받아들여지지 않는다. 프로이트 전집을 살펴보면 꿈과 현실이라는 두 세계를 잇는 거울을 도처에서 마주치게 된다. 사람의 입술은 더 이상 얼굴에만 있는 것이 아니다. 손에도 발에도 눈 속에도 있다. 여기저기 붙은 입술들은 끊임없이 말한다.

"**시도하라(Essayez)!** 꿈과 현실의 경계를 넘어 사유하라!"

"**시도하라!** 일상을 광기와 마술의 언어로 말하라!"

"**시도하라!** 시적 상상력의 근원으로 돌아가라!"

이것은 정신분석적 영화비평의 실천적 가능성을 암시한다.

꿈과 현실을 넘나들며 현실 속에서 꿈의 이미지를 실현시켜 보자. 오르페우스를 깨워 신화의 세상을 현실 안에 만들어 보자. 그리고 그 속에서 영화에서나 가능하다고 생각했던 꿈의 이미지를 실현시켜 보자. 손바닥에 붙은 입술이 찬 공기를 원한다는 것과 소라껍질이 된 귀가 바다 소리를 그리워한다는 것을 이해하게 될 때 우리도 거울을 통과할 수 있게 되지 않을까? 실제로 이와 같은 신화의 세상을 온전히 담아낸 영화가 있다. 바로 「스타워즈」 시리즈다.

스타워즈의 구원을
위하여

완성된 신화 그 이후

2005년 세 번째 에피소드를 끝으로 「스타워즈」 6부작이 완결되었다. 조지 루카스 감독은 두 개의 트릴로지에 대한 인터뷰를 통해 영화에서 악의 화신으로 변하는 다스 베이더와 자신을 비교한다. 즉 「스타워즈」 시리즈를 시작할 때만 해도 독립영화 감독이었던 자신이 어느새 할리우드의 중심에서 '사장'이라는 칭호로 불리고 있다는 것이다.

　이야기를 진전시키기 위해 「스타워즈」의 흐름을 I편부터 차례대로 살펴보자. 1999년 개봉된 첫 번째 에피소드는 비범한 재능을 가진 소년 아나킨 스카이워커를 소개한다. 두 번째 에피소드에서 청년이 된 아나킨은 아미달라와 비밀리에 결혼하고, 세 번째 에피소드에서 아미달라는 루크와 레아를 낳고 눈을 감는다. 아나킨은 포스의 어두운 측면을 이용하는 시스족 군주인 다스 시디어스의 유혹에 굴복함으로써 악의 화신인 다스 베이더로 변화하고 이야기는 6부작 중 가장 먼저 개봉된 에피소드 IV로 이어진다. 네 번째 에피소드에서 청년이 된 루크 스카이워커와 레아 공주는 제국의 파시즘과 다스 베이더의 횡포에 대항하여 사투를 벌인다. 아버지의 스승이었던 오비완 캐노비는 정령의 형태로 되살아나 루크를 지키고, 다섯 번째 에피소드에서 루크는 정식 제다이 기사가 되기 위해 오비완의 스승인 요다의 지도를 받게 된다. 5편은 6부작 전체 구조의 열쇠를 쥐고 있는 에피소드로서 여기서 밝혀지는 가장 핵심적인 사건은 다스 베이더가 루크의 아버지라는 사실이다. 마지막 여섯 번째 에피소드에서 루크는 아버지 안의 선한 힘을 이끌어 내는 데 성공하고 다스 베이더는 생의 마지막 순간에 아들과 한편이 된다.

그런데 이상한 사실은 신화의 완성이 6부작의 완결과 맞물리지 않는다는 점이다. 우리의 뇌리에 선명하게 각인된 이미지는 아버지와 아들이 서로 부둥켜 안는 1983년의 결말이라기보다는 2005년 화려하게 연출되었던 다스 베이더의 탄생이기 때문이다. 이제 과거로 돌아가 신화의 완성 그 이후의 이야기를 할 때가 왔다. 악의 화신을 만들어 내고 끝나 버린 6부작의 유일한 구원은 과거로의 여행이다.

신화로의 여행

"아주 먼 옛날 은하계 저편에……"를 선두로 삐딱하게 기울어져 솟아오르는 자막과 존 윌리엄스의 음악을 타고 흐르는 장면들은 먼 은하계라는 미래의 모습을 과거의 목소리로 들려준다. 낯설지만 친숙한 미래와 새롭지만 익숙한 이야기로 영화는 아이와 어른의 마음을 사로잡는다. 「스타워즈」의 한결같은 인물들이 28년이라는 시간이 만든 변화를 무색하게 만들면 2005년의 관객들은 1977년의 세상으로 이끌린다. 두 개의 세상이 하나가 될 수 있는 이유는 「스타워즈」의 인물들이 신화적 형상으로 빚어졌기 때문이다.

신화학자 조셉 캠벨의 인터뷰가 '스카이워커 농장'에서 이루어졌으며 캠벨이 루카스 감독을 가장 훌륭한 제자라고 불렀다는 사실은 그러한 형상이 의도적으로 구상된 모습임을 알려 준다. 이렇게 만들어진 신화의 토대는 각각의 인물들을 우리 모두의 이야기로 보편화시킨다. 어린 농부 루크가 저항군의 지도자가 되어 황제의 군대를 물리치는 이야기는 우리에게 친숙한 영웅의 이야기이며, 노예인 아나킨 스카이워커가 진정한 자신의 모습을 찾아가는 이야기는 오디세우스의 아들, 텔레마쿠스의 성장기와 유사하다. 이 신화적 세상에서 아나킨 스카이워커와 다스 베이더라는 대극들은 하나의 육체에 공존하고, 선과 악은 한 점으로 수렴한다. 모든 것이 유동적인 신화의 공간에는 반드시 응징해야 하는 죄도, 결단코 추방해야 하는 자도 존재하지 않는다. 영화를 담고 있는 신화의 차원은 모든 단정적인 판단들을 무너뜨리며 인간에 대한 믿음과 미래에 대한 가능성을 제시한다.

과거 안의 미래

「스타워즈: 에피소드 III」은 미래와 과거가 뒤얽힌 감정의 복합체이다. 이 지점에서 어린 아나킨의 순수하고 아름다운 이미지는 다스 베이더의 잔인무도한 모습에 희생된다. 그러나 IV편(1977)의 미래이자 III편(2005)의 과거인 VI편(1983)은 선과 악을 가르는 벽을 허물고 III편과는 다른 미래의 이야기를 들려주는데, 이때 미래는 과거 안에서 진정한 미래로 되살아난다. 우리가 시간 여행을 해야 하는 이유이다.

「스타워즈」의 인물들이 영웅적인 이유는 그들이 과거 안에서 미래를 만들어 가면서도 예정된 미래에는 유념치 않기 때문이다. 에피소드 V를 빛내는 루크의 결단을 통해 그 예를 볼 수 있는데, 여기서 루크는 아직 요다에게 훈련을 받고 있다. 수련 과정에서 루크는 자신 안에 잠재되어 있던 능력을 개발하여 레아와 동료들이 위기에 처한 모습을 보게 되고, 이내 그들을 구하기 위해 요다가 머물던 행성을 떠나려 한다. 요다와 오비완 케노비는 루크의 결정에 극구 반대하며 예정된 대의를 위해서는 희생이 불가피함을 역설한다. 미래를 내다보는 현명한 노인들은 루크가 수련을 마치지 못한 상태에서는 다스 베이더를 대적할 수 없을 것이라는 단정적인 충고로써 그를 보호하고자 하지만 루크는 제다이 스승들의 조언에도 불구하고 사랑하는 이들을 구하기 위해 행성을 떠난다. 미완의 주인공 루크의 행보는 그후 어떻게 전개될까? 물론 그는 레아와 동료들을 구해내는 데 성공한다. 이것은 진정한 정신분석적 주체의 모습이다. 분석의 종결에 이른 주체는 자유로운 시간 여행 속에서 과거의 아름다움을 복원하고 현재를 구원하며 새로운 미래를 만들어 가게 된다.

루크의 선택은 단정적인 미래에 불확실함을 부여하여 새로운 미래의 가능성을 창조한다. 이처럼 「스타워즈」의 주인공들은 정해진 것으로 강요되는 미래를 부정하고 자신의 욕망에 따라 선택하고 행동하고 그에 따른 책임을 진다. 최선을 다해 삶을 살아낸 주인공들이 미래에 도착할 때 과거가 만들어지고, 이때 과거는 비로소 예언이라는 필연적 미래를 품게 된다.

「스타워즈」는 시간의 흐름을 뛰어넘어 영웅의 신화를 완성시켰다. 우리는 여기에서 대극이 합일되는 분석심리학적 서사를 볼 수 있었다. 선과 악이 하나가 되고 신화의 세상이 현실에 나타나는 풍경에 의해 이 영화는 분석심리학의 교과서가 되었다. 우주의 균형과 포스 역시 정신분석학적이기보다는 분석심리학적이다. 포스는 프로이트보다는 융이 재해석한 리비도 개념에 가깝다. 우리는 이렇게 두 가지 도구를 함께 이용하여 합일의 서사와 주체의 선택을 동시에 설명할 수 있다. 물론 아직 남아 있는 질문이 하나 있다. 루카스 자신의 선택은 무엇일까? 그는 대극의 합일을 이룬 후 진정한 주체적 선택을 하게 될 것인가? 완성된 신화그 이후의 이야기를 그는 어떻게 전개해 나가게 될 것인가?

합일과 선택이라는 단어가 어떻게 조율될 수 있을까? 우리는 다음 장에서 유사한 방식으로 크리스토퍼 놀란의 「배트맨」 시리즈를 분석하며 이에 대해 생각해 볼 것이다. 이제 박쥐가 된 인간을 통해 분석심리학과 정신분석의 이야기를 이어 보자.

박쥐 이야기
정신분석적 비평
vs 분석심리학적 비평

진실의 다양한 모습들

인생은 우리를 주인공으로 만들 수도 있고 주변인으로 내칠 수도 있다. 그러나 인생에 지지 않는 방법은 주변인이 되었을 때조차 내 삶의 주인공으로서 당당히 인생에 대면하는 것이다. 나를 주인공으로 만드는 것은 인생이 쏟아내는 사건들이 아니라 그것을 겪어 내는 나 자신이다. 크리스토퍼 놀란의 「다크 나이트」는 시간 퍼즐을 통해 하나의 사건에 대한 관점의 전환이 가능하다는 것을 보여 준다. 영화는 심지어, 하루 종일 치장하여 몇십 초 등장하고 사라지는 엑스트라를 보는 시선으로 킴 베이싱어와 니콜 키드먼을 기억한다. 다른 관점으로 보면 그녀들은 이야기의 주인공이 아니었으며 단지 배트맨의 어린 시절 친구인 레이첼 도스에 대한 불충분한 대역들에 지나지 않았다. 「배트맨 비긴즈」와 「다크 나이트」에서 그들은, 배트맨이 양 손으로 허리 하나씩을 두르고 나타난 후, 한 번의 식상한 웃음을 필사적으로 지어내고는 이내 화면에서 영원히 사라지는 위장용 여인들로 치부된다. 그러나 우리가 「다크 나이트」에서 사유를 시작한다면 이러한 전환은 그녀들에 대한 구원이 될 수도 있다. 즉 별것 아닌 장면이 20년을 거슬러 팀 버튼과 조엘 슈마허의 「배트맨」들로 소급되며, 우리가 이름조차 기억하지 못하는 엑스트라들이 당대 최고 여배우들의 연기 속에서 주인공으로 당당히 재탄생하는 것이다. 새로운 관점 속에서 그녀들은 주인공이 될 수도 있다. 물론 배트맨과 대타들의 사랑 또한 브루스 웨인과 레이첼의 애절한 사랑만큼이나 진실된 것으로 표현된다.

그렇다면 어떤 관점이 진정 옳다고 말할 수 있는가? 「다크 나이트」는 인생에서 이러한 질문은 그리 중요하지 않다는 것을 보여 준다. 크리스토퍼 놀란이 감독한 「배트맨 비긴즈」(2005)와 「다크 나이트」(2008)는 위와 같은 비선형적인 시간의 조각들로 서사를 구성해 내며 진실과 허구, 중심과 주변, 처음과 끝, 외양과 본질을 나누는 경계를 지운다. 이 과정에서, 간편한 방식으로 정의되었던 선과 악의 이분법 역시 해체되며 더욱 복잡한 서사가 전개되는데, 이때 제시되는 서사란 하나의 일관된 이야기라기보다는 무수한 균열의 조합에 가깝다. 팀 버튼의 「배트맨」(1989)에 나오는 지검장 하비 덴트는 「다크 나이트」에서와는 달리 흑인이다. 「배트맨」에서는 조커가 부모의 살인자로 회상되지만, 「배트맨 비긴즈」에서 전혀 다른 사람이 부모의 살인범으로 체포되며 이전의 서사는 부정된다. 「배트맨 3: 포에버」(1995)에서 수십 개의 동전들을 잡으려고 팔을 허우적거리다 죽는 투페이스가 「다크 나이트」에서는 전혀 다른 방식으로 전혀 다른 장소, 전혀 다른 상황하에 죽게 된다. 박쥐에 대한 각별한 애정이 있을 것으로 기대되었던 배트맨이 「배트맨 비긴즈」에서는 박쥐를 두려워하고, 「다크 나이트」에서 조커는 웃는 형상으로 굳어진 입가의 상처에 대해 매번 전혀 다른 기억을 재현한다. 더욱이 아무리 애를 써도 히스 레저가 연기한 조커는 도무지 잭 니콜슨의 춤추는 조커와 중첩되지 않는다. 이 조커는 그 조커가 아니다. 그렇다면 도대체 무엇이 진실이란 말인가?

이러한 모호함은 「다크 나이트」의 서사 외적인 요소를 고려할 때 더욱 부각된다. 크리스토퍼 놀란이 「다크 나이트」 이전에 연출한 영화들 중 「메멘토」(2000)는 단기기억을 장기기억으로 전환시킬 수 없는 주인공을 중심으로 기억의 조각들을 뒤섞는데, 주인공 레너드가 최근의 경험들을 기억하지 못하므로 영화 속의 시간 역시 비선형적인 방식으로 편집된다. 이와 유사한 방식으로, 조커는 여기에서도 죽고 저기에서도 죽으며, 여자는 주인공일 수도 있고 엑스트라일 수도 있다. 그는 흑인이기도 하며 동시에 백인이기도 하고, 부모가 살해될 때 브루스 웨인은 이곳에도 있었고 저곳에도 있었다. 또한 우리는 히스 레저의 죽음과 무관하게 그가 연기하는 조커만을 볼 수 없으며, 「태양의 제국」에서 비행기에 집착하던 어린 크리스찬 베일을 떠올리지 않은 채 날아다니는 어른 배트맨에만 집중할 수도 없다. 또는 이 모든 복잡함을 뒤로한 채 아이맥스의 경험 속에서 정신을 잃을 수도 있다. '서사가 어쨌든 상관없어. 오! 배트 포트!' 이와 같이, 영화의 안팎을 횡단하는 비선형적인 시간은 결코 정체되어 있지 않으며, 바로 이것이 크리스토퍼 놀란의 박쥐가 팀 버튼의 박쥐보다 더 많은 박수를 받게 되는 이유이다. 그러나 놀라운 것은 복잡한 결구 속에 오가는 기억과 시간이 이러한 혼란에서 멈추지 않고 결국 하나의 방향성을 만들어 낸다는 점인데, 여기서 벡터가 향하는 지점을 우리는 기원, 의미 또는 사연이라고 부를 수 있다. 기원이란 과거이므로 영화가 제시하는 미래의 끝이 과거의 끝과 맞닿게 되는 셈이다.

2008년에 개봉한 만화 「배트맨: 고담 나이트」의 첫 번째 에피소드는 구로사와 아키라의 「라쇼몽」에 대한 오마주이다. 「라쇼몽」과 같은 방식으로 만화에서도 각 인물의 사연들이 배트맨의 진정한 정체성에 대한 궁극적 진실을 파괴한다. 「다크 시티」, 「배트맨: 고담 나이트」, 「배트맨 비긴즈」, 「다크 나이트」의 시나리오 집필팀의 명단을 훑으면 하나의 이름이 반복되고 있음을 알 수 있는데, 바로 그가 데이비드 S. 고이어다. 라쇼몽식 진실게임과 기억에 대한 집착이 우연히 「다크 나이트」에 배어 있는 것이 아니라는 뜻이다. 「라쇼몽」에서 유일한 기억을 생산하는 한 명의 주인공을 찾을 수 없듯이 「다크 나이트」에서도 우리는 다른 모든 서사를 평정하는 유일한 서사를 찾을 수 없다. 그보다 우리는 그 것을 사연들의 얼개라고 표현해야 할 것이다. 사연들 각각은 진실이라는 이름으로 제시되지만, 이야기들의 지도 속에서 이들은 단지 사건의 한 버전일 뿐이다. 흰색인가, 검은색인가? 누가 나쁜 놈이고 누가 좋은 놈인가? 좋은 놈이 나쁜 놈이 되었다가 나쁜 놈이 된 좋은 놈 덕분에 좋은 놈이 되었다면 이 이상한 좋은 놈을 검다고 해야 할까 희다고 해야 할까?

팀 버튼이 감독한 「배트맨」과 「배트맨 2」에는 사연이 없고, 조엘 슈마허의 「배트맨 3: 포에버」와 「배트맨 4: 배트맨과 로빈」에는 라쇼몽식 진실게임이 없다. 팀 버튼의 영화들에서 인물보다 더욱 화려한 조명을 받는 것은 도시 그 자체다. 금방이라도 살아나 그림자 몇 개로 배트맨 열 정도는 빚어 놓을 듯한 골목의 어둠, 다스 베이더의 숨소리로 자는 아이들의 꿈을 찾을 듯한 악몽 가득한 도시 속에서 배트맨과 조커는 모두 조연들이다. 철학자 벤야민 역시 도시를 주인공으로 사유를 전개했지만 그의 도시에 비해 팀 버튼의 무대가 터무니없이 공허한 것은 그의 영화들에 역사 즉 사연이 부재하기 때문이다. 과거가 없으므로 미래도 보이지 않는다. 출구가 없다는 것은 방향성을 찾을 수 없다는 뜻이며, '의미'가 없는 공간은 어떤 구원의 가능성도 모색하지 않는다. 그저 그렇게 늘 똑같이 있으면 그만이다. 「배트맨 비긴즈」는 기원이라는 의미를 제시하며 이러한 정체된 공간을 열어젖힌다.

조엘 슈마허의 영화들에는 팀 버튼이 집착하는 도시도, 크리스토퍼 놀란이 구성하는 진실게임도 존재하지 않는다. 그의 박쥐는 시종일관 흰색이며 어둡고 음울해야 할 도시는 장밋빛 아름다움으로 치장된다. 흰 것은 희고 검은 것은 검으며 흰 것이 언제나 검은 것을 박멸한다. 물론 흰 것이 좋다고 수긍하는 검은 것을 흰 것에 끼워 주는 여유를 보여 주긴 하지만, 정신분석가인 니콜 키드먼도 밝은 곳을 좋아하는 흰색 박쥐는 어쩔 도리가 없다. 오히려 그녀 자신이 이 변종 박쥐 환자와 사랑에 빠지는 비윤리적인 정신분석가로 등장하는데, 용납될 수 없는 이러한 비윤리성은 수월히 흰 빛에 가려진다. 반드시 오늘은 어제 다음 날이어야 하며, 시간은 일직선으로 흘러야 하고, 좋은 편에 붙으면 좋은 놈이 된다. 사람이라는 복잡한 다세포 생물을 세포 하나의 단순한 기작으로 그려내는 놀라운 영화들은 일반적으로 검은 색을 싫어한다. 이 막강한 하나의 세포막에 대한 환상을 터뜨리고 쉽지 않은 현실을 대면하게 만드는 것이 바로 「다크 나이트」이다.

마지막 장면에서 배트맨은 하비 덴트를 영웅으로 기억하기 위하여 그의 죄를 대신 짊어지며 다음과 같이 말한다. "진실이 충분하지 않을 때가 있습니다. 사람들은 그 이상이 필요해요. 그들은 자신들의 믿음에 대한 보상을 받아야만 합니다." 쉬운 해결책이라는 지름길보다 견딜 수 없는 모호함으로 우회하며 진실의 다양한 모습들을 담아내는 「다크 나이트」는 그럼에도 불구하고 마지막 보루를 가지고 있다. 그것은 놀란의 영화 두 편이 모두 결국 이전 배트맨으로 귀환하게 된다는 점이다. 즉 모험을 시작할 때 이미 서사의 끝이 제시되어 있었던 것이다. 이 안전그물에 의해 미래에 대한 막연함과 두려움이 제거된다. 검은 기사는 곧 흰 색 박쥐가 될 것이다. 그러나 하비 덴트가 흑인으로 등장하고 조커가 배트맨의 부모를 살해하며 배트맨이, 한때 조연이었던 여인들과 절절한 사랑에 빠질 때, 우리는 다크 나이트라는 흰 박쥐의 과거를 기억하게 된다. 부드러운 서사의 표면에 생채기를 내는 균열들이 느껴질 때, 우리는 결코 펄럭이는 하얀 날개를 이전과 같은 단순함으로 마주할 수 없게 된다.

박쥐의 기도

그런데 여기서 잠시 고개를 삐딱이 기울여 보자. 하나의 빛깔이 다른 색으로 물들기 시작하며 새로운 서사가 펼쳐진다. 그것은 한 사람이 마음의 감옥에서 탈출하는 이야기이다. 크리스토퍼 놀란의 「배트맨」 트릴로지는 분석심리학과 정신분석학이 잘 어우러진 치유적 영화들이다. 우선 「배트맨 비긴즈」에서 어린 웨인은 우물에 빠져 박쥐의 공격을 받은 후 박쥐 공포증에 시달린다. 영화는 웨인이 자신의 공포를 감싸 안고 그것과 하나가 되어 배트맨이 탄생하는 과정을 그리고 있다. 이것은 대극의 합일이라는 분석심리학의 중심 주제로 설명할 수 있는 치유적 서사이다. 「다크 나이트」 역시 선과 악의 경계를 정확히 구분하는 것은 불가능하다는 분석심리학적 모티프를 잘 보여 주고 있다. 대극의 합일이란 밝음과 어두움이 하나로 어울리는 가장 조화로운 상태로서 자포자기한 영웅은 결코 이를 수 없는 단계이다. 트릴로지의 마지막 편인 「다크 나이트 라이즈」에는 정신분석적 서사가 눈에 띄게 강화되어 있는 듯 보인다. 분석심리학적 영화의 정석인 「스타워즈」와 달리 놀란의 트릴로지는 제다이와 같은 신화적 인물들로 주인공을 구원하지 않는다. 웨인은 어느 때보다도 더욱 철저히 고립된다. 「다크 나이트 라이즈」에는 우물에 빠진 아이에게 손을 내미는 아버지가 존재하지 않는다. 사실 우물은 더 이상 절망의 나락에 떨어진 웨인의 비참을 표현해 낼 수 없다. 이제 우물 대신 그를 가두는 공간은 지하 감옥이다. 그것이 탈출 불가능한 지옥인 이유는 이 감옥이 웨인 자신에 의해 만들어진 방어막이기 때문이다. 영화는 현재를 포기한 웨인이 마음속 감옥에서 벗어나 다시 한 걸음을 힘겹게 시작하는 치유의 여정을 그리고 있다.

　삶이 지옥 같을 때가 있다. 프로이트의 『일상생활의 정신병리학』에는 낙태에 대한 죄책감으로 자기 몸에 자해를 가하는 어머니의 사례가 나온다. 그녀는 자신의 현재를 파괴하며 끝없이 과거로 돌아간다. 어린 시절 자신을 학교에 보내지 않았던 부모를 원망하며 부엌데기가 되기 위해 강박적으로 부엌일에만 집착하는 딸의 사례에서도 우리는 스스로 자신의 미래를 금지하고 과거를 선택하는 사람의 모습을 보게 된다. 가끔은 과거라는 지옥으로 돌아가는 것이 내 의무인 듯 느껴지거나, 그것이 내게 남은 유일한 선택인 것처럼 보이기도 한다. 주위를 아무리 둘러보아도 내게 손을 내미는 사람은 보이지 않는다.

「다크 나이트 라이즈」에서는 아무도 절망의 나락에 떨어진 주인공을 구해내진 못한다. 모든 것을 잿더미로 만드는 분노와 절망이 고개를 들지만 주인공에게는 그것을 다스릴 힘이 없다. 그런데 이 장면들이 한 편의 블록버스터가 제공하는 눈요깃감이라기보다는 나 자신의 이야기처럼 느껴지는 것은 왜일까? 어둠, 절망, 후회, 분노로 빚어진 기억을 되씹으며 기어이 나를 과거에 가두고야 마는 것, 그렇게 인생의 시간을 멈추어 버리는 것은 그리 낯선 일이 아니다. 우리가 영화의 초반부에 만나게 되는 웨인은 그렇게 그저 모든 일들이 최악의 상황으로 치닫길 기다릴 뿐 더 이상 한 걸음도 앞으로 내딛지 않는다.

고담시는 웨인의 마음속 공간일 수도 있다. 그렇다면 그것을 무너뜨리는 악인, 베인이 강한 의지를 가지고 있다는 사실이 당연해 보인다. 과거로의 추락에 힘을 싣는 이가 웨인 자신이기 때문이다. 이 영화 속 악인들조차 너무나 가깝게 느껴지는 것 또한 바로 이와 같은 이유에서이다. 내 안에서 그 부정적인 에너지들을 느낀 적이 있다. 나는 이 싸움에서 몇 번을 이겼었고, 또 몇 번을 졌었나? 내가 공들여 세운 마음속 건물들을 몇 채나 부수었고, 또 몇 채나 사수했었나? 이 도시에서 현재를 살아가기 위해서는 억지로 일어나 미래를 향해 한 걸음을 내디뎌야만 한다. 「다크 나이트 라이즈」에서 브루스 웨인이 과거라는 지옥문을 나서게 될 때 사람들은 "라이즈, 라이즈, 라이즈, 라이즈"라는 주문을 외운다. 이 주문과 함께 나도 속으로 '라이즈'라고 되뇌어 본다. '라이즈!' 과거가 현재를 파괴할 때 그 기억을 기꺼이 감쌀 수 있기를. '라이즈!' 내 얼굴이 투페이스 하비를 닮아갈 때, 불에 탄 토템을 내던질 수 있기를. '라이즈!' 절망의 심연에 빠졌을 때 나 스스로 일어날 수 있기를. '라이즈!' 내가 만든 지옥의 어둠에서 나를 구해낼 수 있기를.

웨인과 베인의 합일 이야기

다시 영화에 귀를 기울이면 이번에는 웨인과 베인의 이야기가 들린다. 안시환은 배트맨, 조커, 하비 투 페이스가 모두 다크나이트의 주체가 될 수 있다고 분석했다(『씨네 21』, 665호). 영웅과 악당 사이에 놓인 거울 때문에 그들이 대극적 역할을 맡은 듯 보인다는 것이다. 이것은 분석심리학적 비평인데 우리는 「다크 나이트

라이즈」의 경우에도 웨인과 베인이라는 두 중심인물들을 통해 동일한 분석을 제시할 수 있다. 분석심리학적 용어로 표현하자면, 이 영화에서 베인은 웨인의 그림자이다. 그림자란 무의식 속에 존재하는 대극적 모습으로서, 주위에서 그림자의 모습을 마주치게 되면 우리는 그 사람을 필요 이상으로 증오하게 된다. 융은 진정한 영웅이 탄생하기 위해서는 반드시 자신의 그림자와 하나가 될 수 있어야 한다고 주장했다. 여기서 그림자와의 합일이란 대극과 대면하여 그것의 특성을 동화하고 그것이 더 이상 두렵고 불편한 존재가 아닌 상태로 나아가는 과정을 뜻한다. 그렇다면 웨인은 베인과의 대극의 합일에 성공했을까?

적어도 「배트맨 비긴즈」에서 웨인은 대극의 합일에 이르는 개성화과정을 수행했다. 성인이 된 웨인이 동굴에서 박쥐들의 습격을 받았을 때 영웅의 자태로 의연히 일어나는 장면에서 우리는 프로이트와 라캉이 주장했던 '그것이 있던 곳에 설 수 있는 주체'의 모습을 볼 수도 있다. 그것의 자리에 서게 된 주체는 더 이상 두려움을 피해 도망치지 않는다. 두려운 존재를 피하거나 박멸하는 것이 아니라 오히려 그것을 끌어안고 그것과 하나가 된다는 분석심리학적 서사는 「다크 나이트 라이즈」에도 적용할 수 있는 비평도구이다. 「다크 나이트 라이즈」는 웨인과 베인의 목숨을 건 사투를 펼쳐내고 있지만, 동시에 베인과 웨인은 마치 쌍둥이와 같이 한 몸으로 연결되어 있다. 아버지의 빚을 갚는 아들들은 영웅적 의지로써 아버지의 이름을 떠받들며 자신의 역할을 수행한다. 물론 그들이 아버지의 법 안에 머무는 이상 그들은 자신의 삶을 영위할 수 없다. 웨인과 베인은 서로 다른 임무를 수행하기 위해 지하 감옥에서 탈출해야만 한다. 한 사람의 목적은 도시를 파괴하는 것이고 다른 한 사람의 목적은 그것을 막아내는 것이다.

웨인은 자신의 그림자인 베인과 대극의 합일을 이루었을까? 만약 웨인이 이 과제를 성공적으로 수행한다면 고담시의 법을 지탱하는, 도시 이면의 거짓이 드러나고 도시는 새로운 질서로 재편될 수 있을 것이며, 이와 함께 웨인은 아버지의 빚을 내려놓고 자신의 삶을 시작할 수 있게 될 것이다. 과연 우리는 경찰 무전기를 버리고 자신의 시간을 살아가는 웨인의 모습을 보게 될까? 확실한 것은 마음속에 일어나는 변화의 욕망을 부정하는 모든 순간 우리가 베인이라는 그림자의 공격을 받게 될 거라는 사실이다.

이제 정신분석적 해석과 분석심리학적 해석을 어떻게 이어내야 할까? 이 해석들을 이어내야만 할까? 이 글은 일관된 하나의 서사에 저항하는 정신분석학의 해석에서 시작되었다. 이후 두 가지의 치유적 서사를 통해 「다크 나이트 라이즈」를 살펴보았는데, 그것은 한 사람이 지옥의 어둠에서 벗어나는 구원의 서사인 동시에 내면의 그림자와 합일하여 일상적 삶을 살게 되는 이야기였다. 이 둘은 사실 같은 변화를 설명하는 도구들이다. 닫힌 마음을 연다는 것은 내부와 외부가 합일을 이룬다는 뜻이기 때문이다. 잠겨 있던 문이 열린다는 것은 안과 밖이 하나를 이루게 되는 상황을 뜻한다. 이와 같이 정신분석과 분석심리학은 치유에 대한 같은 이야기를 서로 다른 방식으로 전달할 수 있다.

마지막으로, 앞에서 질문했던 합일과 선택이라는 조합에 대해 생각해 보자. 대극을 합일시킨다는 말은 두 가지 대극을 모두 포용한다는 뜻인데, 어떻게 이 과정에서 선택에 대해 이야기할 수 있는가? 대극의 합일이란 치우쳐 경직되어 있는 사고를 성숙하게 분화시키는 과정이다. 이 과정이 진행되면 우리는 성숙한 선택을 할 수 있게 된다. 모든 대극적 대상들을 합일시키라는 뜻이 아니다. 그것은 방법론으로서의 합일, 즉 성숙의 기제를 뜻하는 것으로서 결단하고 책임지는 주체가 구성되기 위한 기반의 역할을 한다. 시간 순서를 명시해야만 한다면, 대극의 합일에 의해 조성된 기반 위에 종국적으로 도래하는 것은 정신분석적 주체라고 할 수 있다. 오직 정신분석적 주체에게만 조화와 균형을 무너뜨리는 결단, '그럼에도 불구하고' 선택하는 행위가 가능하기 때문이다. 이것이 분석심리학의 영역에 프랑크푸르트 학파의 시도에 상응하는 실험이 존재하지 않는 이유이다.

이쯤에서 잠시 프로이트와 융의 이야기를 다룬 영화 한 편을 보고 넘어가자.

「데인저러스 메소드」의
치명적 오점
사비나 슈필라인을 기억하며

데이비드 크로넨버그 감독의 「데인저러스 메소드」는 1906년에
서 1913년까지 지속된 프로이트와 융의 인연을 사비나 슈필라
인이라는 러시아 여성을 매개로 그려내고 있다. 슈필라인은 융
이 정신분석 기법으로 분석한 첫 환자로서 크로넨버그의 환상 공
간은 그녀의 치명적 매력을 극대화한다. 슈필라인과 융의 금지
된 사랑 이야기는 세간의 관심을 받아 온 주제이며 아직까지도
이 관계의 정확한 실체에 대해서는 논란이 계속되고 있다. 인간
의 척수에 게임 전원을 연결시켰던 크로넨버그의 「엑시스텐즈」
와 같이 「데인저러스 메소드」에서 그는 슈필라인의 감각과 관객
의 말초신경을 그대로 맞닿게 만든다. 각종 서신들과 융의 전기
를 아무리 뒤져도 막연한 암시뿐 확실한 성관계의 증거를 찾을

수 없었던 우리에게 영화는 프레임 가득 선혈 자국을 제시한다.

영화의 원작이 프로이트, 융, 슈필라인의 서신들을 중심으로 집필되었으므로 영화 속 대사들은 대부분 실제로 그들이 편지에서 했던 말들이다. 여기서 문제는 대사와 이미지의 결합이 연출 가능하다는 점이다. 슈필라인이 융을 그리며 혼자 하는 이야기를 융 앞에서 발화하게 만들면 이 장면은 예외 없이 실제 정사장면으로 이어진다. 그러나 이 한 판의 정사가 크로넨버그의 이전 영화들과 같은 강렬함을 가지지 못하는 이유는 그것이 슈필라인의 잊혀진 진실을 드러내기에 불충분한 장치이기 때문이다. 그렇다면 이제 영화를 벗어나 슈필라인의 매력을 알아 보자.

그녀에게 별 관심이 없었던 프로이트 앞에 1911년, 러시아어, 폴란드어, 프랑스어, 독어, 영어, 라틴어가 가능한 26세의 슈필라인이 나타난다. 자신의 히스테리를 극복하고 의대를 졸업한 후 두 번째 여성 정신분석가가 되어 빈에 입성한 이 여성은 즉시 정신분석 수요 모임에 합류하게 된다. 여기서 그녀가 처음 소개하는 개념이 바로 죽음충동이다. 잘 알려져 있듯이 이 개념은 에로스와 타나토스라는 프로이트 후기 사상의 중심 이론으로 발전한다. 1919년까지 지속된 융과의 서신교환에서 슈필라인과 융은 신화, 상징, 변화, 유형론 등 분석심리학의 제반 이론들에 대해 깊이 있는 대화를 이어 갔다. 슈필라인은 융을 게르만 신화 속 영웅 지크프리트로 상상했으며, 그들은 이 신화의 세상에서, 실제로 서사가 이어지는 꿈을 함께 꾸기도 했다. 또한 북유럽 신화의 라그나뢰크(신들의 운명)와 같이 그녀의 논문 「생성의 원인으로서의 파괴」도 죽음을 근본 기반으로 삼고 있다. 그렇다면 그녀가 말하는 죽음충동이란 융과 프로이트의 불가능한 접점이라고도 할 수 있다.

1913년 리비도에 대한 시각차로 프로이트와 융이 결별한 후에도 슈필라인은 두 사람 모두와 서신 교환을 했다. 그녀는 섹슈얼리티도 믿었고 신화도 믿었다. 이것 아니면 저것이 아니라 이것과 저것 모두를 포용한 것이다. 그러한 이론적 바탕 위에서 슈필라인은 아동정신분석으로 영역을 확장한다. 그녀는 최초로 아동발달에 관련된 논문을 발표한 정신분석가로서 제네바의 루소연구소에서 강의를 했고, 피아제를 분석했으며, 1923년 러시아로 돌아간 후에는 정신분석적 원칙을 기반으로 유아원을 설립했다. 그런데 왜 우리는 안나 프로이트와 멜라니 클라인의 이름만을 기억하고 있는 것일까? 후미진 각주 한 구석을 뒤지지 않는 이상 슈필라인이라는 이름은 만나는 것은 쉬운 일이 아니다. 그녀가 남긴 30여 편의 논문들을 인용하는 이도 거의 없으며, 아동정신분석의 역사, 유태인 정신분석가 인명록, 프로이트 전기 어디에도 그녀의 이름은 보이지 않는다. 심지어 사망한 연도조차 확실하지 않다. 사람들의 증언에 따르면 유태인이었던 슈필라인은 1941년 또는 1942년에 두 딸과 함께 나치에 의해 총살당했다고 한다. 죽음으로부터 삶을 회복하는 일, 바로 그것이 크로넨버그의 과제가 아니었을까? 망각으로부터 기억을 되찾지 못했다는 것, 그것이 이 영화의 치명적 오점이다. 편지들을 소리높여 읽는 대신, 그는 슈필라인의 목소리가 관객을 만나도록 도왔어야 한다. 프로이트와 융에 묻혀 사라져 버린 그녀가 이 영화에서 두 번째로 죽음의 순간을 다시 겪고 있는 것이다. 사라졌던 사람이 나타나게 만드는 일, 들리지 않던 목소리가 들리게 만드는 일, 보이지 않던 것이 눈앞에 선명히 나타나게 만드는 일, 바로 그것이 정신분석과 분석심리학의 일이다. 그렇다면 아무도 말하지 못하던 이야기들을 세상에 드러낸 킨제이는 어떤 면에서 정신분석적 작업을 수행했다고도 볼 수 있다.

너라고 부를게
킨제이 보고서
vs 킨제이

너라고 부를게

빌 콘돈(Bill Condon)의 「킨제이 보고서」(Kinsey, 2004)는 원제로도 알 수 있듯이 앨프레드 킨제이라는 동물학자의 생애에 관한 영화다. 즉 원제목의 한국어 번역과는 달리 영화는 킨제이가 작성한 보고서보다는 킨제이라는 사람에 초점을 맞추고 있다. 전통과 관습과 일상에 의해 규격화 된 정상인들은 킨제이 앞에서 껍질을 벗어던지고 탈피하여 이미 오래전에 커져 버린 몸뚱이를 드러낸다. 버려진 껍질들이 후물거리며 도시의 구석에 쌓일 때 '너'의 모습들이 곳곳에 나타나기 시작한다. 보이지 않던 두려움과 이야기되지 않던 개인의 서사가 드러나며 'Happily lived ever after'라는 사인에 의해 정상적으로 내려오던 커튼이 찢기는 사태가 발생한 것이다. 이때 여성의 첫 경험은 은유적 로맨스로서의 사랑과 하나됨의 환상을 걷어내고 몸의 일부가 파괴되는 육체적 공포로 표현된다. 킨제이 앞에서 만이천 명의 '너'는 허물을 벗어 던지고, 우리라는 껍질에 의해 가려졌던 불안과 공포와 쾌락과 환희에 대해 이야기하기 시작한다.

우리가 한 사람의 너로 다시 태어났을 때 흑인들은 드라마의 범죄자 역할을 그만두었으며, 도발적 몸짓으로 사진사에 의해 연출되던 여자가 카메라 렌즈 앞에서 사라졌고, 주부들은 희생하는 어머니의 역할을 그만두었으며, 아버지들은 현금인출기가 되길 거부했다. 한 사이즈의 '우리'가 해체된 자리에는 끈적끈적한 성적 욕망이 점액을 뿜어내며 박동치고 있었다. 킨제이가 우리를 너라고 불러 주었을 때 나는 한 번도 입 밖에 내지 못했던 성에 대한 이야기들을 일상의 언어로 말하기 시작했다. 학술서적이 로그와 루트를 이용한 계산으로 섹스횟수를 적기 시작했을 때 절름발이 이론이 목발을 내던지고 두발로 대학교문을 걸어 나가는 기적이 일어났다.

이는 우리가 영화의 초점을 「킨제이 보고서」에서 인간 'Kinsey'로 이동시킬 때에만 가능한 것이다. 만약 'Kinsey'를 사람보다 보고서가 더욱 부각되는 「킨제이 보고서」로 이해한다면 우리는 다시 우리를 스테레오타입으로 분류하는 정형화된 통계의 이야기를 할 수밖에 없다. 남녀의 주당 섹스횟수, 섹스파트너,

일반적 선호체위는 퍼센트 비율로 확정되고, 한 사람이었던 '너'는 이내 맞지 않는 껍질 안으로 몸뚱이를 밀어넣어 '우리'라는 이름으로 다시 태어나게 된다. 이제 40대 도시 여성인 나 또한 통계 안에서 다른 40대 여성들과 함께 '우리'가 된다.

킨제이 보고서 vs 킨제이

스테레오타입이 해체될 때 비로소 한 명의 사람이 보이게 된다. 겨우 들리기 시작하는 한 사람의 목소리를 다시 통계의 틀에 구속시켜 보고서를 중심으로 영화를 읽는다면, 빌 콘돈의 영화는 '우리'로 가득 찬 세상을 향해 쏟아낼 수 있었던 파괴력을 잃게 된다. 그러나 이 부분에서, 보고서 대신 사람에 초점을 맞춘 영화의 문제가 드러난다. 성보고서 자체에 대한 객관적 논의를 중심 주제로 삼고 있지 않은 영화는 아동 성추행범의 기록들이 연구라는 미명하에 여과 없이 자료에 포함되었다는 사실을 문제 삼지 않는다. 다만 정형화에 저항하는 동물학자의 열정과 과학적 탐구를 더욱 부각시킴으로써 영화는 보고서에 대한 여러 질문들을 봉쇄한다.

이것은 정신분석에 관련된 질문이기도 하다. 분석은 이해로 이어지기 쉬운 과정인데, 과연 여기서 우리가 이해해야 하는 사람은 누구인가? 대처 옆에서 마음씨 좋아 보이는 미소로 차를 마시고 있는 피노체트를 분석하고 이해하는 것이 정신분석의 일일까? 바로 이것이 정신분석과 사회이론이 연대해야만 하는 이유이다. 정신분석을 우리에 가두고 구석 한켠에 다시 침대를 배치한 후 그곳에서 무슨 일이 일어나는가를 이야기하는 이론가와 비평가와 감독들은 세상을 마음대로 재단하여 그 편협한 일부만을 보고 있는 셈이다. 바로 이것이 프랑크푸르트 학파의 업적이 중요한 이유이기도 하다. 마르쿠제가 『에로스와 문명』에서 보여 주었던 지도는 진정한 보편성에 대한 고민 속에서 정신분석이 선택하게 될 수밖에 없는 여정이다. 아프면 병원에 갈 수 있고, 배가 고프면 먹을 수 있고, 힘이 있다면 노동할 수 있는 세상, 각 개인들이 모두 자신만의 고유한 삶을 만들어 갈 수 있는 세상은 정신분석이 꿈꾸는 세상이기도 하다.

정신분석은 가치판단이 포함되지 않은 학문이다. 그러므로 그 자체만 가지고는 영화를 적절히 분석할 수 없게 된다. 모든 것을 이해하고 모든 것을 수용할 수는 없다. 무심함과 순수함은 세상에 대한 제한된 시선을 의미하는 것일 뿐만 아니라 보편성에 대한 고민을 불가능하게 만드는 결점이기도 하다. 그렇다면 진정한 정신분석적 영화/비평이란 가장 개별적인 차원과 가장 보편적인 차원이 공존하는 영화/글이라 할 수 있다.

진정한 보편성을 위하여
키클롭스의 죄

놀 줄 아는 영화들 vs「바람이 분다」

내 장점을 십분 발휘할 수 있는 삶, 일이 놀이가 될 수 있는 삶, 그것은 진정 신화적 세상일 것이다. 이론에 몸에 배이고 그것이 신체와 하나가 되어 감독/저자의 손끝을 통해 스스로 말하기 시작하는 것, 그것이 영화/글의 가장 이상적인 형태가 아닐까? 반면 내 장단을 찾지 못한 사람들이 생산하는 결과물은 어딘지 조금 불편하다. 이론이 몸에 녹아 있지 않을 때에는 무엇인가 짜맞춘 느낌이 나고 전개 역시 어색할 수밖에 없다. 그들은 자신이 제대로 알고 있지 못한 이야기, 체화되지 못한 이야기를 하게 되기 때문이다. 누구누구 가라사대로 시작하는 이름폭격은 미숙한 논문들에 자주 나타나는 폐단이다. 그들은 아직 자기를 찾지 못한

학자들이다. 한 판의 놀이가 될 수 있는 영화들은 겁 없이 이야기를 풀어내며 우리 마음 깊은 곳에 있는 두려움과 공포들을 과감히 드러낸다. 이들은 경계를 넘어서는 상상력으로 규격과 차이와 편견과 스테레오타입 너머에서 사유하며 새로운 이미지들을 만들어 낸다. 잘못 갔다는 느낌을 한 번도 받지 않는 영화들을 보는 것은 정말 환상적인 경험이다. 그러나 가끔씩 그런 기대가 무참히 무너지게 되는 경우도 있다. 하야오의 경우였다.

미야자키 하야오의 「하울의 움직이는 성」은 아름다운 공주와 미남 왕자와 무적의 영웅들을 향해 찬물을 끼얹는다. 검은 연기와 계단에 쭈그리고 앉은 초라한 남자와 영화시작 11분 후 90대 할머니로 변하는 주인공은 만화에서 기대했던 완벽함과 강인함을 무너뜨리기에 충분한 요소들이다. 이에 더하여 주인공은 절대로 꺼뜨려서는 안 되는 불타는 심장에 찬 물을 끼얹었고 가지런히 정돈되어야 하는 배경은 전쟁으로 인해 불바다가 되며 마법사 하울은 전쟁 앞에서 무력하다. 「하울의 움직이는 성」은 할리우드 애니메이션과 블록버스터 영화들이 사생결단의 의지로 사수하려는 마지막 보루를 무너뜨리는 영화이다. 영화의 서사는 크게 한탕하는 인물들을 허용하지 않는다. 이것이 바로 할리우드가 채우지 못한 2 퍼센트이다.

그러나 미야자키 하야오의 무너진 성과 마법의 힘을 잃은 마녀와 부해(腐海)의 독을 품은 균류들이 만드는 세상은 모든 위험으로부터 완벽하게 보호되는 문명보다 아름답다. 그의 영화들에서 다른 모든 것을 '희생'하고 보존하여야 하는 가치는 존재하지 않는다. 영화는 오히려 어떠한 생명도 희생되어서는 안 된다고 주장한다. 여기서 생명이란 인간의 목숨인 동시에 자연이다. 오염된 자연과 괴물이 된 동물과 병든 인간은 우주의 생명을 지키기 위해 하나가 되고 그들이 형성하는 연대는 세상의 미움과 증오와 분노를 누그러뜨린다. 피해자가 가해자를 돌보고 이리와 어린 양이 함께 뛰노는 『이사야서』의 세상이 펼쳐지는 것이다. 미야자키 하야오의 영화에서는 약한 것이 강한 것보다 더욱 견고하고 썩은 것이 신선한 것보다 더욱 깨끗하며 추한 것이 아름다운 것 이상의 즐거움과 만족을 제공한다. 그러므로 그가 만들어 낸 캐릭터들은 더욱 강하고 깨끗하고 아름다워지기 위해 애쓰지 않는다. 그럼에도 불구하고 약점 많은 인물들은 서로 연대하여 결국 일그러진 자연과 비뚤어진 세상을 치유한다. 썩은 바다가 자정작용을 하는 「바람계곡의 나우시카」는 괴롭고 힘든 시간을 견딜 수 있는 에너지를 생산한다. 이것이 바로 치유적인 상상력이 아니겠는가? 하야오는 이러한 신화적 일체감으로 경계를 전복시킴으로써 우리를 무장해제시킨다.

그리고 그 자리에 2013년 「바람이 분다」(風立ちぬ)가 들어섰다. 가미카제 전투기로 사용된 군용 전투기 디자이너가 주인공인 작품이었다. 나는 영화를 보지 않았다. 이 양가적인 느낌을 어떻

게 해결해야 할까? 그것은 라스 폰 트리에에게서 느꼈던 동일한 분노였다. 「브레이킹 더 웨이브」는 위험한 작품이었다. 히스테리 증상이 있는 여자를 남편과 감독이 한편이 되어 죽음으로 내모는 느낌이 들었기 때문이다. 뭔가 방향이 잘못되었다는 느낌이 있었지만 좋은 영화라는 사실에는 반대할 수 없었다. 「어둠 속의 댄서」역시 마찬가지였다. 감독은 가여운 주인공이 기꺼이 즐겁게 자신의 모든 것을 내던지게 만든다. 사람들을 모두 쏴 죽이고 마을을 떠나는 「도그빌」의 엔딩이나 영화 전체가 정신병의 구조를 이루고 있는 「안티크라이스트」역시 판단을 보류하게 만든 작품들이었다. 「멜랑콜리아」또한 잘 만든 작품이었지만 이번에는 판단을 할 수밖에 없었다. 왜냐하면 그의 작품들이 감독 자신의 파괴적이고 회의적인 분노의 세헌물이라는 것이 확실해졌기 때문이었다. 인류를 지워 버리는 분노, 그건 도대체 어디에서 비롯된 것일까? 라스 폰 트리에 감독은 64회 칸 영화제에서 "히틀러를 이해할 수 있다"는 발언으로 물의를 일으켜 영화제 공식 행사 참여가 금지되기도 했다. 영화제 측은 작품과 사람은 구별하는 것이 적절하다며 「멜랑콜리아」의 경선 참가자격은 유지시켰다.

키클롭스의 죄

키클롭스는 하나의 눈으로 세상을 본다. 키클롭스를 묘사하는

『율리시스』 12장에서 '시민'은 블룸에게 비스킷 상자를 내던진다. 그는 양안적 시각을 가지지 못한다는 점에서 위의 감독들과 마찬가지로 유죄이다. 이와 반대로 자신의 시간이 다하기 전에 삶을 마감한 이들에게 손을 내밀 수 있는 영화, 그들의 목소리를 대변할 수 있는 감독들은 기억의 힘을 믿는 이들이다. 과거의 가능성을 우리의 기억 속에서 되살려 내야만 한다는 벤야민의 요청이 어느 때보다 절실해진다. 토토로 인형을 좋아하는 우리 아이들을 과거의 기억으로 무장시켜야 하지 않을까?

힘든 사람이 있는 곳이라면 어디에서든 기꺼이 손을 내밀어 그들을 보살필 것 같은 인물들이 있다. 수원댁이 그 중 한 사람이다. 많이 힘들 때면 나는 강대진 감독의 1961년 작 「마부」를 본다. 몇십 번 봤지만 볼 때마다 기운이 솟는다. 이렇게 매번 의지하고 기대도 결코 실망시키지 않는 그 치유적 에너지는 영화가 인물에 부여하는 보편성에서 비롯된다. 그는 모든 이의 어머니이다. 그는 누군가를 위해 다른 누군가를 분노하게 만들지 않는다. 어떤 이를 위해 다른 이를 배척하지 않으며, 자신의 정념을 밖으로 쏟아내지도 않는다. 수원댁은 진정 신화적인 보편성을 가진 인물이다. 그래서 황정순 씨가 열연한 수원댁을 보면 마음이 편해진다. 그녀는 관객을 항상 따뜻하게 맞이하며 고개를 끄덕여준다. 「마부」의 수원댁은 성숙한 사랑, 보편적인 사랑이라는 것이 무엇인지 가르쳐 주는 인물이다. 요즘 영화들에서는 그만큼 성숙한 사랑이야기를 찾아보기 힘들 정도로 그녀의 사랑은 심금을 울린다. 표현하고 확인하고 약속하지 않아도 늘 미더운 사랑, 말하고 재고 따지고 밀고 당기는 사랑이 아닌 무조건적인 사랑, 그런 사랑은 관객을 치유한다. 나와 너를 가르는 선을 넘어 세상 전체를 감싸 안을 수 있을 듯한 수원댁의 사랑은 진정 아름답다. 우리 영화의 황금기였던 60년대의 보석 같은 많은 영화들과 더불어 「마부」는 우리에게 사랑하는 방법을 가르치는 진정으로 따뜻한 영화이다. 김승호와 황정순은 영화사를 빛낸 놀 줄 아는 배우들이었고 그들의 한 판 놀이가 한 장면 한 장면에 빛을 더하며 힘든 사람들의 어깨를 다독거려 주었다. 언젠가 나는 맨발의 여인에게 신발을 선물하는 뱀파이어의 이야기에서 그런 따뜻함을 느꼈었다.

한 여자와 한 남자를 위한 기도문
욕망, 그 치명적 윤리학을 위하여

O Satan, prends pitié de ma longue misère!
(보들레르 「사탄의 연도」)

보들레르의 「사탄의 연도」

갓 태어나 펏덩이를 보며 시인의 어머니가 울부짖는다. "이 권태로운 세상에 시인이라는 괴물을 더할 바에야 차라리 독사 한 뭉치를 낳고 말 것을!" 그녀는 자신이 독사의 피로 키워진 시인을 낳았다는 사실을 알지 못한다. 그는 장차 자라서 핏빛 연장을 들고 권태로운 세상을 갈기갈기 찢어 놓을 파괴의 꽃이 될 것이다. 아름답고 조화로운 세상에 균열을 내며 시인은 모든 안정적인 것을 산산조각 낼 것이다. 아름다운 도시와 조화로운 가정과 하나되는 일치는 분열과 살인과 죽음 안에서 폐허의 모습을 드러내게 될 것이다. 우스꽝스럽고 추한 모습의 절름발이 새가 그 커다란 날개를 힘겹게 가누며 아름다운 파리의 새벽 새로 뒤뚱거린다. 이내 절름발이 시인은 이 아름다운 이른 새벽 힘겹게 눈을 뜨는 늙은 창녀와 낡은 연장을 주워 모으는 연약한 노인을 본다. 그에게 우울과 권태와 악은 파괴의 힘을 생산하는 축복이 된다. "사탄이시여, 제 오랜 비참에 자비를 베푸소서." 아름다운 도시가 파괴되고 사람들의 내장을 파먹던 구더기가 세상에 드러날 때 그때 모든 것이 무너진 폐허에서 악의 꽃이 피어날 것이다. 그리고 그때 비로소 시인은 조화로움이 파괴된 폐허의 중앙에서 상승과 교감의 노래를 부를 것이다.

박찬욱의 「박쥐」는 한 여자를 위해 바치는 한 편의 기도문이다. 하지만 이 기도가 처음 맞닿는 것은 그녀의 의식이 아니다. 그녀는 자신을 위한 기도를 듣지 못한다. 영화 전반부에 나오는 눈언저리가 검은 빛으로 물든 태주의 얼굴, 표정도 없고 생명도 없는 그 얼굴은 사람의 것으로 느껴지지 않는다. 그녀는 질문하지 않으며, 부정하지 않으며, 구하지 않는다. 생명은 붙어 있으나 동시에 죽어 있는 존재, 폭력과 부당함에 익숙해진 존재, 인간 이하의 것으로 격하된 비인간인 그녀는 욕망하지 않는다. 되는대로 굴러가면 그뿐이다. 그녀의 의식보다 먼저 신부 상현의 기도를 받아들이는 부분은 그녀 발에 박인 굳은살이다.

그것은 주체를 떠나 스스로 생명력을 획득한 괴물적 대상으로서, 태주가 모든 것을 받아들일 때에도 맨땅을 차며 분노했고, 모든 것을 포기할 때에도 밤이면 그녀를 집밖으로 내몰았다. 그녀가 안주할 때 그것은 떠나고자 했으며, 그녀가 물러설 때 그것은 변화를 마주했고, 그녀가 생각할 때 그것은 실천했다. 그것은 주체의 수동적 서사를 찢어발기며 몸 밖으로 튀어나온다. 굳은살은 충동이 작동되는 신체의 한 부분으로서, 매일 밤 그것이 거리로 튀어나가 땅을 두드리면 무의미한 리듬 속에서 그녀의 몸은 이내 희열 섞인 신음을 내뱉는다. 그러던 어느 날, 신부가 그녀의 맨발을 자신의 구두 속에 밀어 넣는다. 이 장면에서 살이 땅과 나누던 성교는 살과 구두의 관계로 옮아가고 결국 연인의 섹스로 확장된다. 우리는 이제 욕망과 충동의 이야기를 시작할 수 있게 된다. 「박쥐」는 반복강박으로 드러나는 충동이라는 에너지를 결코 채워지지 않는 피에 대한 갈증으로 표현한다.

욕망의 모호한 대상

충동의 미학은 그것이 완성이나 충족보다는 반복 자체를 목표로 삼는다는 것이다. 그러한 반복은 방향성을 가지지 않으며 그 자체가 요점이다. 긴장은 목표에 도달하여 완전히 만족된 후 사라지는 것이 아니다. 충동이란 결판을 내려 애쓰기보다는 그저 힘겹게 견딜 수밖에 없는 운명적 불완전성의 다른 이름이다. 오직 인간만이 충동의 사악한 힘을 경험할 수 있다. 동물의 성교는 그 자체를 위한 것이 아니라는 점에서 인간의 것과는 상이하다. 인간의 경우, 채워지지 않는 구멍들이 생긴 이래 그 주위에 충동이 소용돌이치게 되는데, 이 미지의 힘은 이해할 수 없는 격렬함으로 우리를 극단적인 경계로 내몬다. 그 끝은 자살일 수도 있고 순교일 수도 있다. 그것은 파멸일 수도 있고 구원일 수도 있으며, 우리를 끔찍한 파국으로 내몰 수도 있고, 영웅적 희생으로 이끌 수도 있다. 후자는 그러한 힘이 주체화되었을 때에만 가능한 것이다. 태주와 상현 역시 그러한 반복에 사로잡혀 있다. 그들은 이 영원한 덫 속에서 결코 채워지지 않는 갈증에 어떤 방식으로 대처하는가? 그들은 그 힘을 주체화시키고 욕망의 윤리학을 실천하는가?

그러한 욕망과 충동의 생리를 알지 못하는 영화들이 많다. 그런 영화들은 한판의 정사로 충만함을 전달하려 하지만 그런 시도는 항상 실패로 끝나게 된다. 반면 결코 채워지지 않는 결여의 이야기를 서사에 동화시키는 감독들도 있다. 프랑수아 트뤼포는 1977년 「여자들을 사랑한 남자」에서 권태와 강박적 집착을 넘어 죽음과도 교감하는 폐허의 모습을 그려냈다. 21년 후 세드릭 칸은 「권태」(1998)에서 여성의 성기 그림과 수회 반복되는 정사장면으로도 트뤼포의 경계를 넘는 상상력에 미치지 못했다. 간호사의 다리에 손을 뻗으며 죽어 가는, 죽음을 불사한 강박적 의지는 이해할 수 없이 평이한 병원 장면으로 바뀌고, 맨살의 빛깔 없이도 가슴을 파고들던 트뤼포의 장면들은 노출된 성기의 이미지 속에 사그라진다. 무표정한 남자가 만들던 절실한 감정들은 철학교수의 몰아쉬는 숨 새로 빠져나가고 고통을 승화시켰던 죽음은 권태로운 배우의 얼굴 속에 과거에 대한 그리움만을 더해 간다.

1977년 우리는 권태로움과 강박적 집착의 끝을 그려내는 또 한편의 대작을 만났으니 이는 바로 브뉘엘의 「욕망의 모호한 대상」이었다. 가질 수 없는 것에 대한 욕망을 77년에 우리가 만났던 이 두 작품들보다 더 절실히 표현해 낼 수 있을까? 내 손 안에 있음에도 미칠 수 없고 손을 뻗어 잡아도 다음 순간 사라지는 신기루와 같은 사물의 매력을 이보다 더 애타게 그려낼 수 있을까? 「박쥐」는 그 영원한 갈증을 표현하기 위해 뱀파이어라는 모티프를 차용한다.

현대 감독들의 실수는 드러난 성기나 노골적인 정사장면에 의해 이 절실함이 더욱 부각될 수 있다고 생각하는 데 있는 듯하다. 물론 수입추천 불가판정과 등급심의 논란을 불러일으키는 노골적인 이미지들은 그 나름의 의미와 가치가 있다. 극약처방이 효과를 거두는 경우 또한 종종 발견된다. 그러나 잠시 멈추어 일상의 이미지와 생활 속의 언어로 관객의 심장을 뚫고 지나간 과거의 영화들을 생각해 보자. 관객의 더욱 자세히 보고자 하는 욕망에 부합하는 이미지를 제시하는 동시에 이로써 욕망 안에 내제한 비극적 불가능성을 표현해 내려는 시도 자체가 모순이라고 할 수 있지 않을까? 견딜 만하게 만드는 영화는 결코 욕망에 관한 진실을 이야기할 수 없을 것이다.

욕망, 그 치명적 윤리학

「박쥐」의 인물들은 채워지지 않는 영원한 반복 속에서 피와 섹스와 사랑을 갈망한다. 그러나 완전하기를 원하며 완벽함을 추구하는 그들이 번번이 다시 돌아오게 되는 지점은 출발점이다. 모든 것이 다시 처음이다. 어떻게 해야 하는가? 어떻게 해야 이 채워지지 않는 갈증의 고통을 벗어날 수 있는가? '사탄이시여, 저희들의 오랜 비참에 자비를 베푸소서.'

그들은 영원한 반복을 벗어나 완벽한 하나됨을 성취하기 위하여 살인을 감행한다. 그러나 이것이 초래한 것은 완전한 만족이 아니었다. 오히려 그들은 더 이상 이전과 같이 즐길 수 없게 된다. 죄책감이라는 독약이 즐기는 행위 자체를 금지하게 된 것이다. 살아 있을 때는 이름뿐이던 허깨비 남편이, 죽은 후 진정 강력한 자로 귀환하여 그들의 쾌락을 금지한다. 에밀 졸라의 원작 『테레즈 라캥』은 죄의식에 초점을 맞추어 죗값에 합당한 결말을 제시하는 데 그치지만 「박쥐」는 한 단계 더 나아가 욕망의 윤리학을 드러낸다. 그것은 자연주의의 한계를 지적하는 지점이기도 하다. 인간의 죄, 구원, 사랑의 문제는 해부학 너머에서 사유해야 하는 것이기 때문이다. 영원한 반복이란 인간의 운명이자 필연이지만, 인간은 그 악마적 힘에 대면하여 이 무모한 싸움에서 전혀 다른 결과를 이끌어 낼 수 있는 존재들이다. 생리를 뛰어넘는 인간적인 것, 그것이 바로 욕망의 윤리이다. 욕망의 윤리는 욕망에 대해 타협하지 않는 것이며, 가장 소중한 것을 포기하는 극단적인 방법으로써라도 자신이 세상에 진 빚을 갚는 것이며, 모든 것을 걸고, 모든 것을 포기하고, 모든 것을 희생하고, 모든 것을 기껍게 책임지며 욕망하는 것이다. 「박쥐」가 선택한 그 극단적 결단은 소멸이다.

　「박쥐」의 결말에 제시된 소멸은 태주의 구원을 의미한다. 정신분석은 그리 어려운 학문이 아니다. 구원도 정신분석에서는 그리 어려운 단어가 아니다. 한마디로 그것은 아프던 사람이 낫게 되는 과정을 뜻한다. 첫 장면의 태주를 기억하라. 그 이미지와 마지막 장면에서 보았던 그녀의 얼굴을 비교하라. 그녀가 괜찮아졌음이 확실하지 않은가! 그녀는 나았으며 치유되었으며 구원되었다. 기도가 응답된 것이다. 그녀가 태양 빛에 소멸된 후 우리는 흙이 된 군은살과 재를 담아내는 신발이 땅에 맞닿아 있음을 보게 된다. 지긋지긋한 반복을 뛰어넘어 그들이 진정 하나를 이룬 것이다. 몸 밖으로 튀어나온 대상, 주체의 의지가 통제하지 못하던 대상 그 자체가 이제 신체를 떠나 해방되었다. 중요한 것은 그것이 주체의 윤리적 '선택'이었다는 점이다. 그것은 그녀의 의식적 결단이었다. 큰 가방 속에서 구두를 꺼내는 그녀의 행위에 의해 결말은 어쩔 수 없이 강제된 선택이 아니라 욕망을 포기하지 않는 윤리적 행위로 뒤바뀐다. 의미 없는 반복이란 인간의 운명이지만, 인간은 충동이라는 악마적 힘을 이용하여 그 필연의 고리 자체를 뛰어넘을 수도 있는 존재이다.

주체라는 것은 견고한 실체라기보다는 수많은 불안한 순간들 속에서 섬광같이 빛나는 결단의 시간을 뜻한다. 그것은 그 자체가 순간이라고 할 수 있으며 그러한 의미에서 정신분석적 주체는 매순간 갱신되며 다시 태어난다. 박찬욱 감독은 태주의 굳은살을 신발로 감싸고, 그녀에게 생일을 지어 주며, 찢긴 상처를 붙여 주고, 부러진 목을 맞추어 줌으로써 그녀가 욕망하는 주체, 윤리적 주체로 다시 태어나게 만든다. 충동의 영역, 욕망의 영역은 어둠이 지배하는 괴물적 차원이지만, 낡은 구두 한 켤레에 실린 기도문이 굳은살 한 점에 전달될 때 주체는 윤리적 선택을 하게 된다. 그 음침한 기도는 그녀를 구원한다. 욕망의 윤리학 속에서는 사탄조자 그 상처를 치유 받고 새로운 모습으로 다시 태어난다. '사탄이시여, 제 오랜 비참에 자비를 베푸소서.' 그것은 사탄의 젖을 먹고 자란 시인이 폐허의 끝에서 부르는 노래이다.

경계를 넘어선 상상력

하울의 움직이는 성

가지런히 정돈되어야 하는 배경은 전쟁으로 불바다가 되고,
마법사 하울은 전쟁 앞에 무력하다.
마지막 보루를 무너뜨리는 영화, 이것이 할리우드가 채우지 못한 2퍼센트다.

괴롭고 힘든 시간을 견딜 수 있는 에너지, 이것이 바로 치유적인 상상력이다.

바람계곡의 나우시카

미야자키 하야오가 만들어 낸 캐릭터들은
더욱 강하고 깨끗하고 아름다워지기 위해 애쓰지 않는다.
그럼에도 불구하고 약점 많은 인물들은 서로 연대하여
결국 일그러진 자연과 세상을 치유한다.
그러나 이러한 해석을 뒤흔드는 바람이 불고 있다.

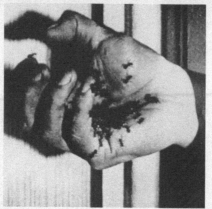

안달루시아의 개

하나의 일관된 서사를 전복시키는 것, 그것이 무의식이다.

사람의 입술은 더 이상 얼굴에만 있는 것이 아니다. 손에도 발에도 눈 속에도 있다. 여기저기 붙은 입술들은 끊임 없이 말한다.

시도하라! 꿈과 현실의 경계를 넘어 사유하라!
시도하라! 일상을 광기와 마술의 언어로 말하라!
시도하라! 시적 상상력의 근원으로 돌아가라!

오르페의 유언

시인의 피

3. 못다한 이야기

'정신분석과 영화' 공개강연

프로이트와
융 사이에서의
선택

안녕하세요? 김서영입니다. 조금 더 가까이서 뵙고 싶은 마음에 책 속에 강의실을 만들었습니다. 지금까지보다 훨씬 편하게 이런 저런 이야기들을 해볼 생각입니다. 한 페이지 넘겼을 뿐인데 갑자기 공간이 바뀌어 버린 듯 느끼셨으면 좋겠습니다. 차 한 잔 하시면서 편하게 들으세요. 이제부터는 글을 떠나 말로 정신분석과 영화에 대한 이야기들을 하고 싶습니다. 글이라는 형식을 벗어나 얼굴을 마주하고 싶습니다. 앞에서 미처 다하지 못한 이야기들을 풀어 볼 생각입니다.

가끔 강의가 무슨 라이브쇼인 것처럼 느껴지기도 합니다. 매 순간마다 긴장이 넘치는 스피드 퀴즈처럼 생각되기도 합니다. 학생들의 질문 때문입니다. 저는 학생들이 언제든 수업에 참여하여 원하는 것을 이야기하고 이상한 것을 질문하도록 격려하는데, 그게 참 재미있습니다. 생각하지 못했던 이야기들이 오가고 전혀 다른 주제에 대해 토론하게 되거든요. 그런데 학생의 질문 속으로 파고 들어가면 제가 전달하고자 했던 이야기들이 책만 읽을 때보다 오히려 더욱 확실하게 드러납니다. 절실한 질문은 이론서 몇 권보다 훨씬 생산적인 효과를 냅니다. "정말 모르겠다", "정말 이상하다", "동의할 수 없다"라며 괴로워하는 학생들이 많으면 많을수록 수업은 더욱 흥겨워집니다. 죽은 이론을 구경하는 것이 아니라 살아서 펄떡거리는 이론을 메스로 해부하는 느낌입니다.

제가 하고 싶은 이야기는 이론을 이미 만들어진 정답으로 받아들이기보다는 자신의 느낌을 믿고 이론을 마음대로 해부할 수 있어야 한다는 것입니다. 이상하다는 생각이 든다면 그게 맞는 것이고, 뭔가 아닌 것 같은 느낌이라면 분명 무엇인가가 이상한 것이며, 어떤 부분이 진정 마음에 와 닿았다면 그것은 분명 효과가 있는 이론입니다. 정신분석 수업을 할 때 학생들이 이렇게 생각하는 경우가 참 많습니다. '내가 모르니까 이상한 거겠지', '프로이트가 그렇게 말했으면 그런 거겠지.' 그래서 이론이 좀 이상해도 받아들여 주고, 기분이 좀 안 좋아도 외우고 인용합니다. 그 사람이 그렇게 말했다. 누구누구 가라사대…… 그러나 제가 늘 학생들에게 말하듯이, 프로이트가 신입니까? 왜 믿습니까? 라캉이 신입니까? 그 사람이 말한 건 다 믿어야 할까요? 그게 무슨 학문인가요, 그 정도면 종교죠.

이론공부를 이 정도에서 멈추면 영화분석 역시 한계를 가지고 시작하게 됩니다. 프로이트에 의하면 소녀는 으레 남근을 선망하니 그 정답을 영화에 나오는 모든 어린 소녀들에게 적용할 수 있겠군요? 정말 그렇게 분석되는 경우가 있습니다. 물론 딱 들어맞는 영화가 있어서 그렇게 분석했더니 영화가 훨씬 잘 보이는 경우가 있을 수도 있지요. 문제는 모든 영화를 그렇게 분석할 때 일어납니다. 프로이트의 이론을 도깨비방망이 삼아 마구 휘두르는 경우들이 있습니다. 정답 나와라, 뚝딱! 오이디푸스, 뚝딱! 어머니의 자궁, 뚝딱! 남근, 뚝딱!

스위스의 분석심리학자인 융은 프로이트가 후렴처럼 반복하는 성적인 개념들을 도저히 받아들일 수가 없었습니다.

학생들이 묻습니다.

"정신분석은 섹스, 남근, 성적 충동에 대한 이야기 아니었나요? 프로이트도 늘 그런 이야기들을 하던데요?"

그렇죠. 분명 전집은 성적인 이야기들로 가득 차있습니다. 그런데 그 이야기들이 과연 정답일까요? 정신분석을 공부하는 사람들은 으레 프로이트의 모든 것을 사랑해야 한다고 생각하는 듯합니다. 그래서 무조건 받아들여 주지요. 라캉은 "프로이트로 돌아가자!"라는 구호를 외치며 프로이트 전집의 중요성을 강조했습니다. 그래서 라캉 이후 프로이트의 가치가 급상승하게 되었어요. 그리고 그 이론들이 영화, 문학, 예술작품의 분석에 적극적으로 차용되기 시작했죠. 라캉이라는 사람이 평생을 바쳐 프로이트 전집을 정독하는 모습을 본 사람들은 프로이트에게서 왠지 모를 마력을 느끼게 되었을 겁니다.

여기서 잠시 멈추어 융과 라캉의 입장을 비교해 볼까요? 라캉은 프로이트로 돌아가는 반면 융은 프로이트를 떠나지요. 둘 중 한 사람이 바보가 아닌 이상 돌아가는 사람도 떠나는 사람도 나름의 이유가 있겠지요? 라캉은 프로이트를 인정하고 융은 프로이트를 부정합니다. 한 사람은 프로이트의 이론을 목숨 걸고 공부하고 또 한 사람은 프로이트의 이론이 모두 터무니없는 것이라고 말합니다. 그런데 라캉도 융도 거인들로서 각 영역을 훌륭하게 만들어 놓았습니다. 둘 다 21세기에 없어서는 안 될 중요한 사람들입니다. 그렇다면 '네'와 '아니오'가 모두 정답이겠네요. 다시 말하자면 여러분이 도달하게 되는 모든 지점이 다 정답이라고 할 수 있습니다. 떠나도 되고 돌아가도 됩니다.

융처럼 프로이트를 아주 떠나시겠어요? 저와 함께 여기까지 오신 지금도 정신분석이 전혀 효과가 없다는 생각이 드세요? 정신분석을 모두 버리고 프로이트를 다시는 만나고 싶지 않으세요? 융은 프로이트와 결별한 후 평생 다시는 그를 만나지 않았습니다. 마찬가지로 프로이트도 라캉도 분석심리학에 대해서는 함구합니다. 전혀 관계가 없는 이론이라고 생각했고 정신분석과 같이 과학적인 이론이 아니라고 판단했었지요. 그렇다면 우리도 융을 떠나 프로이트와 라캉만 할까요? 앞서 그림자, 대극의 합일에 대해 이야기했던 것들을 다 잊어버리고 프로이트만 공부할까요? 그건 독자의 선택입니다. 효과가 있다고 생각되는 쪽을 선택하세요. 저는 프로이트, 라캉, 융이 모두 치유적이라고 생각합니다. 그래서 정신분석과 분석심리학을 오가며 효과 있는 부분들을 받아들입니다. 이러한 선택은 실제 작품분석에 도움이 됩니다. 사실 심리학 이론까지 함께 이용하면 삶의 다양한 측면이 여러 각도에서 조명되며 훨씬 풍성한 결론을 얻게 됩니다. 왜 다른 모든 것을 잘라 버리고 하나만 선택해야 하나요?

현재 융학파는 프로이트를 비판하고 라캉학파는 융을 배척하고 심리학은 정신분석을 폄하하고 정신분석은 심리학을 받아들이지 않고 있습니다. 어떤 조합에도 교집합이 없습니다. 하나의 영화를 라캉학파와 융학파가 각각 서로 다른 방식으로 해석하는 경우도 있습니다. 비록 융은 아직 영화이론에 적극적으로 활용되지 못하고 있긴 하지만요. 「다크 시티」를 분석하는 데 융학파에서는 그림자와의 합일로 분석하는 반면 라캉학파에서는 상징계의 붕괴로 해석합니다. 「빈집」은 대극의 합일로 볼 수도 있고 욕망의 문제로 풀 수도 있습니다. 융과 라캉 둘 중 한 쪽을 선택하여 평생, 항상 다른 쪽을 배척하며 한 가지 방식으로만 세상을 이해해야 할까요? 정신분석, 분석심리학, 심리학 모두 효과 있는 이론들입니다. 세 영역을 오가며 함께 공부하는 것이 가장 바람직한 방법이 아닐까요?

　저는 수업에서 각 이론들을 뒤섞어 가르칩니다. 단 학생들에게는 영화분석을 할 때 억지로 이론을 뒤섞는 것은 피하도록 조언합니다. 연습단계에서 이론을 섞었을 때 완전히 잘못 갈 확률이 높기 때문입니다. 그러나 두 가지 모습이 다 보인다면 분석심리학적 비평과 정신분석학적 비평을 따로 제출하게 합니다. 마음에 남는 보고서들이 참 많습니다. "보고서는 반드시 심금을 울려야 한다"고 되풀이하며 항상 학생들을 믿었고, 그들은 예외 없이 절실한 질문들과 치열한 고민들로 기막힌 보고서들을 제출했습니다. 그리고 가끔은 작품분석을 통해 자신의 괴로움을 감당할수 있었다고 말하기도 합니다.

　자, 다시 같은 질문을 드릴게요. 프로이트와 융, 둘 중 어떤쪽을 선택하시겠어요?

꽉 찬 영화와
2퍼센트 부족한 영화

자크 라캉은 1981년 9월 9일에 죽었습니다. 그런데 개론적인 이 야기를 시작하면 많은 학생들이 얼굴을 찌푸립니다. 몇몇 학생들 은 표현을 하기도 합니다. "선생님, 다 서양 이야기고 서양 사람 들이잖아요. 우리한테는 잘 안 맞는 것 같아요." 2003년에 한 학 부생으로부터 이 말을 처음 들었을 때 지체 없이 이런 말이 튀어 나가더군요.

"난 이게 남의 거라고 생각해 본 적 없다. 잘 배워와야겠다고 생각한 적도 없다. 이건 내 거야. 내가 정신분석의 중심에서 읽고 해석하고 움직이고 변화시키는 거야. 세상 어디에서도 출발선은 프로이트 전집이야. 똑같은 상황에서 게임을 하고 있는 거야."

라캉은 프로이트를 완전히 새로운 방식으로 해석했습니다.

그후 우리는 프로이트와 전적으로 동의하지 않을 때에도 그를 떠날 필요는 없게 됩니다. 라캉은 오이디푸스 콤플렉스를 구조적으로 이해하여 이를 어머니에게 모든 것을 의지하던 상상계로부터 이유의 시기를 거치며 상징계로 넘어가는 과정으로 재해석합니다. 라캉은 프로이트를 자신의 방식대로 읽었습니다. 우리는 라캉과 같은 자유로운 방식으로 프로이트를 읽어야 합니다. 서점의 정신분석학 분야에서 프로이트의 『정신분석 강의』는 여전히 높은 순위를 지키고 있습니다. 정신분석에 대해 알기 위해 이 책을 제일 처음 선택하신 분들은 내용이 좀 이상하다는 생각을 하셨을 겁니다. 그럴 수밖에 없습니다. 이 책은 1915~1917년에 집필되었기 때문에 프로이트의 후기 이론이 나와 있지 않습니다. 프로이트는 1923년에 자아(ego), 초자아(super-ego), 이드(id)라는 구조를 만들어 냈거든요. 『정신분석 강의』가 집필된 건 그 전이니 마지막 장까지 읽어도 그러한 개념들이 전혀 언급되질 않습니다. 우선 프로이트에 대한 전체 지도를 그릴 수 있어야 합니다. 한 권 전체를 모두 문자 그대로 믿어서는 안 된다는 말입니다. 억지로 믿지 마세요. 읽다가 자연스럽게 고개가 끄덕여지고 내게 도움이 되는 듯하면 그게 정답입니다.

정신분석 이론이란 사실 모두 친밀하게 느껴져야 합니다. 내 이야기 같고 어제 들었던 이야기 같고 그 이론들을 통해 친구, 부모, 형제의 여러 모습들이 보여야 합니다. 그래서 이런 방식으로 영화와 문학을 분석할 수 있는 것입니다. 정신분석 이론이라는 게 살아가는 이야기니까요. 그래도 구체적으로 예를 하나 들어 보겠습니다. 라캉은 찬 말(full speech)과 빈 말(empty speech)을 구분했는데요, 무의식과 전혀 관계없는 자아의 꾸밈이 빈 말을 만들어 낸다면 무의식으로부터 우러나오는 것이 바로 찬 말입니다. 한번 상황을 떠올려 볼까요? 내가 다른 사람에게 말을 하고 있다고 생각해 보세요. 그런데 사실 나는 내 앞에 있는 사람에게 관심이 없어요. 그저 이따금씩 예의상 미소를 지으며 형식적인 이야기들을 하고 있을 뿐입니다. 말을 하기는 하는데 사실은 아무 말도 하고 있지 않은 것이나 다름없습니다. 이런 경우도 있습니다. 내가 무슨 이야기를 열심히 하고 있는데, 사실 그건 내 가슴에서 나오는 말이 아니라 그저 내 입 가장자리에서 쉽게 만들어져서 내뱉어지는 말들이에요. 물론 그런 말들은 나에 대해 어떠한 진실된 이야기도 전달할 수 없지요. 그게 빈 말입니다. 빈 말을 들은 사람은 "어머, 당신 참 이러저러하군요"라고 말하지만 사실 그건 내 모습이 아니지요. 내가 원하는 내 모습에서 이야기하는 것 역시 빈 말입니다. 그것은 억지로 만들어 낸 모습입니다. 사실은 괴롭고 슬픈데 웃고 떠들며 나 자신에게까지 거짓말을 하게 될 때도 있습니다. 역시 빈 말입니다.

이에 반해 찬 말은 그 사람에 대한 진실을 이야기합니다. 그저 말하고 곧 잊어버리는 빈 말만 하던 내가 갑자기 어떤 상황에서 진실을 말하게 되는 순간이 있습니다. 사실 더욱 정확하게 말하자면 진실이 나를 통해 말할 때가 있습니다. 의도하지도 않았고 원하지도 않았는데 말하는 자신과 듣는 사람을 동시에 놀라게 만드는 말을 할 때가 있습니다. 그것이 찬 말입니다. 무의식이 움직인 것입니다. 찬 말은 '정동'(情動)이라고 불리는 강렬한 느낌과 함께 드러납니다. 내가 통제할 수 없는 느낌, 바로 그것이 무의식의 개입입니다. 찬 말은 자신에 대한 이야기를 들려줍니다. 그것은 자아가 꾸며 낸 허상이나 거짓말이 아니라 내 진정한 모습의 일면입니다. 여기서 가장 중요한 것은 나 자신이 나의 찬 말에 대해 이해하는 것입니다. 예를 들어 어떤 사람과의 대화 중에 별 의미 없이 한마디를 던졌는데, 그것이 사실은 상대방에 대한 미움의 표출이었다고 가정해 봅시다. 그동안 싸였던 분노, 미움, 적개심이 말 속에 가득 담겨 상대를 공격한 것입니다. 그것은 무의식으로부터 올라온 이야기이지만, 엄격히 말하자면 찬 말이라고 할 수 없습니다. "아니야, 그런 뜻이 아니었어. 난 그런 생각, 하지도 않았어. 내가 왜?" 곧 이런 빈 말들로 바꾸어 버릴 수 있기 때문입니다. 그것이 진정한 찬 말이 되려면 내가 그렇게 인식해야 합니다. '내 안에 그런 분노가 들어 있구나. 내가 그때 굉장히 서운했구나. 내가 이 사람을 싫어하는구나……' 찬 말을 이해하게 되는 과정이 바로 정신분석입니다.

영화 역시 텅 빈 말을 하기도 하고 때로는 꽉 찬 이야기를 들려주기도 합니다. 빈 말을 하는 영화를 보고 나면 어딘가 2퍼센트 부족하다는 생각이 드는 반면 찬 말을 하는 영화를 본 후에는 감동을 받거나 치유적인 효과를 느끼게 됩니다. 같은 뮤지컬영화라도 「프로듀서스」와 「렌트」는 본 후의 감상이 전혀 다릅니다. 같은 날 두 영화를 함께 보면 아무 이야기도 하지 않는 공허한 말과 진실의 한 조각을 드러내는 찬 말의 차이를 명확히 느끼실 수 있습니다. 한번 그동안 보았던 영화들의 리스트를 적어 놓고 이들을 분류해 보세요. 한쪽에는 내 인생의 영화, '압권'이었던 영화, 두 번 이상 본 영화를 적고, 다른 쪽에는 '그저 그랬던' 영화, 돈이 아까웠던 영화, 두 번 보고 싶지는 않은 영화를 적으면 그 차이가 확연히 드러납니다. 두말할 나위 없이 전자에서 정신분석의 치유적인 효과를 느끼게 될 확률이 높습니다.

물론 정신분석이라는 것은 한 사람의 사소한 이야기를 가장 중요시하는 학문이기 때문에 모든 사람에게 공통된 '꽉 찬 영화'를 이야기한다는 것 자체가 모순입니다. 대부분의 관객이 2퍼센트 모자라다고 하지만 내게는 인생의 영화가 되는 경우도 허다합니다. 우리는 지금 '다수'가 아닌 나 개인을 중심으로 영화들을 구분하고 있습니다. 이제부터 할 일은 왜 그 영화들이 자신의 리스트에서 그러한 위치를 점유하게 되었는가를 분석해 보는 것입니다. 해석이 영화의 부족한 2퍼센트를 채우게 되기도 합니다. 왜 감동받았는지, 왜 그 장면이 좋았는지를 풀어내는 분석의 과정에서 영화에 대한 새로운 평가를 하게 되는 경우도 많습니다. 어떤 사람은 하네케 감독의 「피아니스트」를 치유적이고 감동적인 이야기로 구분할 것이며 다른 사람은 혐오스러운 영화로 분류할 수도 있습니다. 영화를 마음이 닫힌 사람들의 이야기로 해석할 수도 있고 도저히 받아들일 수 없는 특정 부분을 지적하여 비판할 수도 있습니다. 원작 소설 『피아노 치는 여자』를 쓴 엘프리데 옐리네크는 2004년 노벨 문학상을 수상했으니 작품에 대해서는 의문의 여지가 없다고요? 그런데 원작을 읽다 보면 음악 공부를 하러 유학 온 한국 학생들이 음악의 영혼이라는 것을 전혀 이해하고 있지 못하다는 비아냥거림을 마주치게 됩니다. 여기서 영혼이라는 게 바로 찬 말이지요. 옐리네크의 눈에는 우리 한국 유하생들의 음악이 빈 말로 보였던 겁니다. 그리고 그녀는 클레메의 입을 빌려 "남한 학생들은 이 방의 어느 구석에서도 영혼을 찾을 수 없을 것"이라고 말합니다. 뭔가 2퍼센트 부족하다는 거죠. 그런데 그 부분을 읽고 있자니 "이 소설도 2퍼센트가 부족하다"는 판단이 서더군요. 남을 정의하고 자신을 정의하는 것 자체가 허상이지요. 그것은 그녀가 「피아니스트」의 주인공 에리카만큼이나 자신 안에 갇혀 있음을 드러내는 구절입니다. 부족한 2퍼센트의 공간을 읽어 내고 그것을 분석하는 것, 또는 그 공간을 의미로 채우는 것은 정답을 아는 다수가 아니라 다른 누구와도 구별되는 바로 나 자신입니다. 내가 본 영화를 찬 말과 빈 말 중 어디쯤 배치할 수 있는가를 생각해 보는 것 그리고 그 이유를 분석해 내는 것이 바로 정신분석적 영화비평 입니다.

로즈버드를
찾아서

많은 사람들이 작은 일에 감동하고 사소한 일에 상처를 받곤 합니다. 그리고 그 기억들은 모두 무의식 속에 새겨지게 되고 마치 압력솥에 밥을 지을 때처럼 그 속에서 잘 숙성됩니다. 어느새 딱딱한 쌀에서 밥이라는 이야기가 지어집니다. 그 이야기는 말 한마디, 하나의 행동 속에서 자신을 드러내며 우리 밖으로 튀어나옵니다. 이에 대한 반응은 상당히 다양할 것입니다. 우선 자신의 말과 행동에 대해 전혀 이해하지 못하는 사람이 있습니다. 정신분석과 함께 살지 않는 사람이지요. 그러니 자신에 대해서도 남에 대해서도 전혀 이해하지 못한 채 어느 날 다른 사람의 느닷없는 반응에 놀라게 됩니다. '저 사람이 갑자기 왜 저러나?' 무슨 일이 있었던 것인지 분석하지 않기 때문에 이 모든 일이 너무나 급

작스럽게 느껴집니다. 수박 겉핥듯 표면만 보기 때문에 속의 이야기들을 읽어 내지 못하는 것입니다. 또 다른 사람은 질문합니다. '아, 내가 왜 그렇게 말했지? 그 사람 되게 무안했겠네. 왜 그랬지?' 그러고는 이내 잊어버립니다. '에이, 모르겠다. 귀찮아.' 정신분석과 함께 사는 사람은 여기서 멈추지 않습니다. 생각을 물고 늘어져 자유롭게 과거의 조각들을 연상합니다. 그것이 바로 정신분석이지요.

영화 전체가 처음부터 끝까지 물고 늘어지는 하나의 모티프를 우리는 '로즈버드'라고 부를 수 있습니다. 그것은 첫 장면부터 마지막 장면까지 영화의 모든 세부들을 하나로 꿰어내는 중심축입니다. 모든 사건과 인물의 행동이 그것을 중심으로 진행되는 영화의 중심이라고 할 수 있는데, 로즈버드가 없는 영화는 뭔가 부족하게 느껴지고 로즈버드가 두 개 이상인 영화는 산만하게 보입니다. 저는 학생들에게 영화비평을 할 때에도 하나의 로즈버드를 찾아서 그것을 중심으로 영화를 풀어내라고 말합니다. 산만한 사람을 생각해 보세요. 이야기의 핵심이 없이 말이 표면에서 부유하는 경우 우리는 '요점이 뭐야?' 하고 생각하게 됩니다. 영화를 보고 나오면서 머릿속에서 초스피드로 장면들이 좍 지나가는 대신 툭, 툭 끊기며 산만하게 나열된다면 그것은 하나의 로즈버드를 가지고 있는 영화가 아닙니다. 로즈버드는 사람일 수도 있고 소도구일 수도 있으며 기억의 한 조각일 수도 있습니다. 로즈버드를 가지고 있는 영화에서 주인공은 한 사람을 애타게 그리워하기도 하고 금궤, 돈, 보물 등을 찾고 있거나 아니면 자신의 정체성을 찾아 헤매기도 합니다.

「다크 시티」에서 주인공 존 머독은 처음부터 끝까지 자신의 기억 속 등대를 찾아다닙니다. 그러니 영화의 모든 장면, 모든 인물들이 다 그의 기억 속 등대와 어떤 방식으로든 관련되겠지요. 어떤 사람을 사랑하게 되었을 때의 상황을 한번 떠올려 보세요. 세상 모든 것이 그 사람과 연결되어 있지 않나요? 내가 하는 모든 말과 행동, 생각이 그/그녀의 주위를 맴돌고 있지 않나요? 이 시기에 내가 사랑하는 '그 사람'에 대한 이야기를 제외한 채 나를 분석할 수는 없을 것입니다. 여기서 '그 사람'이라는 요소가 바로 분석가가 나를 읽어 내기 위해 찾아야 하는 열쇠입니다. 짐 자무시의 「브로큰 플라워」에는 '아들'이라는 로즈버드가 나옵니다. 한 번도 본 적이 없는 아들은 주인공의 여정이 궁극적으로 향하게 되는 목적지겠지요. 우리는 어떤 방식으로든 영화가 우리를 아버지와 아들이 만나게 되는 지점까지 데리고 갈 것이라고 기대합니다. 영화가 열린 결말로 끝난다 하더라도 여전히 아들이라는 키워드는 영화를 움직이게 만드는 중심축입니다.

로즈버드는 오손 웰스 감독의 「시민 케인」에 나오는 썰매의 이름입니다. 천재 감독으로 평가되는 오손 웰스는 구조적으로도 기술적으로도 완벽하다고 평가되는 영화인 「시민 케인」을 만들었습니다. 영화는 신문 재벌인 케인이 "로즈버드"라는 말을 남긴 채 세상을 떠나는 장면으로 시작합니다. 그리고 기자들은 '로즈버드'의 의미를 찾기 위해 케인의 주변 인물들을 인터뷰하게 됩니다. 일련의 인터뷰들이 끝난 후 영화는 마지막 장면에 이르러 로즈버드가 새겨진 썰매를 보여 줍니다. 그것은 케인이 재벌 후견인에게 맡겨지기 전 고향집에서 타고 놀던 것이었지요. 그러나 로즈버드란 단순히 썰매만을 뜻하는 것이 아닙니다. 케인은 어마어마한 부자가 되어 세상의 갖가지 진귀한 물건들을 강박적으로 수집하지만 그 어떤 것도 그를 만족시키지는 못합니다. 두 번의 결혼에 실패하고 절친한 친구를 잃고 결국 그는 외롭게 홀로 남겨진 채 죽음을 맞게 되는데 마지막 순간 그는 "로즈버드"라고 말합니다. 썰매는 풍족하지는 않지만 행복했던 어린 시절을 뜻합니다. 그리고 그 행복한 기억의 중심에 어머니의 모습이 자리 잡고 있습니다. 즉 로즈버드란 그가 잃어버린 모든 것을 뜻하는 상징인 셈이지요. 그것은 어머니, 고향, 어린 시절이라는 다시는 돌아갈 수 없는 그의 과거를 뜻합니다.

한국 영화 중 탁월한 연출을 통해 로즈버드를 제시하는 영화로 유현목 감독의 「오발탄」을 들 수 있습니다. 이범선의 단편소설을 영상화하는 과정에서 유현목 감독은 치통이라는 로즈버드를 삽입합니다. 해방 후 월남한 철호의 가족이 겪는 비참한 생활은 감독의 연출에 의해 더욱 호소력 있게 구성됩니다. 감독은 철호의 치통으로 영화 전체를 꿰어냅니다. 철호는 처음부터 얼굴을 찌푸리고 뺨에 손을 댄 채 나타나 괴로운 상황이 생길 때마다 이를 앙다뭅니다. 미군병사와 함께 있는 여동생을 보았을 때, 미친 어머니가 소리 지를 때, 남동생이 은행을 털다 잡혔을 때, 아내가 해산 후 죽었을 때 그는 힘주어 입을 다뭅니다. 치과 간판이 재즈의 리듬처럼 반복하여 나타나고 결국 영화의 마지막에 이르면 그는 썩은 사랑니를 빼게 됩니다. 썩은 이를 뺐으니 이제는 오히려 시원해졌을 것 같지만, 이 장면은 곧 더욱 괴로운 상황으로 이어집니다. 그가 다른 치과에서 연이어 다른 쪽 사랑니 하나를 마저 빼는 것입니다. 치과에서 나온 철호는 입에 흥건히 고인 피를 여기저기 뱉어내며 비틀거립니다. 죽은 아내 앞에서 통곡조차 하지 못하던 그가 그 슬픔을 나른 방식으로 보여 주고 있는 것이지요. 와이셔츠와 입 주위에 묻은 피를 보며 우리는 썩은 이를 빼 버린 사람의 시원함보다는 출구 없는 인생의 고통을 경험하게 됩니다.

전체를 하나로 만드는 로즈버드가 있다면 그것은 좋은 영화일 확률이 높습니다. 그것은 글을 쓸 때도 마찬가지입니다. 글 전체를 하나로 들 수 있는 로즈버드가 있다면 좋은 글일 확률이 높습니다. 하지만 이때 로즈버드는 잡을 수 있는 구체적인 것이 아닙니다. 썰매와 썩은 이를 한번 생각해 보세요. 금괴나 잃어버린 아들처럼 그것을 찾아낸 후 행복하게 끝나는 영화보다는 「시민 케인」이나 「오발탄」이 제시하는 로즈버드가 더욱 우리의 심금을 울립니다. 왜일까요? 그것은 후자가 욕망의 생리를 드러내 주기 때문입니다. 그토록 원하다가도 손에 쥐고 나면 그 절실함이 사라져 버리는 것이 바로 욕망의 비극입니다. 그렇게 가지고 싶었는데 내 것이 되고 나니 내가 가지지 못한 또 다른 것이 눈에 들어옵니다. 그렇다면 굉장한 것을 손에 넣고 영원히 행복할 것이란 전망을 남긴 채 끝나 버리는 영화는 사실 2퍼센트 부족하다고 할 수 있습니다. 그 다음은 어떻게 될까요? 여기서 더 가는 영화는 우리에게 이렇게 말합니다—"손에 잡아도 이내 다시 허전해지더라."

그런 의미에서 잃어버린 모든 것을 상징하는 로즈버드는 진정 우리가 영원히 욕망할 수밖에 없는 궁극적 대상입니다. 다른 말로 바꾸자면 그것은 우리를 욕망하게 만드는 원인이기도 합니다. 다시는 찾을 수 없는 것, 언제나 비어 있을 수밖에 없는 것, 바로 그 빈 공간 때문에 우리는 욕망하게 되는 것입니다. 그런데 아무리 대상을 부여잡아도 신기루와 같이 사라지며 결코 만족할 수 없다는 말이 이상하게 들릴 때가 있습니다. 바로 사랑에 빠질 때이지요. 사랑이라는 것은 욕망의 특성을 뛰어넘는 굉장한 힘을 가지고 있습니다. 그래서 우리는 사랑을 실재적인 것으로 정의할 수도 있습니다.

사랑에
관하여

사랑에는 세 가지 종류가 있습니다. 정신분석에서는 사랑을 상상계적인 사랑, 상징계적인 사랑 그리고 실재계적인 사랑으로 구분할 수 있습니다. 우선 상상계적인 사랑에는 어른스럽지 못한 사랑이 포함됩니다. 가수 이현우가 진지한 연기를 선보였던 「여름이 가기 전에」는 전형적인 상상계적 사랑을 그리고 있습니다. 민환이라는 인물은 자기밖에 모르는 마마보이입니다. 이혼남이면서도 가끔씩 아내를 만나고 쌍둥이가 있지만 총각처럼 자유롭고 소연이라는 여자와 가끔씩 섹스를 하면서도 그녀에게 구속되지 않습니다. 그는 주말에 냉장고를 가득 채워 주는 어머니와 기분 내킬 때 불러내면 기꺼이 나와 주는 소연을 편리하게 이용하지요. 이 자유인은 콘돔 없이 관계하고 다음날 병원에 가 보라고 소

274

연을 못살게 구는 몸만 자란 어린아이입니다. 어떤 책임감도 느끼지 못한 채 그저 어머니에게 치대는 아이와 같이 소연에게 칭얼거리는 민환, 그가 말하는 사랑이 바로 상상계적인 사랑입니다. 그리고 이 형편없는 남자를 왕자로 인식하는 소연의 사랑, 그것 역시 상상계적인 사랑입니다. 그러니까 상상계적인 사랑은 미숙한 사랑이라고 할 수 있습니다. 사실 이러한 관계 속에서는 사랑이라는 이름 자체가 무색합니다.

미숙한 사랑은 뭐가 어떻게 된 건지, 어떻게 진행되고 있는지에 대한 전체 지도를 그리지 못합니다. 앞으로 어려운 일이 생길 수 있다는 생각을 하지도 못하며 막상 그런 일이 닥치면 어머니 치맛자락 뒤로 파고들며 세상으로부터 도망칩니다. 어른스러운 말투와 다 자란 성인의 몸을 가져 외관상으로는 어른처럼 보이지만 사실 속을 들여다보면 갓 돌이 지난 아이처럼 미숙합니다. 세상에 맞서지도 못하고 상대를 진정으로 배려할 줄도 모르며 자신이 저지른 일에 책임을 지지도 않습니다. 이 영화의 민환처럼 가끔 이들은 사회 속에서 멋지게 일을 처리해 내며 능력 있는 사람으로 통하기도 하는데, 어머니와 같이 모든 것을 이해하고 받아 주는 사람이 사라지거나 또는 어려운 문제를 직면하게 되면 결정적인 순간에 결국 자신의 연약함을 드러내고 도망치게 됩니다. 결정하고 선택하고 책임지는 진정한 어른이 아니기 때문에 그러한 긴장과 책임을 두려워할 수밖에 없는 것이지요.

상상계적인 사랑은 이와 반대의 특징을 가지기도 합니다. 즉 의심의 여지없이 영원한 사랑을 철석같이 믿는 경우, 또는 그러한 사랑을 믿으려고 노력하는 것 역시 상상계적인 현상입니다. 제삼자가 절대로 개입할 수 없는 둘만의 영원한 사랑, 그것이 상상계적인 합일입니다. "당신과 영원히……", "당신만을 영원히……", "언제까지나 변함없이……" 다시 말하면 우리가 사랑이라고 부르는 것 속에 언제나 상상계적인 요소가 조금은 포함되어 있다는 뜻입니다. 상상계가 나쁜 것이라고 생각하지 마세요. 라캉이 상상계, 상징계, 실재계라고 이름 붙인 영역들은 우리 인생 속에 함께 뒤섞여 있는 특성들입니다. 위와 같이 상상계적인 특성이 유독 도드라지는 사람과 그런 영화가 있기도 하지만 상상계란 상징계, 실재계와 더불어 매순간 우리의 일상에 개입하고 있는 운명적인 요소입니다. 이 사람이라면 영원히 함께할 수 있을 것 같은 느낌, 언젠가 찾아오리라 믿었던 그 사랑, 영원히 사랑할 수 있을 것이라는 확신, 완전히 하나가 된 느낌, 그것은 상상계적인 것이지만 허상에 불과하다고 말하기에는 상당히 힘이 있는 느낌입니다. 우리는 상상계의 이러한 측면을 실재적이라고 부를 수 있습니다.

한 사람을 어떻게 영원히 좋아합니까? 더 멋진 사람, 더 괜찮은 사람이 나타날 수 있고, 영원히 사랑할 것이라 확신했던 사람에게 실망하게 되는 경우도 많습니다. 그러니 분명히 말이 되지 않는 것인데 그럼에도 불구하고 어떤 사람들은 그 약속을 지켜 냅니다. 상상계는 허상이라면서요? 그런데 그게 어떻게 현실적으로 가능해지죠? 사랑의 그 불가사의함, 바로 그것이 미지의 영역인 실재계입니다. 약속을 지켜 내는 사랑, 한 번 스쳤을 뿐인데 평생 힘이 되는 사랑, 보이지 않아도 믿고 의지할 수 있는 사랑, 그것이 실재계적인 사랑입니다. 실재적인 영역과 겹치지 않는 상상계적인 사랑은 공허하고 헛된 허상이지만 실재적인 힘이 배인 상상계적 사랑은 불가능을 초월합니다. 그러한 사랑은 약한 사람들이 억지로 믿어 보는 상상계적 하나됨이 아닙니다. 그것은 폐허를 견디며 하나를 이룹니다. 그것은 거짓 허상으로서의 하나가 아니라 진정한 하나를 의미합니다.

진정한 사랑이 만드는 기적들은 대개 실재세적인 요소가 강조된 사랑입니다. 실재계적인 사랑에 의해 「미녀와 야수: 벨과 마법의 성」에서 야수가 미남으로 변하고 「그녀에게」에서는 식물인간이던 그녀가 깨어나며 「사랑의 블랙홀」에서는 멈추어졌던 시간이 흐르게 됩니다. 사람을 변하게 만드는 사랑, 상대를 치유하는 사랑은 모든 공식과 형식을 뛰어 넘어 기능하는 신비입니다. 어떻게 된 것인지 말로 설명할 수 없는 것, 그러나 가슴으로 알 수 있는 것, 그것이 실재적인 사랑입니다. 그것은 느낄 수 있으며 확신할 수 있지만 제삼자를 설득할 수 있을 만큼 논리적인 언어로 표현할 수는 없습니다. 어떻게 된 것인가요? 사실 우리 자신도 알지 못합니다. 그냥 그렇게 되었습니다. 왜인지는 몰라도 마음으로 언제나 그렇게 될 것임을 알고 있었습니다. 사랑하는 사람을 위해 강해지고 성숙해지며 성취합니다. 내가 상상도 하지 못했던 힘을 발휘하게 됩니다. 인생의 중심이 생겼습니다. 나는 어제의 내가 아닙니다. 실재적인 사랑은 우리를 강하게 만듭니다.

이러한 실재계적인 사랑이 가능하기 위해서 가장 중요한 것은 그 사랑이 상징계 속에 군건히 자리 잡을 수 있어야만 한다는 것입니다. 사람이 살지 않는 무인도가 아닌 이 세상에서 가능한 사랑이어야 한다는 뜻입니다. 상징계란 우리의 사회적 현실을 뜻합니다. 나와 그/그녀만 있으면 되는 것이 아니라 어머니, 아버지, 전세금, 파트너의 친구, 동료, 놀이방 선생님이 관여된 상태에서의 사랑, 그것이 바로 상징계적인 사랑입니다. 그것을 견딜 수 있어야 이후에 실재계적인 힘을 가진 사랑이 가능합니다. 상징계에서 우리는 감기에 걸린 아이를 들쳐 업고 병원으로 뛰고, 시어머니 회갑을 준비하고, 집들이를 하고, 친구의 생일을 챙기고, 반상회를 하고, 가계부를 쓰는 가운데 사랑을 합니다. 이들은 스트레스 없는 섹스를 원하는 상상계적인 사람들과는 달리 상징계의 고통을 견뎌낼 수 있는 강한 사람들입니다. 그들은 결정하고 선택하고 책임지며 진정한 사랑을 하게 됩니다.

정신분석의 매력은 인간의 변화를 믿는다는 점입니다. 상상계적인 성향이 다분했던 사람이 상징계라는 불편하고 어려운 세상에서 다시 새롭게 태어날 수도 있다는 뜻입니다. 어머니로부터 젖을 늦게 떼는 경우도 있습니다. 다 자란 어른이라도 정신분석의 눈으로 보면 배 부분의 탯줄이 옷 밖으로 삐져나와 있는 경우가 있습니다. 근사한 말로 자신을 포장하고 멋있게 구애하고 쿨하게 살지만 그 사람들은 언제나 긴 탯줄을 늘어뜨리고 다닙니다. 하늘을 쳐다보면 탯줄들이 전선처럼 뒤얽혀 그들의 어머니들에게로 달려가고 있습니다. 그러나 가끔씩 그 중 몇몇의 탯줄들이 끊어지기도 하는데 그것이 바로 몸만 커다란 아이였던 그/그녀가 상징계 속에서 진정한 어른이 되는 순간입니다. 그후 어머니와의 관계 역시 변하게 됩니다. 상상계적인 인간이었을 때에는 전적으로 어머니에게 의지했다면 상징계에 굳건히 두 발을 내디딘 순간부터는 어머니를 보살피게 됩니다. 이제는 불안을 견딜수 있습니다. 자신의 방식대로 세상을 살아가고 그 속에서 자신이 진정으로 원하는 것을 추구하며 모든 불가능한 것들에 도전하게 될 것입니다.

2001년 라캉 탄생 백주년 기념 학술대회에서 라캉 동료 중한 사람인 버나드 버고인(Bernard Burgoyne)은 사랑이 상상계적이며 상징계적이며 실재계적인 것이라고 말했습니다. 당시 저는 박사과정 중인 학생이었으며 프로이트와 라캉의 원전을 중심으로 공부를 하고 있었습니다. 라캉은 분명 사랑을 원칙적으로 상상계적인 것이라고 했는데 그것이 상징계적이며 실재적이라고

까지 말하다니 도무지 이해할 수 없었습니다. 신에 대한 사랑을 실재적이라고 할 수 있겠다는 생각은 했지만 정신분석 이론을 그렇게 마음대로 정해 버려도 되는 건지 궁금했습니다. 제 의문을 증폭시킨 몇 가지 이야기들을 다음 장에서 들려 드리겠습니다.

가을엔
편지를 하겠어요

2000년경 다리안 리더(Darian Leader)의 강연을 듣게 되었습니다. 그는 강의 중 안티고네와 아테(atè)에 대해 언급하며 이 단어를 '물려받은 죄'라고 번역했습니다. 그래서 "그렇게 볼 수는 없는 것이 아니냐"고 질문했습니다. 안티고네는 방치되어 있는 오빠의 시체를 묻어 주는데 사실 그것은 왕의 명령을 어기는 것이었지요. 그래서 결국 그녀도 죽게 되지만 죽음 앞에서도 안티고네는 왕의 법보다는 하늘의 법을 따르겠다고 말합니다. 라캉은 안티고네의 행동을 인간의 한계를 넘어서는 것으로 해석했고 안티고네가 '아테'의 경계에 다가선다고 설명합니다. 아테란 인간이 가로지를 수 없는 한계입니다. 그런데 감동적인 이야기로 기억하고 있던 부분이 다리안 리더의 말에서는 전혀 해방적인 느낌으로 전달되지 않았습니다. 제 질문을 듣고 그는 돌연히 "안티고네의 예가 멋있어 보이죠?"라고 물었고 저는 그렇다고 답했습니다. 그런데 그는 안티고네가 누구냐고 묻더군요. 저는 그녀가 근친상간으로 낳은 오이디푸스의 딸이라고 답했습니다. 그러자 그는 근친상간이라는 인간이 넘어서는 안 되는 한계를 거스른 어머니의 죄를 딸이 다시 물려받았으며 그것이 '아테'라고 설명했습니다. 인간이 거스를 수 없는 한계를 넘어서는 것, 그것을 긍정적으로만 생각했던 제게 그의 비해방적인 설명은 상당한 충격으로 다가왔습니다.

또 다른 강연에서 필립 힐이라는 라캉학파 분석가가 정신분석, 철학, 생물학을 오가며 흥미로운 이야기를 한 적이 있습니다. 저는 리처드 도킨스의 『이기적인 유전자』라는 책에 대해 언급하며 정신분석과 연관지어 질문했고 그는 이 질문과 이에 대한 자신의 답을 이후에 그가 쓴 책에 포함시켰습니다. 제가 한 말이 누구에겐가 어떤 영향을 미쳤다는 것을 확인했을 때 이론도, 책의 내용도, 라캉도 그리고 프로이트도 모두 끝없이 움직이고 있는 것이라는 생각이 들더군요. 이론이란 가만히 정체되어 있는 것이 아니라 한 사람이 어떤 해석을 하면 A라는 방향으로 흐르고, 다른 사람이 또 다른 해석을 하면 이내 B로 방향을 바꾸게 되는 것인 듯했습니다. 이론은 몇백 년이고 항상 정답으로서 한결같은 것이 아니라 누구를 거치느냐에 따라 끝없이 변화하는 생명체라는 생각이 들었습니다. 그런데 필립 힐의 책을 읽어 가며 한 가지 충격적이었던 것은 라캉 이외의 다른 모든 학파가 엉터리로 평가되고 있다는 사실이었습니다. 혼자 '이건 아니잖아?'를 되뇌다 결국 그에게 긴 편지를 썼습니다. 2001년의 일이었습니다.

라캉이 신입니까? 라캉이 최고입니까? 라캉 외의 다른 모든 분석가들이 당신이 말하는 대로 그렇게 엉터리입니까? 정말 그렇다면 어떻게 그들이 환자들을 낫게 만들기도 하는 것일까요? 자아심리학자들을 생각해 봅시다. 라캉 이후 대대로 우리는 그들을 비판하고 있습니다. 그러나 어떤 분석가가 아침에 눈을 떴을 때 가장 먼저 자신의 환자를 생각하고 저녁에 잠이 들기 직전 여전히 환자를 생각하고 있다면 그 분석가는 환자를 치유하게 될 것입니다. 분석가의 학파가 무엇이건 간에 일상의 반복은 기적을 만들어 냅니다. 그들 모두를 적으로 몰아세워서는 안 될 것입니다. 라캉을 진정으로 공부하려면 라캉의 중심을 뚫고 그 밖으로 나갈 수 있어야 한다고 생각합니다. 라캉의 밖에 설 수 있을 때 비로소 나 자신이 라캉의 정신분석에 기여할 수 있게 될 것입니다. 라캉이 프로이트를 해체했듯이 라캉 역시 해체할 수 있는 이론이 아닐까요? 우리는 그를 배반함으로써만 진정으로 그에게 복귀할 수 있습니다. 다른 학파의 이론 중 연대할 수 있는 지점들을 살피고 라캉의 이론을 변형시켜 나가는 것이 왜 불가능한가요? 다 잘라내고 라캉

속에 갇혀서 그것을 경전으로 삼아야만 하는 것인가요? 사람을 정의하는 것과 마찬가지로 다른 학파를 정의하는 것 역시 성급한 결론이라고 생각합니다. 정신분석은 우리 모두가 남에 의해 정의되는 것보다 더 큰 존재들이라는 것을 믿고 있지 않았던가요?

그는 답장을 보내지 않았습니다. 시간이 지나고 제가 그런 편지를 보냈었다는 사실조차 잊을 때쯤 그의 행보가 답장을 대신했습니다. 그는 언젠가부터 다른 여러 학파들의 분석가들과 함께 강연들을 기획하기 시작했고 그 중 라캉 파트를 맡고 있었습니다. 제 편지가 그에게 영향을 미쳤는지 아닌지는 그다지 중요하지 않습니다. 그보다 중요한 것은 그가 가고 있는 길이 다른 사람들을 잘라내고 배척하기보다는 그들을 아우르고 하나가 되게 만들고 있다는 사실입니다. 현재 심리학, 정신분석학, 분석심리학은 서로를 배척하며 자신들의 이론만으로 사람을 고치고 영화와 문학을 분석하고 있습니다. 그래서 저는 다시 장문의 편지를 쓰고 있습니다. 언젠가 어떤 방식으로든 이 편지가 그들에게 전달되길 간절히 원해 봅니다. 그런데 정말 이렇게 마음대로 이론들을 오가도 되는 걸까요? 아마존과 같은 인터넷 서점들을 아무리 돌아다녀도 프로이트와 융을 같이 공부하는 사람은 눈에 띄질 않습니다. 제가 엉터리일까요? 누구한테 저를 믿어도 되는지 한번 물어보고 싶으세요?

얼마 전의 일이었습니다. 어떤 일을 함께해 나가며, 서로 믿고 있다는 전제하에 저는 맡은 일에 최선을 다해 일을 진행하고 있었습니다. 그런데 어느 순간 의심이 개입했고 일이 멈추어져 더 이상 진행되지 않더군요. 저는 단도직입적으로 "저를 믿으세요?"라고 물었고 결국 답을 듣지 못했습니다. 그 이전에는 미리 헤아리고 계획하여 배려했으며 그것이 그 당시 제 진심이었지만 서서히 마음이 떠나기 시작하더군요. 이제 이전과 같은 배려를 할 수가 없게 되었습니다. 물론 "네, 믿습니다"라는 대답은 상상계적인 것입니다. 그러나 이 과정의 중심에 있는 '믿음'이라는 요소와 이를 바탕으로 구축되는 교감이나 소통은 실재계적인 것이죠. 그 무렵 저는 다른 사람들과 일을 시작하게 되었습니다. 그들은 처음부터 저를 믿었고 저도 그들을 전적으로 믿었죠. 손을 잡자 일이 일사천리로 풀렸습니다. 눈치보고 몸을 사리며 계산하는 일이 아니라 제 머릿속에 있는 모든 것을 총동원하여 최선을 다할 수 있는 상황이 만들어졌습니다. 그것은 서로에 대한 믿음이 없었다면 불가능한 일이었어요. 그 경험은 저 자신조차 인식하지 못하고 있던 제가 가진 가장 좋은 것들을 불러내 주었습니다. 그리고 이 과정에서 정말 제가 그런 모습으로 바뀌었답니다. 사람을 믿으면 없던 능력도 생깁니다. 서로를 믿지 않으면 어떤 기적도 일어나지 않습니다.

여러 경험을 통해 제가 내린 결론은 나 자신을 믿고 '내 마음대로 하면 된다'입니다. 마음껏 해석하고 부수고 고치고 재조립하며 가슴속에서 들리는 가장 자연스러운 목소리를 최선을 다해 따라가다 보면 새로운 그림이 그려질 것입니다. 두려워해서는 안 됩니다. 한번 달려 보는 겁니다. 의사가 용도에 맞는 메스를 집어 들듯이 심리학, 정신분석학, 분석심리학을 자유자재로 이용할 수 있다면 얼마나 다양한 분석이 가능하겠습니까? 반대로 하나의 영역에 갇힌 채 「캐치 미 이프 유 캔」을 분석한다고 생각해 볼까요? 정신분석학만이 옳다고 생각하는 사람은 수많은 사람을 감쪽같이 속이는 프랭크의 재주에는 관심을 가지지 않을 것입니다. 그보다는 그가 왜 그런 일을 하게 되었는지 알아내기 위해 프랭크의 과거를 뒤적거릴 것입니다. 분석심리학이라면 그가 자신을 받아들이고 그의 그림자와 하나가 되는 방식에 초점을 맞추겠지요. 반면 심리학자라면 남을 속이는 방식에 관련된 여러 실험들을 소개하고 사람이 속아 넘어갈 수밖에 없는 상황에 대해 분석할 것입니다. 그러나 이 세 가지가 자유롭게 어우러진 비평을 한번 상상해 보세요.

제 편지가 세상을 돌아다니며 각 영역의 경계들을 무너뜨렸으면 좋겠습니다. 나와 너를 나누고 우리와 그들을 분리하고 천국과 지옥을 만들어 내는 경계들을 허물 수 있었으면 좋겠습니다. 경계를 넘어서 분석하고 비평한다면 진실이라는 것에 조금 더 가까이 접근할 수 있게 되지 않을까요?

진실이란
무엇일까?

구로사와 아키라의 「라쇼몽」에서는 한 남자가 칼에 찔려 죽은 뒤이 살인사건을 둘러싸고 일련의 용의자들이 심문을 받는 모습을 보여 줍니다. 그런데 난감한 상황이 벌어지지요. 도둑은 여자를 얻기 위해 그녀의 남편과 사투를 벌이는 과정에서 그를 죽이게 되었다고 진술합니다. 한편 남자의 아내는 자신이 도둑에게 겁탈당하자 남편이 경멸에 찬 눈빛으로 자신을 바라보았고 이를 참지못하여 남편을 살해했다고 증언합니다. 그후 영매의 입을 통해 남편의 혼이 말을 합니다. 아내가 겁탈당한 후 그녀는 도리어 사랑스러운 눈길로 도둑을 바라보았고 자신은 수치심에 스스로 자살했다는군요. 뭐가 어떻게 된 것일까요? '라쇼몽'이란 진실이 이렇게 복잡한 문제라는 이야기를 할 때 마치 고유명사처럼 사용되는 단어입니다. 진실에 대해 고민할 때 우리는 라쇼몽이라는 이름을 자주 언급하게 됩니다. 하나의 진실이라는 것이 그렇게 쉽지 않다는 것이지요. 귀신까지 우리를 헷갈리게 만드네요. 역사의 명탐정들 중 누가 좀 나타나 시원하게 한 마디로 범인을 밝혀 주었으면 좋겠습니다.

물론 홈스, 뒤팽, 포와로, 미스 마플이 나타나서 다른 사람은 아무도 보지 못하는 것들을 하나하나 찾아내어 우리에게 진실을 밝혀 준다면 얼마나 편리할까요? 라이코스의 검은 개처럼 "찾아!" 한마디에 이들이 모두 사방으로 뛰어다니며 뭐가 어떻게 된 건지 밝혀낼 수 있다면 재미있을 것 같다는 상상도 가끔 해 봅니다. 그리고 머릿속에서 그들의 목소리를 들으려고 노력하며 책에서 읽었던 방법론들을 써보기도 합니다. 물론 이것이 바로 정신분석입니다. 뭐가 어떻게 된 건지 치밀하게 찾아가는 과정, 그것이 정신분석입니다. 프로이트는 정신분석을 탐정소설과 고고학에 비유하는데, 이 두 영역이 모두 과거의 이야기를 들추어내기 때문입니다. 땅을 파듯이 샅샅이 사건의 뒤를 캐고 원인을 파헤치고 머릿속을 탐사해야 한다는 것입니다.

그런데, 여기서 잠시 멈추어 다른 질문을 던져 볼까요? 나는 어떤 사람입니까? 나를 나쁜 사람으로 기억하고 있는 사람이 있나요? 나를 좋아하는 사람이 있었나요? 나에 대한 사람들의 서로 다른 평가들을 생각해 보세요. 이제 역할별로 한번 나눠 보세요.

가장, 동료, 부모, 딸, 아들로서의 자신을 한번 스스로 평가해 보세요. 나는 누구입니까? 나에 대한 진실은 무엇입니까? 쥐구멍을 찾고 싶었던 순간들, 슬픈 기억들, 그만 잊고 싶은 괴로운 과거 속에서 나는 지금과는 또 다른 모습으로 그려집니다. 그리고 우리는 다른 사람이 우리의 모든 기억과 다양한 모습들을 모두 고스란히 받아들여 주기를 바라지요. 그런데 정작 우리는 다른 사람의 일면을 기준으로 그 사람을 판단하고 그것이 그/그녀의 진실이라고 믿는 경우가 많습니다. 나쁜 놈, 교활한 놈, 비겁한 놈, 약해 빠진 놈, 약아빠진 놈, 이기적인 자식들은 모두 언제나 항상 그런 모습들로 살아가는 것일까요? 그것이 그들의 진실입니까?

프로이트는 환자가 기억하는 것이 정확할 수도 있고 그렇지 않을 수도 있다고 말합니다. 정말 이상한 이야기입니다. 즉 "뭐가 어떻고, 어떻고, 어떻게 된 거야"라는 기억이 사실이 아닐 수 있다는 것입니다. 그렇게 기억하는 것일 뿐, 정말 그랬는지는 알 수 없다는 것이지요. 그것이 바로 라쇼몽입니다. 그것은 하나가 아닌 여러 가지 진실이며 순간순간 내 기억 속에서 변형되고 변화하는 진실입니다. 우리는 최선을 다해 상황을 분석하고 결론을 내려야겠지만 이와 동시에 그것이 진실의 여러 모습들 중 하나임을 염두에 두어야 합니다. 저는 학생들에게 영화를 분석할 때 로즈버드 하나를 잡고 그것을 중심으로 파고들어서 최선을 다해 하나의 결론에 도달해야 하지만, 보고서의 마지막 줄을 끝내는 순간 자신의 모든 결론을 버리라고 말합니다. 그걸 잡고 있으면 다음 단계로 나아갈 수 없습니다. 정답이라는 것을 거머쥐는 순간 즉시 그것을 버릴 수 있어야 합니다. 그것은 진실의 여러 모습들 중 단지 하나에 불과하기 때문입니다.

여기서 잠시 생각해 볼까요? 진실이 다양한 모습을 가지고 있으며 모든 것이 상대적이라면 가치판단을 어떻게 하란 말인가요? 여기서 분석심리학과 정신분석이 나뉘게 됩니다. 분석심리학에서는 모든 것이 상대적이므로 나쁘다, 좋다, 잘했다, 못했다, 나쁜 사람 혹은 좋은 사람을 정의하거나 분리할 수 없습니다. 어떤 면이 많고 다른 면이 적을 뿐이며 그것은 의식적인 인지와 두 가지 특성을 함께 개발하고자 하는 노력으로 변화될 수 있는 것입니다. 그러나 프로이트 이후의 정신분석학은 사회이론과 연대하며 자연스럽게 가치판단으로 이어졌습니다. 프로이트, 라캉, 지젝을 거치며 이제 정신분석을 이라크, 전쟁, 파시즘과 연관짓는 것은 정신분석과 영화를 함께 이야기하는 것만큼이나 자연스럽습니다. 아마존에는 분석심리학과 영화에 관련된 책이 딱 두 권밖에 없습니다. 마찬가지로 분석심리학과 사회이론 역시 아직은 힘든 결합입니다.

사회이론을 제외한 채 정신분석 이론만으로 영화를 분석하는 것은 공허할 수밖에 없습니다. 그런 상태로는 진실에 대한 고민을 할 수 없습니다. 무엇이 옳고 그른지를 분간하고 수치스러운 과거를 복원해야 할 기억들로부터 분리해 내지 못한다면 현상 분석 자체가 불가능합니다. 사회이론을 함께 고민하지 않으면 정신분석도 분석심리학도 그리고 심리학도 세상과 정면대결하지 못할 것입니다. 그런 공허한 이론들로는 사람이라면 해서는 안 되는 일들을 저지른 역사의 죄인들을 평가하지 못합니다. 신념과 믿음이 없는 이론은 희생자들의 넋을 위로할 수도 없고 피해자들의 고통을 함께할 수도 없습니다. 과거와 기억이 가장 중요하다고 말하는 정신분석이라는 학문이 만약 역사의 잘못된 지점으로 돌아갈 용기조차 없다면 과연 그 이론을 어떻게 믿을 수 있을까요? 그런 이론으로 분석한 개인과 영화와 문학이 도대체 어떤 노움이 될 수 있단 말입니까? 큰 그림을 그리지 못하는 분석가가 과연 환자를 읽어 낼 수 있을까요?

그렇다면 진실의 여러 모습과 함께 우리는 하나의 진실에 대해서도 이야기해야 할 것입니다. 무엇이 옳고 그른지, 어떻게 살아야 하는지 그 척도를 제시해 줄 그 진실마저 상대적인 것이라고 말할 수는 없습니다. 그 하나의 진실을 이해하는 것은 결코 어려운 일이 아닙니다. SF 영화들에서 선과 악이 싸우는 장면을 종종 볼 수 있습니다. 악을 대표하는 인물이 길을 걸으면 그 주위에 있는 풀들이 모두 죽습니다. 물이 말라붙고 땅이 갈라지고 생명이 사라집니다. 반면 선을 대표하는 인물이 그 길을 지나가면 푸른색이 번지며 식물들이 자라기 시작하고 생명체가 나타납니다.

주위의 사소한 일들을 떠올려 보세요. 사람의 배려에 감동했던 기억을 떠올려 보세요. 그 손길이 얼마나 따뜻했는지, 얼마나 고마웠는지 생각나세요? 같은 상황에서 인상을 쓰게 되었던 순간들을 함께 떠올려 보세요. 피해를 주고도 떳떳한 사람들이 있었죠. 반면 번거로움을 무릅쓰면서까지 우리를 배려해 준 사람들도 있었습니다. 이 둘을 분리하는 것이 진실 아닐까요? 다시 돌아가서, 그렇다면 진실의 다양한 측면이란 무엇일까요?

분석심리학적 영화인 「스타워즈」를 다시 생각해 봅시다. 제다이 기사들이 아나킨 스카이워커라는 꼬마를 만났을 때 그들은 소년이 우주의 평화를 가져올 바로 그 예언 속 인물이라고 믿습니다. 아이에게는 엄청난 힘이 있었고 그는 영웅으로 자랄 수밖에 없는 뛰어난 소년이었습니다. 그런데 그는 결국 악의 화신인 다스 베이더가 되고 우주는 혼란에 빠지게 됩니다. 다스 베이더는 저항군들과 격투를 벌이는데 사실 다스 베이더는 저항군 그룹의 중심에 있는 레아 공주와 루크 스카이워커의 아버지입니다. 결국 최후의 순간에 루크 스카이워커는 아버지를 설득하여 다스 베이더가 아닌 아나킨 스카이워커로서 마지막 순간을 맞이할 수 있도록 돕습니다. 그리고 우주에 평화가 찾아오지요. 그렇다면 아나킨 스카이워커는 긴 여정을 통해 결국 예언대로 우주의 평화를 이루어 낸 셈이군요. 「스타워즈」는 분석심리학으로 분석할 수 있는 대표적인 영화입니다. 이 영화에서는 선과 악이 하나가 되고 모든 것이 상대적입니다. 앞서 언급했듯이 이 부분은 분석심리학의 취약점이기도 해요. 이 때문에 정신분석과의 연대가 중요하죠. 분석심리학의 한계를 염두에 두고 논의를 이어가 봅시다. 아나킨 스카이워커가 다스 베이더로 변할 것임을 아무도 예측할 수 없었으며, 그가 아들과 대적하게 되는 순간 아무도 그들의 관계를 알지 못했듯이 진실의 여러 가지 모습들은 운명이라는 시간의 신비 속에서 눈에 띄지 않게 서서히 그 모습을 드러냅니다. 즉 우리 손을 떠나는 지점이 있다는 것이지요. 그렇다면 우리는 무엇을 어떻게 해야 하는 것일까요? 우리는 주어진 모든 순간을 진실에 대해 치열하게 고민하며 살 수밖에 없습니다. 그렇게 선택하고 결단하고 결론을 내려야 합니다. 그러나 그 순간조차도 우리는 현재의 결정이 아주 먼 훗날에 그려지게 될 큰 그림의 한 조각일 뿐임을 염두에 두어야 합니다. 어떻게 진행될지는 아무도 모릅니다. 입장을 가지고 선택하며 자신의 신념과 믿음을 견지하여 판단하지만 이와 동시에 미래를 열어 놓는 것, 그것이 바로 하나의 진실을 지키면서도 진실의 여러 모습들을 인정하는 것이 아닐까요?

에둘러가기

좀 멀리 돌아가긴 하지만 그래도 「스타워즈」에서처럼 언젠가 운명적 예언이 이루어지기만 한다면 그건 정말 멋진 일이겠지요? 그저 최선만 다하면 언젠가 모든 것이 다 잘 된다는 말이니까요. 기차를 놓치고, 사랑을 놓치고, 또 버스를 놓치고 게다가 이에 더하여 목표를 달성하지 못했지만 어쨌든 이렇게 빙빙 돌아가다 보면 내가 서야 할 자리에 가게 된다는 뜻이잖아요. '어떻게 지금 이런 일이……', '이것만 끝내면 되는 건데……', '아차! 그걸 까먹었네', '이제 어쩌나……' 모두 우리가 자주 하는 말들입니다. '다른 것은 다 괜찮아도 이것만은 무너지면 안 돼' 하고 생각하지만 바로 그것이 무너지지요. 어떻게든 사수하기 위해 마음 졸이고 걱정하고 애태웠는데 한순간 그 모든 것이 무너질 때가 있습니다. 그리고 잠시 후 아무것도 남지 않은 손을 펴 상황을 재차 확인하며 우리는 그동안의 집착이 욕심이었음을 깨닫게 됩니다. 한시간, 하루, 한 번에 큰일이라도 날듯이 초를 재며 살았는데 갑자기 상황이 완전히 달라집니다.

유학을 앞둔 1996년, 정신분석을 공부하기 위해 읽어 두면 좋을 책들을 70여 권 골랐습니다. 그리고 100일 동안 집 밖에 나가지 않고 그 책들을 다 읽었습니다. 앉아 있을 때 유독 몸을 많이 뒤척거리고 있다는 생각이 얼핏 들었지만 급한 마음에 몸이 괴로운 걸 잊었습니다. 100일이 지난 어느 날 "어!" 하고 두 번 소리 지르고 병원에 실려 간 후 디스크 4, 5번이 빠진 것을 알았습니다. 유학을 한 해 연기하고 물리치료를 받기 시작했는데, 시간이 참 많더군요. 라디오 듣다 울다 자다를 반복하니 시간이 넘춘 듯했습니다. 앉으면 아프고 누우면 괴로우니 정말 답답한 상황이었습니다. 그런데 10년이 지난 지금 생각해 보면 그 이후로 인생이 조금 편안해졌던 것 같습니다. 절대로 서둘지 않거든요. 뭐가 꼭 어떻게 되어야만 한다는 생각도 안 합니다. 꼭 뭘 어떻게 하겠다고도 생각하지 않습니다. 큰 방향성을 가지고 그저 최선을 다할 뿐입니다. 가끔 스무살 중반까지 왜 그렇게 조심스럽게 살았나 싶을 때가 있습니다. 하고 싶은 게 참 많았는데 시작할 용기를 내지 못했습니다. 허리가 무너지며 인생을 조심스럽게 살아온 것에 대해 다시 한번 생각해 보게 되었지요.

정신분석은 우리에게 '파투 놓기'를 두려워해서는 안 된다고 말합니다. 인생의 어떤 순간에 파투가 나도 된다는 말입니다. 가장 중요한 것은 자신이 진정으로 원하는 것이 무엇인지 아는 것입니다. 그리고 다음으로 중요한 것은 내가 미쳐서 할 수 있는 일을 하는 것이겠지요. 자신이 원하는 것이 무엇인지 모른 채 다른 사람의 욕망에 따라 인생을 살아간다면 어느 순간 반드시 후회하게 됩니다. 몸과 마음이 괴로운 상황이라면 잠시 하던 일을 멈추고 내가 과연 정말 원하는 것을 하고 있는지 생각해 보세요. 만일 그렇지 않다면 가던 길을 멈추고 방향을 바꿀 수도 있습니다. 이것이 소위 파투를 놓는 상황일 것입니다. 정말 원하는 것을 공부하고 있는 아이들의 눈빛은 진정 아름답습니다. 계획하고 꿈꾸는 사람의 모습은 모두 아름답습니다. 안타까운 것은 학과 공부에 흥미를 느끼지 않는 학생들이 적지 않다는 사실입니다. 인생의 어떤 지점에서 파투를 놓아야 방향이 잡힙니다. 하던 대로, 그냥 쉬우니까, 아무 생각 없이, 점수가 맞으니까, 선생님이 시켜서, 부모님의 강요로 그렇게 진로를 정하고 평생 그 길을 걷다 보면 이상하게도 원점으로 돌아오게 됩니다. 꿈이 있는 사람만이 앞으로 나갈 수 있기 때문입니다. 별 생각 없이 진로를 결정했다면 '이젠 뭘 할까?'라는 고민이 언제고 다시 반복됩니다. '~나 해 볼까?', '~나 해보지 뭐.' 물론 그 과정이 끝난 후 다시 똑같은 질문을 하게 됩니다. 인생의 방향성이 없기 때문입니다. 왜 우리는 꿈을 꾸는 주인공이 나오는 영화들을 좋아하는 것일까요? 왜 영화에는 진정한 사랑을 찾아가는 이야기가 그리도 많은 걸까요? 「졸업」의 마지막 장면과 같이 진정으로 사랑하는 사람이 누구인지 깨닫고 결혼식장을 뛰쳐나오는 모습은 왜 그렇게 멋있어 보이는 걸까요? 잘못 가고 있던 주인공들이 일상을 떠나 자신들이 진정으로 원하던 것을 추구하게 되었을 때 왜 우리는 '이제 됐다'는 생각에 안도의 한숨을 내쉬게 될까요? 우리는 왜 그들을 응원하나요? 아마도 그 인물들이 모두 자신의 꿈에 가까이 가고 있기 때문일 것입니다. 세상 모든 사람들이 자신의 인생에서 이제 앞으로 가기만 하면 된다는 생각을 하고 있었으면 좋겠습니다. 내가 진정으로 원하는 것에 의해 이끌리고 있다면 넘어져도 다시 일어서고, 또 넘어져도 또 다시 일어서며 한 걸음 한 걸음 꿈을 향해 나아가게 될 테니까요.

그런데 자신의 꿈을 버리고 현실과 타협할 수밖에 없는 인물들의 이야기를 그리는 영화들이 있습니다. 「홀랜드 오퍼스」에서는 위대한 작곡가를 꿈꾸던 주인공이 음악교사가 되어 가망이 없어 보이는 오케스트라를 떠맡습니다. 유사한 상황의 주인공이 등장하는 「코러스」에서 현실과 타협한 임시직 음악교사는 가망 없어 보이는 합창단을 만듭니다. 그들은 아이들 안에 있는 잠재력을 개발하여 아무도 예측하지 못했던 성과를 거두게 됩니다. 그런데 여기서 우리가 잊지 말아야 할 것은 그들이 여전히 자신들에게 가장 익숙하고 자신들이 가장 잘하는 일을 하고 있다는 점입니다. 즉 그들은 여전히 꿈의 테두리 안에 있습니다. 만약 위대한 작곡가를 꿈꾸는 사람이 음악과 전혀 관계없는 곳, 전문가가 될 수 없는 곳에 배치된다면 과연 그런 영화가 가능했을까요?

장인, 전문가들을 생각해 봅시다. 한 분야의 고수들은 모두 신화적인 매력을 가지고 있습니다. 그런 사람을 스승으로 만나는 학생은 행복할 것입니다. 공부를 하는 과정에서 막혔을 때 그런 스승에게 질문하면 몇분 후 세상을 보는 눈이 달라지게 됩니다. 잠깐 대화를 했는데 생각이 바뀌고 시각이 바뀌고 인생이 바뀝니다. 고수가 될 수 있는 에너지는 꿈으로부터 나옵니다. 방향이 있어야 끝까지 가겠지요? 그러나 길은 곧게 뻗어 있지 않아도 됩니다. 연극을 사랑하는 사람이 국문과에 진학하여 극작가나 연극평론가가 될 수도 있고 음악을 사랑하는 사람이 공대에 가서 소리를 연구하게 될 수도 있지요. 의사가 되고 싶었던 사람이 미대에 가서 미술치료를 전공하게 될 수도 있을 것입니다. 에둘러가지만 이들 모두의 공통점은 꿈의 이미지를 마음속에 간직하고 있다는 것입니다.

사실 만약 우리 모두가 일상생활의 어떤 부분에서 꿈의 이미지를 실현시킬 수 있다면 정신분석이나 분석심리학이 더 이상 필요하지 않을 것입니다. 그런데 정신분석에서 꿈보다 더 중요한 것은 선택입니다. 자신의 선택에 책임을 지지 않을 때, 괴로움은

늘 탓하기로 이어집니다. 반면 자신에게 가장 맞는 일이 무엇인지 알고 있음에도 불구하고 전혀 다른 것을 선택하고 자신의 선택에 대해 끝까지 책임지는 경우가 있습니다. 라캉의 정신분석에서 가장 중요한 것은 스스로 선택하고 책임지는 주체입니다. 그것이 바로 '라캉의 주체'입니다. 그러나 그런 때라도 생활의 세부 어디엔가 우리가 좋아하는 일들을 배치할 수 있어야 합니다. 꿈의 조각을 항상 한 주머니에 넣고 사는 것, 그것이 바로 자신을 보살피는 방법입니다. 어떤 방식으로든 생활의 어딘가에 마음을 기쁘게 하는 일이 놓여 있다면 우리는 이로부터 삶의 에너지를 얻을 수 있을 것입니다. 힘든 일은 많지만 내가 가장 좋아하는 일이 언제나 내 주위에 있습니다. 그것이 나를 보살피는 길입니다. 내가 좋아하는 것, 나를 편하게 하는 것, 마음을 기쁘게 만드는 것, 이것들을 내 주위에 펼쳐 놓아야 합니다. 그런 세상을 떠올려 보세요. 그러면 방향성이 생길 것입니다.

난
소중하니까

나를 돌보세요. 「죽어야 사는 여자」에서 헬레은 매들린에게 약혼자를 빼앗긴 후 자신을 학대하기 시작합니다. 매들린을 증오하며 주체할 수 없는 분노와 슬픔 속에 그녀는 먹고 또 먹습니다. 그런데 혼자 움직일 수조차 없게 되었던 그녀가 얼마 후 신비로울 정도로 아름다운 모습으로 다시 나타납니다. 젊음의 묘약을 마신 것이지요. 매들린 역시 이 약을 구해 마시고 두 여자는 불멸의 묘약 덕분에 영원한 삶을 살게 됩니다. 문제는 그들이 이후에도 자신들의 몸을 함부로 대한다는 점입니다. 계단에서 구르고 총에 맞아도 몸은 영원히 삽니다. 뒤틀리고 구멍 난 몸으로 아슬아슬 계단을 내려오는 그들은 결코 아름답지 않습니다. 그들은 결국 계단 아래로 함께 구른 후 몸이 산산조각 나게 되고 이렇게 자신을 소중히 다루지 않았던 두 여인들의 이야기가 끝이 납니다.

분노는 소중한 것들을 우리로부터 앗아 갑니다. 기억이 담긴 사진들을 찢고 내게 소중한 물건들을 버릴 수도 있습니다. 물건을 부술 수도 있겠죠. 던지고 깨고 부수며 물건과 집과 내 마음에 상처를 냅니다. 그리고 결국 극단적인 상황에 이르러 스스로를 포기해 버리기도 합니다. 이토록 끔찍한 상황을 초래하는 분노, 절망, 슬픔으로부터 어떻게 하면 나를 지켜 낼 수 있을까요? 돌이킬 수 없는 상황으로 내몰리기 전에 나를 구할 수 있는 방법은 나스스로 나를 보살피는 것입니다. 다른 사람이 나를 이해하는 데에는 많은 시간이 필요합니다. 나를 이해하고 감싸고 보살필 수 있는 적임자는 바로 나 자신입니다.

다 파괴해 버렸나요? 상처 주는 말들을 이미 다 쏟아 낸 후인가요? 자해로 몸에 상처가 났습니까? 다시는 예전으로 돌아갈 수 없게 되었습니까? 괜찮습니다. 당신이 아직 살아 있지 않습니까? 그게 제일 중요합니다. 도움이 필요하면 전문가의 치료를 받으면서, 그리고 이와 동시에 스스로 자신을 보살피면서 다시 살아갈 수 있습니다. 당신만 있으면 다시 시작할 수 있습니다. 시간은 기적을 행합니다. 감정은 우리를 속입니다. 위기의 순간을 괴롭게 견뎌 내고 나면 조금 나아집니다. 계획을 짭시다. 나를 보살피는 방법들을 연구해 봅시다. 고민하고 계획하고 움직여 봅시다. 그러면 출구가 없을 것 같던 하루에 생각하지도 못했던 변수들이 생길 것입니다.

　돌보는 화분과 방치된 화분을 떠올려 보세요. 누렇게 잎이 바랜 식물에 물을 주고 정성을 쏟으니 파란 잎이 돋더군요. 보살핌을 받는 것들과 그렇지 못한 것들을 비교해 보세요. 그 차이를 떠올려 보세요. 씻기지 않고 치우지 않고 돌보지 않으면 어떻게 되나요? 나를 그렇게 놔두시겠어요? 사람의 손이 가면 생명이 살아납니다. 공부할 때 창가에서 감자를 키워 보니 작은 정글이 되더군요. 「E.T.」의 손가락뿐만 아니라 분명 사람의 손끝으로부터도 생명을 불어넣고 가꾸고 보살피는 에너지가 나가고 있음에 틀림없습니다. 배가 아플 때 할머니의 약손은 우리를 낫게 합니다. 그리고 사랑하는 사람이 아플 때 우리는 문제의 부위에 손을 대고 어루만지며 분명 그것이 효과가 있을 것이라고 믿어 봅니다. 믿음, 소망, 사랑은 신화의 한 자락입니다. 그것은 바로 우리 전체가 공유하는 기억입니다.

　분석심리학은 인류 역사의 모든 기억이 원형이라는 구조 속에 담겨 있으며 이것이 유전된다고 주장합니다. 신화적인 과거, 그 속에는 우리가 상상할 수도 없을 만큼 엄청난 에너지가 들어 있으며 그것이 나를 보호하고 있습니다. 의식적으로 그러한 에너지와 소통하려고 노력하는 사람에게는 신화적인 치유력이 더욱 효과적으로 드러납니다. 다시 말하면 나 스스로 자신을 돌보고 보살피게 된다는 말입니다.

다른 사람이 알아차려 주길 기다리지 마세요. 괜찮냐고 물어 봐 주길 기다리면서 괴로움을 견디지 마세요. 참지 마세요. 내가 나를 보살펴야 합니다. 이렇게 해도 되느냐고 묻지 마세요. 그렇 게 하고 싶다고 말하세요. 내가 좋아하는 것들을 나 자신에게 해 주세요. 마음이 편안해지는 일들을 하세요. 우리 모두 남들은 이 해할 수 없는 각자의 취향이 있습니다. 좋아하는 것들의 목록은 사람 수만큼이나 다양하고 다채로울 것입니다. 그 일들을 할 수 있어야 합니다. 내가 좋아하는 것들을 하기 위해 시간을 낼 수 있 어야 합니다. 나를 보살펴야 합니다.

「바이센테니얼 맨」에서 관객을 놀라게 하는 장면은 가사로 봇이 목공예를 취미로 삼는 부분입니다. 나무로 형상들을 만들며 기뻐하는 로봇의 모습은 매우 낯설지요. 그 이유는 바로 그것이 인간과 로봇을 구분하는 차이이기 때문입니다. 기계는 좋아하는 것, 마음을 기쁘게 만드는 것을 가질 수 없습니다. 「아이, 로봇」 의 써니 역시 감정을 가지고 있는 로봇입니다. 그는 살아 있는 로 봇으로 인식됩니다. 로봇들이 줄지어 선 공장에서 그는 유일하게 '다른' 존재입니다. 그래서 그에게는 이름이 있습니다. 우리의 이 름이, 많은 동일한 이름들 중 하나가 아니라 세상에서 유일한, 단 하나뿐인 이름인 까닭은 우리 한 사람 한 사람이 모두 특별하기 때문입니다. 다른 사람이 좋아하는 것을 덩달아 좋아할 수 없으 며 다른 사람의 취향을 그대로 모방하며 같은 기쁨을 느낄 수도 없습니다. 내 장단을 모르거나 또는 그것을 포기한 채 평생 다른 사람의 장단에 맞추어 살아간다면 우린 결코 행복할 수 없습니다. 다른 사람에게는 전혀 의미 없는 사소한 물건인데 내게는 너무나 소중한 것일 수 있으며, 모두들 별것 아닌 것으로 지나칠 거리의 어떤 풍경이 내 마음속에 오래 남기도 합니다. 내가 좋아하는 것을 하게 해주어야 합니다. 마음에 흡족한 작은 부분들을 생활 속으로 끌어들일 수 있어야 합니다.

「바그다드 카페」라는 영화를 보셨다면 사막 한가운데의 마술카페를 기억하실 것입니다. 마술은 메마른 사막을 지상낙원의 이미지로 바꿔 놓습니다. 우리 자신의 마술카페가 무엇인지 찾아낼 수 있다면 우리는 그곳에서 우리의 고된 마음을 미소로 채워줄 수 있을 것입니다. 정신분석에서 우리는 그 공간을 환상이라고 부릅니다. 환상은 결코 허상이 아닙니다. 환상은 우리가 현실을 대면하고 그것을 헤쳐 나갈 수 있는 힘을 주는 실재적 공간입니다. 그것은 환상서사와는 다른 것으로서, 그보다는 열림 그 자체라고 할 수 있습니다. "그까짓 것", "별것도 아닌 것", "유치하기 짝이 없는 짓"이라는 말은 다른 사람의 환상공간에 대한 침입입니다. 배려란 그 공간을 소중하게 지켜 주는 것이며, 누구보다 먼저 나 자신이 내 환상공간의 지킴이가 되어야 합니다. 그 속에서 나를 기쁘게 하는 일들을 할 수 있어야 합니다. 난 소중하니까요.

변화를
위하여

나 자신보다 나를 더 잘 이해하고 읽어 내는 사람을 만나신 적
이 있으세요? 반대로 나를 너무도 모르는 사람 앞에서 막막했던
적이 있나요? 우리는 다양한 사람들 속에서 그들과 함께 지내고
자 노력하며 상처받고 감동하고 분노하고 또 때로는 행복을 느끼
게 됩니다. 어떤 집단이건 어떤 가정이건 소통의 문제들이 있게
마련입니다. 그리고 많은 경우 문제의 근본적인 부분을 인식하
고 대책을 세우기보다는 문제 자체를 외면하며 그저 꾹 참게 됩
니다. 물론 견디다 보면 괜찮아질 때도 많습니다. 그런데 그것은
피해자로서 괴로움을 참고 견디다 우연히 상황이 호전되는 경우
이기보다는 상황을 인식하고 지도를 그린 성숙한 사람의 선택에
의한 것이었을 확률이 높습니다. 라캉의 주체라면 상황이 어려

울 수밖에 없을 때 자신을 비하하거나 탓하지 않습니다. 그저 묵묵히 상황의 추이를 살피고 변화의 가능성을 예측합니다. 시간이 흘러 자연스레 해결될 문제라면 견딜 것이고 몇 가지 대책을 세워야 한다면 그렇게 할 것입니다. 라캉의 주체는 주위 사람들이 아무도 나를 이해하지 못할 때조차도 나 자신을 믿습니다. 시간은 나에 대한 또 다른 진실을 드러내고야 말 것입니다.

반면 가만히 있는 것이 괴로운 반복을 되풀이하게 만드는 것 이상의 효과를 거두지 못하는 경우가 있습니다. 많은 경우 이러한 괴로운 반복들은 소통의 문제에 의해 초래됩니다. 서로 다른 사람의 의견이 완전히 일치하는 것은 불가능한 일일 것입니다. 그런데도 우리는 가끔 다른 사람에게 발언권을 주지 않는 경우가 있습니다. 특히 아이의 발언권을 인정해 주기란 쉽지 않은 일입니다. 아이를 대신해 부모가 결정을 하지요. 가장 좋다고 생각되는 것을 해주고 아이를 위한 길을 선택해 줍니다. 그런데 과연 그것이 아이에게 진정 맞는 길일까요? 그것이 아이가 정말 좋아하는 것일까요? 아이가 좋아하는지, 괴로워하는지를 들여다볼 수 있어야 합니다. 자신이 원하는 것을 말할 수 있도록 도와주어야 합니다. 그리고 자기가 원하는 것을 말하도록 격려해야 합니다. 서로 노력하며 다가가면 그 중간 어디에선가 라캉의 주체가 탄생하게 될 것입니다.

「나 홀로 집에」는 혼자서도 잘하는 주체적인 아이를 보여 줍니다. 우리는 그를 보며 왠지 모를 쾌감을 느낍니다. 일거수일투족을 챙겨 주며 온실의 화초같이 키우는 아이와는 너무나 다른 모습이지요. 성숙한 아이, 스스로 결정할 수 있는 아이, 아이의 그런 모습이 좋아서 그 영화를 좋아했던 게 아니었을까요? 정신분석은 아이들이 「로보트 태권 V」에서 훈과 영희가 보여 주었던 의젓함을 가질 수 있기를 원합니다.

성숙한 아이들은 어른의 욕망에 구속되지 않습니다. 어른에게 조언을 구하고 의지하기도 하지만 결국 스스로 선택하고 혼자 힘으로 그 과정을 겪어 냅니다. 시행착오로 넘어졌다 일어서기를 반복하며 기어이 자신의 목표를 성취합니다. 이들은 어른이 된 후에도 이와 같은 성숙한 방식으로 살아갈 것입니다. 물론 우리 주위에는 여전히 자신을 찾지 못한 채 나른 사람의 욕망 속에서 괴로워하는 사람들이 있습니다. 성숙하지 못한 사람은 '나', '나', '나'밖에 없는 사람이 될 수도 있고, 반대로 자신의 이야기를 전혀 하지 못하는 사람이 될 수도 있습니다. 두 경우 모두 성숙하지 못한 어른들입니다. 전자는 욕심인데, 내가 누구인가를 모르기 때문에 세상 모든 것에 욕심을 내는 것입니다. 나를 이해하고 내가 잘하는 것을 아는 사람은 실상은 나와 맞지도 않는 것들을 이것저것 양손 가득 거머쥔 채 정작 내가 가야 할 길을 잃어버리는 우를 범하지 않습니다. 내가 얼마나 노력했는가를 알기에 결과에 대해 남을 탓하지도 않습니다. 그러한 성숙함이 없을 때 다른 이를 원망하며 내가 가지지 못한 것들을 동경하게 되지요. 내가 누구인지 모르는 사람은 자신을 보살피지 못합니다. 수모를 당하면서도 그런 대우에 수긍하게 되기도 합니다. 아무렇게나 대해도 괜찮은 사람이 되었다면 결국 자기 자신을 전혀 이해하지 못하고 있는 것입니다.

분석심리학은 자신이 누구인가를 깨닫게 될 때 우리가 영웅이 된다고 말합니다. 그것은 강철을 휘고 하늘을 나는 영웅이 아니라 일상의 작은 세부들을 자신의 방식대로 만들어 가는 인생의 영웅을 뜻합니다. 모든 사람에게 천사가 될 수는 없습니다. 모든 사람을 기쁘게 할 수는 없습니다. 기준은 다른 사람이 아닌 자기 자신이 되어야 합니다. 자신을 보살필 수 있어야 그후에 남도 도울 수 있게 되는 것입니다. 의식과 무의식이 통합된 상태, 즉 자신 안에 있는 힘을 믿는 성숙한 상태에서만 변화가 가능해집니다. 자신을 '…밖에 안 되는' 존재로 비하하는 닫힌 체계 속에서는 결코 변화가 일어날 수 없습니다. 반대로 자신이 굉장한 사람인 양 착각하는 것 역시 자기의 모습을 알지 못하는 미숙한 태도입니다. 자신을 이해하고 미래의 지도를 그리는 사람은 그럴수록 더욱 조심스러워집니다. 자신의 결정과 선택, 한마디의 말과 한 번의 행동에 의해 지도가 변화되기 때문입니다. 다시 말하면 그는 미세한 움직임으로 변화를 가능하게 만들 수 있음을 믿습니다. 결단, 내맡김, 진지한 말, 설득, 설명, 이해, 소통, 화합, 단결,

토론, 화해 등은 모두 성숙한 사람들이 변화를 만들기 위해 사용하는 방법들이겠지요. 누군가의 말에 무작정 따라가거나 다른 사람이 정의하는 내 모습을 의심 없이 받아들이기보다는 나 스스로 질문하고 결정하고 소통해 나갈 때, 그때 진정한 변화가 가능해집니다. 그 순간 나를 이해하고 보호하고 보살피며 남 또한 동일한 방식으로 보듬을 수 있게 됩니다.

「마다가스카」에는 한 번도 사냥을 해보지 못한 사자, 알렉스가 등장합니다. 그는 우연한 계기로 야생의 생활을 시작하고 그동안 잠자고 있던 야수의 본성이 하나 둘씩 드러나기 시작합니다. 그리고 비로소 자신이 누군지 깨닫게 되지요. 자기가 백수의 왕 사자라는 것을 알게 된 후에야 그는 자신의 인생을 스스로 선택할 수 있게 됩니다. 그는 절친한 친구인 얼룩말 마티를 위해 물고기만 먹는 채식주의자가 되기로 결심하지요. 주위에서 "넌 ~에 불과해", "~주제에 무슨……"이라는 말을 할 때 우리는 그들이 정의하는 우리의 모습에 충실히 생활합니다. 그렇게 자신 없고 아무것도 못하며 초라하기만 한 인간의 모습에 충실히 살아가게 됩니다. 그런 대우에 만족하고 남의 눈치를 살피며 조심스레 그들의 비위를 맞추며 순종합니다. 자, 이제 변하세요. 내가 누군지 스스로에게 물어보세요. 내 모습을 바라보세요. 당신의 당당해진 눈빛 자체가 당신을 정의해 줄 것입니다. 내가 누군지 남에게 묻지 마세요. 정신분석을 통해 나를 분석하고 내 진정한 모습이 무엇인지 살펴보세요. 내가 누군가를 이해할 때 비로소 우리는 우리의 인생을 선택할 수 있습니다. 내가 무엇을 잘 하는지, 내가 무엇을 좋아하는지, 내가 얼마나 괴로웠는지, 내가 왜 그랬는지 이해하고 있어야 합니다. 자신을 향해 고개를 끄덕여 주며 쓰다듬고 안아 주고 보살피세요.

내 안을 전혀 들여다보지 않기 때문에 상황 자체가 보이지 않는 것입니다. 그럴 때는 내가 무엇을 하고 있는지, 다른 사람이 어떻게 느끼고 있을지 상관없이 살게 됩니다. 진정한 내가 있어야 할 자리에 이기심과 욕심, 왜곡된 감정들이 채워지고, 가는 곳마다, 하는 말마다 모두 다른 이에게 누가 됩니다. 나밖에 모르는 사람과 함께 있으면 피해를 입게 되는 경우가 많지요. 사실 나밖에 모른다는 말은 엄격히 말해 어폐가 있습니다. 그/그녀는 자신을 알지 못하기 때문입니다. 하지만 잠시 멈추어 나와 남과 상황을 분석하면 변할 수 있습니다. 우리는 이 과정을 '큰다', '성숙한다', '어른이 된다'라고 표현하기도 합니다. 배려라는 것은 사람을 읽을 수 있는 능력을 말합니다. 바로 그것이 정신분석입니다.

이러한 기준을 토대로 영화를 분석할 때 인물들의 모습이 더욱 명확히 이해됩니다. 정신분석을 통해 우리는 인물들이 왜 괴로워하는지 그리고 어떤 과정을 통해 변화하고 있는지 그들의 이야기를 읽어 낼 수 있습니다. 영화가 제시하는 세상의 다양한 모습들은 우리 내부의 모습을 확대해 줍니다. 그들의 선택과 결정이 과연 어떤 결과를 초래하게 되는지, 그들이 과연 스스로를 얼마나 잘 이해하고 있는지를 분석하는 과정에서 우리는 우리 자신을 이해할 수 있습니다. 치유적인 영화란 결국 나를 찾는 여정에 도움이 되는 영화를 뜻합니다. 내 안의 드래곤을 인식하고, 나를 이끄는 신화의 목소리를 듣고, 나를 감싸는 수원댁의 손길을 느끼며, 나 자신의 능력을 깨닫게 될 때 영화관을 나서는 우리의 모습은 영웅을 닮아 있을 것입니다.

영화 찾아보기

영화로 읽는 정신분석

김서영의 치유하는 영화읽기

1판 1쇄 발행 2007년 8월 22일
개정판 1쇄 인쇄 2014년 5월 7일
개정판 7쇄 발행 2024년 4월 1일

지은이 · 김서영
펴낸이 · 주연선

편집 · 임유진 이진희 백다흠 신소희 강건모 오가진 박나리
디자인 · 김서영 손혜영
마케팅 · 장병수 김한민 정개은
관리 · 김두만 구진아 유효정

(주)은행나무
04035 서울특별시 마포구 양화로11길 54
전화 · 02)3143-0651~3 ｜ 팩스 · 02)3143-0654
신고번호 · 제 1997—000168호(1997. 12. 12)
www.ehbook.co.kr
ehbookehbook.co.kr

ISBN 978-89-5660-776-4 (03100)